墨香财经学术文库

"十二五"辽宁省重点图书出版规划项目

Design of China's Social Security

System for Urban Workers and Compliance with Contributions

我国城镇职工社会保险制度设计与缴费遵从度

赵静 ◎ 著

东北财经大学出版社
Dongbei University of Finance & Economics Press

大连

图书在版编目（CIP）数据

我国城镇职工社会保险制度设计与缴费遵从度 / 赵静著. —大连：东北财经大学
出版社，2017.11
（墨香财经学术文库）
ISBN 978-7-5654-2962-0

Ⅰ．我… Ⅱ．赵… Ⅲ．职工-社会保险制度-研究-中国 Ⅳ．F842.61

中国版本图书馆CIP数据核字（2017）第281470号

东北财经大学出版社出版发行

　　大连市黑石礁尖山街217号　　邮政编码　116025

　　网　　　址：http://www.dufep.cn

　　读者信箱：dufep @ dufe.edu.cn

大连图腾彩色印刷有限公司印刷

幅面尺寸：170mm×240mm　　字数：252千字　　印张：17.5　插页：1
2017年11月第1版　　　　　2017年11月第1次印刷
责任编辑：蔡　丽　　　　　责任校对：蓝　海
封面设计：冀贵收　　　　　版式设计：钟福建
定价：48.00元

教学支持　售后服务　　联系电话：（0411）84710309
版权所有　侵权必究　　举报电话：（0411）84710523
如有印装质量问题，请联系营销部：（0411）84710711

作者简介

赵　静

　　对外经济贸易大学全球价值链研究院助理研究员，中国社会科学院经济研究所博士后，清华大学经济学博士，美国加州大学伯克利分校访问学者，清华大学中国财政税收研究所兼职研究员。研究领域主要包括社会保障、税制改革和地方债务等。在《经济学（季刊）》《世界经济》《财贸经济》《财政研究》《地方财政研究》《中国社会科学报》等发表学术论文10余篇。主持博士后科学基金项目一项，参与多项财政部、国家税务总局和联合国儿童基金会的课题。

前言

　　社会保险制度是人类社会经济生活的基本制度，在年老、疾病、失业、工伤和生育等方面提供风险保障。随着市场经济的发展，我国逐步建立了覆盖各类人群的现代社会保险制度，替代了计划经济时期的劳动保险制度。其中，针对城镇职工的社会保险制度，建立最早，最为典型，在整个社会保险体系中占据主体地位。按照规定，城镇企业和职工强制参保，并且其缴费是资金的主要来源。然而，近年来很多省份出现了城镇职工社会保险当期收不抵支的情况，财政补贴逐年增加。城镇职工社会保险制度对财政的依赖性，使制度的可持续性令人担忧。关于其背后的影响因素和相应的解决方案，已成为多方争论的热点。除了常被提及的历史债务和人口老龄化等因素以外，城镇企业和职工的缴费遵从度较低，使社会保险实际缴费收入远低于应收收入，也是导致社会保险制度难以维持自身财务平衡的一个重要因素。

　　城镇企业和职工对社会保险制度的缴费遵从度较低，主要体现在两个方面：一是不按规定参加社会保险，逃避参保；二是在参保后，低报缴费基数。对此，媒体报道屡见不鲜，政府有关部门的调研和报告也发现了这些现象。但还应利用大量的企业和职工的微观数据，对此进行验证，观察是普遍现象还是个案。在此基础上，思考企业和职工不愿遵从缴费的原因，并有针对性地探讨解决方案，对提高缴费遵从度、减少制度对财政的依赖性、提高制度运行效率，具有重要的现实意义。

对于缴费遵从度的分析，有必要从制度本身的设计入手。目前，城镇职工社会保险制度的设计存在不合理之处，导致企业和职工产生了逃避缴费的激励。这主要体现在三个方面：

第一，社会保险法定缴费率较高，而且社会保险待遇与缴费的关联不紧密。从我国各地的情况来看，城镇职工社会保险的法定缴费率一般超过工资的 30%，有些地区甚至超过了 40%。这一水平高于绝大多数OECD 国家。同时，城镇职工社会保险的再分配性质较强，大部分缴费被划入统筹账户，待遇与缴费的相关性不强，高缴费并不必然带来高福利。这削弱了企业和职工的缴费激励。一直以来，我国的社会保险缴费率水平备受争议，但大多是从企业成本的视角出发。实际上，较高的缴费率首先会扭曲企业和职工的缴费行为，降低遵从度。企业成本的增量并不必然等于缴费率的增量，而是与遵从度有关。最终，企业成本及缴费收入的变化还取决于企业将成本向职工转嫁的程度，即社会保险的负担归宿。

第二，城镇职工社会保险制度在人群间存在分割。长期以来，机关事业单位工作人员和企业职工实行不同的社会保险制度，特别是养老保险制度。机关事业单位工作人员无须缴费，就能在退休后获得较高水平的退休金。这不仅在人群间造成了不公平，也减弱了职工的缴费激励。2008 年，我国实施了事业单位养老保险改革，将事业单位工作人员与企业职工"并轨"。分析该项"并轨"改革对企业职工缴费遵从度的影响，可为 2015 年全面推进的机关事业单位工作人员养老保险制度改革效应提供参考。

第三，城镇职工社会保险制度在地区间存在分割。社会保险费的征缴以及社会保险待遇的发放都由地方政府管理，造成了制度在地区间的"碎片化"。目前，养老保险尚未实现真正的省级统筹，大部分省份的养老保险资金没有在省级层面统收统支。而医疗、失业、工伤和生育四项保险尚未完全实现地市级统筹。统筹层次较低，给职工跨区转移社会保险关系带来不便。因此，流动性较强的职工，可能不愿遵从缴费。

总之，完善城镇职工社会保险制度的设计，有利于提高企业和职工的缴费遵从度，进而增强制度维持自身收支平衡的能力，减轻财政负担。我国政府一直强调"应保尽保"，有些地区将社会保险的参保率作为政府绩效考核的一项重要指标；同时，政府也在不断加强对社会保险费征缴的监管，提高征缴效率，并形成了社会保险经办机构和地税同时征缴的格局。但是，值得注意的是，除了行政手段以外，从制度设计着手，也可实现上述"应保尽保"、高效征缴的目标。完善城镇职工社会保险制度设计，也与中共十八届三中全会《关于全面深化改革若干重大问题的决定》提出的"建立更加公平可持续的社会保障制度"相一致。为此，有必要理清社会保险制度设计与缴费遵从度的关系，明晰当前制度设计存在的问题，为改革提供理论依据和经验证据。

作　者

2017 年 8 月

目录

第1章　绪论

1.1　研究背景与研究意义

1.1.1　研究背景

计划经济时期，我国国有企业职工享受国家和单位提供的劳动保险。改革开放后，非国有企业快速发展，但其职工未被劳动保险制度所覆盖。1997年，我国开始正式构建覆盖所有城镇企业职工的社会保险制度①，包括养老保险、医疗保险、失业保险、工伤保险和生育保险。该制度呈现出以下一些显著特征：

第一，社会保险法定缴费率较高。从我国各地的情况来看，法定缴费率一般超过工资的 30%，在有些地区超过了 40%。我国的法定缴费率水平高于绝大多数 OECD 国家（OECD，2011）。以养老保险为例，2009 年，我国城镇职工基本养老保险的缴费率为 28%，而 OECD 国家

---

① 如无特别说明，本书所提的社会保险制度均指 1997 年始建的城镇职工社会保险制度。

公共养老保险缴费率的平均水平为 19.6%，欧盟各国的平均水平为 22.5%（OECD，2011）。另外，根据白重恩（2011）的研究，从社会保险法定缴费率来看，我国的缴费率水平高于绝大多数国家，只低于少数欧洲国家和哥伦比亚；从世界银行 2009 年测算的实际税率来看，我国的社会保险缴费率在 181 个国家中位居第一[①]。

第二，社会保险待遇较低，并且与缴费的关联不紧密。目前，大部分社会保险缴费被划入具有再分配性质的统筹账户，只有少部分缴费被划入具有积累性质的个人账户，而个人账户在很多地区都存在空账的问题，并且回报率很低（赵耀辉和徐建国，2001）。截至 2011 年年底，中国仅有 13 个省份（直辖市）[②]开展了做实城镇职工基本养老保险个人账户的试点，积累个人账户基金 2 703 亿元，仅占当年基本养老保险基金总收入的 16%[③]。

第三，制度在人群间存在分割。长期以来，机关事业单位工作人员与企业职工实行不同的养老保险制度。机关事业单位工作人员无须缴费，便可获得较高水平的退休金，这造成了不公。[④]2008 年，我国实施了事业单位养老保险改革，但只有试点地区（山西、上海、浙江、广东和重庆）的事业单位工作人员被纳入改革范围，并且改革进展较为缓慢。直到 2015 年，我国才开始在全国范围内实施机关事业单位养老保险改革，各省陆续出台了实施办法。2016 年，各省相继出台实施细则，使改革有实质性进展。

第四，制度在地区间也存在分割。社会保险费的征缴和社会保险待遇的发放都由地方政府管理，造成了社会保险制度在地区间的"碎片化"，职工跨区转移社会保险关系存在不少障碍。目前，养老保险尚未完全实现省级统筹（国家审计署，2012）；其他 4 项保险尚未完全实现地市级统筹。

---

① 我国社会保险缴费率是 4 个金砖国家中的其他 3 国的 2 倍，约为北欧 5 国和 G7 国家的 3 倍，是东亚邻国和地区（含中国香港和中国台湾）的 4.6 倍（白重恩，2011）。
② 包括辽宁、吉林、黑龙江、天津、山西、上海、江苏、浙江、山东、河南、湖北、湖南和新疆。
③ 《2011 年度人力资源和社会保障事业发展统计公报》。
④ 2011 年，机关退休人员月均养老金比企业高 656 元，是企业的 1.43 倍；事业单位退休人员月均养老金比企业高 562 元，是企业的 1.37 倍。数据来源于《中国人力资源和社会保障年鉴（工作卷）2012》。

上述制度设计因素结合在一起，使城镇企业和职工产生不遵从社会保险缴费的激励。从企业角度来看，较高的缴费率增加了企业的用工成本，而较低的待遇使得社会保险没有发挥对职工劳动积极性的激励作用，以利润最大化为目标的企业会逃避缴费。从职工角度来看，一方面，职工面临着较高的缴费率和较低的待遇；另一方面，制度尚未统一，在不同群体之间存在不公，在流动就业时也不便于携带。所以，职工也有逃避缴费的动机。

实际上，我国确实存在城镇企业和职工不遵从社会保险缴费的现象。

一种现象是企业和职工拒绝参加社会保险（以下简称参保）。根据中央政府的政策文件规定，企业和职工理应全部参保。然而，现实中，很多企业和职工没有按规定参保。从全国规模以上工业企业的情况来看，2004—2007 年期间，企业参保率仅为 60.7%。其中，国有企业和外资企业的参保率分别为 79.8% 和 77.6%，而民营企业的参保率仅为 53.8%。[①]表 1-1 展示了 2005—2015 年期间城镇职工基本养老保险、医疗保险、失业保险和工伤保险的覆盖率。[②]可以看出，虽然 4 项保险的覆盖率均有随年份上升的趋势，但仍远远低于 100%。企业和职工是强制参保者，但实际上可以采取一些办法来拒绝参保，这是非常值得注意的一个问题。同时，我国政府也一直致力于扩大社会保险的覆盖面，很多地区将其作为政绩考核的指标。2011 年，我国实施《中华人民共和国社会保险法》，提出了"广覆盖、保基本、多层次、可持续"的方针。2012 年，十八大报告将方针进一步改为"全覆盖、保基本、多层次、可持续"。

另一种不遵从社会保险缴费的现象是企业和职工在参保后低报缴费基数。中央政府规定应以企业的工资总额作为社会保险的缴费基数，工资总额包括基本工资（计时工资或计件工资）、奖金、津贴和补贴等。[③]

---

① 根据 2004—2007 年中国工业企业数据库计算得出。国有企业占企业总数的 7.4%，民营企业占 71.6%，外资企业占 21.0%。

② 由于宏观统计数据中没有单独汇报企业职工的参保人数，所以这里的覆盖率是用城镇参保人数除以城镇就业人数来估算，分子和分母中包括了个体户和灵活就业人员。由于个体户和灵活就业人员的参保率较低，所以这里用宏观统计数据估算的覆盖率低于企业职工的参保率。在第 3 章中，我们会使用企业职工的微观数据来计算参保率。

③ 详见 1990 年国家统计局颁布的《关于工资总额组成的规定》（国家统计局令第 1 号）。

表1-1　　　2005—2015年城镇职工社会保险制度覆盖率（%）

年份	养老保险	医疗保险	失业保险	工伤保险
2005	46.2	35.3	37.5	29.9
2006	47.7	39.1	37.8	34.7
2007	49.1	43.4	37.6	39.3
2008	51.7	46.7	38.6	42.9
2009	53.2	49.2	38.2	44.7
2010	55.9	51.3	38.6	46.6
2011	60.0	52.8	39.9	49.3
2012	61.9	53.5	41.0	51.2
2013	63.2	53.6	42.9	52.1
2014	64.9	53.5	43.4	52.5
2015	65.0	53.0	43.0	53.0

资料来源　根据《中国统计年鉴2016》的数据计算。

而关于企业仅将基本工资作为缴费基数的报道屡见不鲜。2011年，28个省本级、240个市本级和988个县的企业和职工以少报缴费基数等方式少缴城镇职工基本养老保险费51.4亿元；21个省本级、173个市本级和785个县的企业和职工以少报缴费基数等方式少缴城镇职工基本医疗保险费25.8亿元；21个省本级、144个市本级和684个县的部分参保单位和个人以少报缴费基数等方式少缴失业保险费5.95亿元；19个省本级、132个市本级和618个县的企业以少报缴费基数等方式少缴工伤保险费0.8亿元；19个省本级、125个市本级和562个县的企业以少报缴费基数等方式少缴生育保险费1.3亿元（国家审计署，2012）。[①]近年来，社会保险监管力度不断加强，但仍有少缴的现象。2016年，国家审计署在审计医疗保险基金时发现，2.65万家用人单位和47个征收机构少缴少征医疗保险费30.06亿元。[②]

上述两种不遵从社会保险缴费的现象说明，现行的城镇职工社会保险制度存在效率不足的问题，企业和职工缺乏主动参保和足额缴费的激励。这会造成社会保险基金收入的流失。在当前企业退休职工数量快速

---

① 国家审计署最新审计年份是2012年，2016年只对其中的医疗保险基金进行审计，故此处采用的数据是2011年的。
② 资料来源：国家审计署《2017年第1号公告：医疗保险基金审计结果》。

增长、社会保险基金支出大幅增加的情况下，这会给财政带来巨大压力。

虽然历年《人力资源和社会保障事业发展统计公报》都显示 5 项社会保险基金有大量盈余，但是这些统计未在社会保险基金收入或盈余中扣除政府的财政补贴。2015 年，从全国水平来看，城镇职工养老保险的征缴收入比支出少约 2 800 亿元，出现了当期收不抵支的情况。2016 年，城镇职工养老保险的这一缺口扩大到 5 086 亿元。白重恩（2013a）指出，养老金缺口和医疗卫生费用分别是我国第一大和第二大财政风险的来源。①

实际上，近年来，财政对城镇职工社会保险的补贴不断增加。以养老保险为例。图 1-1 显示，2006 年，我国各级财政对城镇职工基本养老保险的补贴为 971 亿元；到 2016 年，财政补贴已增长到 6 511 亿元，是 2006 年的 6.7倍；2006—2016 年期间，财政补贴一直增长较快，平均年增长率在 14%以上。

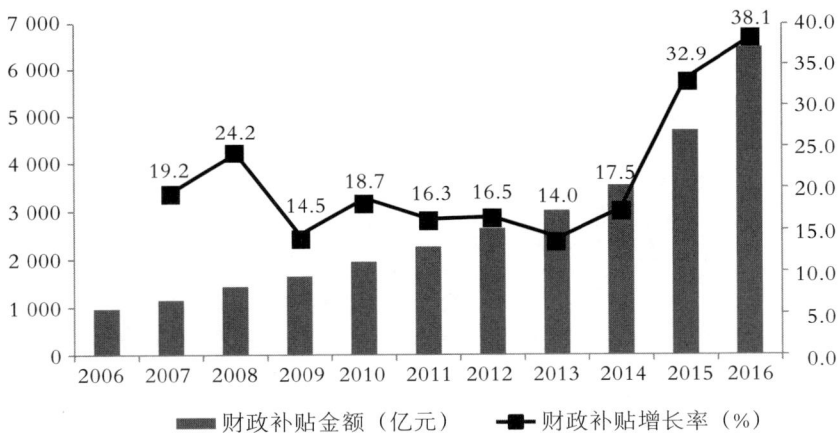

图 1-1 2006—2016 年各级财政对城镇职工基本养老保险的补贴

资料来源 《2006 年度劳动和社会保障事业发展统计公报》《2007 年劳动和社会保障事业发展统计公报》《2008 年度人力资源和社会保障事业发展统计公报》《2009 年度人力资源和社会保障事业发展统计公报》《2010 年度人力资源和社会保障事业发展统计公报》《2011 年度人力资源和社会保障事业发展统计公报》《2012 年度人力资源和社会保障事业发展统计公报》《2013 年度人力资源和社会保障事业发展统计公报》《2014 年度人力资源和社会保障事业发展统计公报》《2015 年度人力资源和社会保障事业发展统计公报》《2016 年度人力资源和社会保障事业发展统计公报》。

---

① 根据测算，到 2050 年，累计养老金缺口需要的财政补贴相当于 2011 年 GDP 的 83%（马骏和白重恩，2013）。

对本书研究展开的背景作一简单小结。我国城镇职工社会保险制度发展 20 年来，形成了一些显著特征，包括缴费率较高、待遇较低、待遇与缴费关联不紧密、制度在人群间和地区间分割等。这些制度特征越来越受到人们的关注。与此同时，城镇企业和职工存在不遵从社会保险缴费的现象：一种现象比较直接明显，表现为企业和职工通过拒绝参保来逃避缴费；另一种现象比较间接隐蔽，表现为企业和职工参保后通过低报缴费基数来逃避缴费。这两种不遵从缴费的现象减少了应征集的社会保险基金收入，使社会保险更多地依赖政府的财政补贴，给财政带来了沉重的负担，也不利于社会保险制度自身的可持续发展。

1.1.2　研究意义

在上述背景下，对我国城镇职工社会保险制度设计、缴费遵从度以及两者的关系开展系统性的研究，有重要的现实意义。制度设计因素是否影响我国企业和职工的缴费遵从度？影响程度多大？如何完善城镇职工社会保险制度来提高缴费遵从度？对这些问题进行研究，有助于推动城镇职工社会保险制度的发展与完善、减少不遵从缴费的现象、提高制度运行的效率，有助于实现政府"全覆盖"的政策目标，并减少政府的财政负担。

目前，很少有文献研究我国城镇职工社会保险制度设计对缴费遵从度的影响。因此，本书的研究不仅对现实有指导意义，也是对已有文献的一个重要补充。已有文献可归纳为以下 4 种情况：

（1）一些文献分析了税收制度设计对税收遵从度的影响。Allingham & Sandmo（1972）最先对逃避税行为进行理论分析。此后，相关研究层出不穷。Slemrod & Yitzhaki（2002）和 Saez 等（2012）分别对早期和近期关于个人应纳税收入如何随税制变化的文献进行了梳理，发现逃避税是一个重要的行为反应，即人们会低报自己的应纳税收入。也有一些文献分析了企业对税制的逃避税反应（Fisman & Wei，2004；Desai et al.，2007）。这些文献对于我们研究社会保险制度设计如何影响逃避缴费行为有着重要的启发意义。然而，社会保险缴费与一般性税收并不完全相同，一个主要区别是：社会保险缴费会给特定的参保人带来收益，而且缴费与收益有一定的相关性；一般性税收通常不会用于特定的纳税人。基于此，我们有必要将社会保险缴费与一般性税收分开研究。

（2）一些文献分析了社会保险的缴费遵从度。不过，这类文献相对较少，少于研究税收遵从度的文献。同时，这些文献一般针对拉美国家。例如，Cottani & Demarco（1998）、Calderon-Mejia & Marinescu（2011）、Almeida & Carneiro（2012）、Kumler 等（2013）和 Madzharova（2013）分别研究了阿根廷、哥伦比亚、巴西、墨西哥和保加利亚的社会保险缴费遵从度。另外，较早的一些文献主要描述了逃避缴费的现象（Cottani & Demarco，1998；Bailey & Turner，2001）。近期的一些文献实证分析了社会保险制度设计对缴费遵从度的影响（Calderon-Mejia & Marinescu，2011；Kumler et al.，2013），也有些文献实证研究了其他制度的设计对缴费遵从度的影响（Tonin，2011；Madzharova，2013）。这些文献为本书的研究提供了基础。但是，我国城镇职工社会保险制度与上述拉美国家有较大差异。墨西哥等拉美国家对社会保险进行了私有化，实行个人账户制；我国的养老保险和医疗保险是将统筹账户和个人账户相结合。因此，我们有必要针对我国社会保险制度设计的独特之处（主要特征）来进行研究，其他国家的研究结论可能并不能推广用于分析我国的情况。

（3）少量的文献讨论了我国城镇职工社会保险制度设计中的激励问题。不过，这些文献大多是定性分析，没有提供经验证据。例如，赵辉辉和徐建国（2001）指出，我国养老保险缴费率过高、大部分缴费被划入统筹账户及个人账户回报率较低等因素，使企业和职工缺乏缴费激励，这是我国养老保险基金运转困难和个人账户空账的主要原因。Feldstein（2003）认为，中国社会保险基金收入还不到当前缴费率下应收收入的 1/3，这是由于在较高的缴费率下，企业和职工会拒绝参保，或者参保后低报缴费工资。Feldstein & Liebman（2006）指出，中国的养老保险缴费率远远高于其他大部分国家，这阻碍了社会保险制度的有效运行，降低了经济效率。Nyland 等（2006）对上海市的一些企业进行调查，发现 71% 的企业有逃避缴费行为。他们认为，导致这一现象的主要原因是上海市缺乏有效的社会保险执行机制，企业逃避缴费行为被发现的概率较低。然而，上述文献均未对社会保险制度的相关设计与缴费遵从度的关系进行实证检验。基于上述分析，我们有必要进行相关的实证研究。

（4）研究社会保险相关问题的文献往往忽视缴费遵从度，即不考虑现实中存在的逃避缴费现象。例如，Gruber（1994）、Gruber（1997）和 Saez 等（2012）等文献研究了社会保险费用的负担归宿，但均未将缴费遵从度纳入分析框架。我们在这些研究的基础上引入缴费遵从度，观察结论发生的变化，进而说明在分析我国社会保险相关问题时考虑缴费遵从度是十分必要的。

综上所述，目前，鲜有文献对我国城镇职工社会保险制度设计与缴费遵从度的关系进行全面系统的研究。因此，本书是对已有文献的补充。同时，本书讨论了研究结论的政策含义，以期对未来城镇职工社会保险制度的发展和改革有所裨益。

1.2 研究问题与研究方法

1.2.1 研究问题

本书重点研究并试图解答如下问题：

（1）在制度设计上，我国城镇职工社会保险制度有哪些特征与缴费遵从度相关？与其他国家相比，这些特征是否突出？

（2）如何度量我国企业和职工的社会保险缴费遵从度？缴费遵从度的现状如何？不同特征的企业和不同特征的职工，其缴费遵从度是否存在差异？

（3）关于社会保险制度设计对缴费遵从度的影响，是否可以从理论模型中得到预期？

（4）经过实证检验，我国城镇职工社会保险制度设计是否影响企业和职工的缴费遵从度？不同特征的企业和不同特征的职工，所受影响的程度是否相同？

（5）在存在逃避缴费现象的现实情况下，我国社会保险费用的负担如何在企业和职工之间分摊？缴费遵从度是否影响了负担归宿？

（6）通过对上述问题的研究，在制度设计上，我国城镇职工社会保险制度是否有可以完善之处？

1.2.2　研究方法

结合研究背景和研究问题，本书主要采用以下研究方法：

（1）文献综述。本书的研究建立在已有研究的基础之上。我们对一般性的税收遵从度、社会保险缴费遵从度和社会保险费用的负担归宿等方面的文献进行梳理和总结，以了解相关领域的最新的研究成果，为本书的研究提供基础。另外，由于本书的研究主体是我国城镇职工社会保险制度，我们搜集并整理了大量的相关政策文件，以了解制度的各项规定，对制度设计有较全面、较细致的掌握。

（2）描述统计。对我国微观调查数据进行描述性统计，以反映现实中存在的现象，并探寻其中的规律。另外，同时使用企业层面数据和职工层面数据，观察两个层面的数据是否反映了一致性的问题。

（3）理论分析。在已有研究的基础上，构建能够反映我国城镇职工社会保险制度特点的理论模型，并对模型进行推导和证明。一方面，为本书所研究的问题提供理论依据；另一方面，形成可供实证检验的理论预期。

（4）实证分析。在描述统计和理论分析的基础上，构建符合本书所研究问题经济意义的计量模型，并运用计量经济学的方法（如面板数据回归分析方法和双重差分法等）来对模型进行估计，最后讨论实证结果所反映的经济学含义。

1.3　研究框架

第 1 章是引言。主要介绍了本书的研究背景、研究意义、研究问题、研究方法和结构安排，也说明了创新之处。

第 2 章介绍了我国城镇职工社会保险制度的发展历程、主要特征及与缴费遵从度的联系，同时也概述了其他国家的社会保险制度，并与我国进行比较。该章研究发现，我国城镇职工社会保险制度的如下主要特征与缴费遵从度相关：法定缴费率较高、待遇较低且与缴费关联不紧密、制度在人群间分割和制度在地区间分割。

第 3 章在已有研究的基础上，构建了度量我国缴费遵从度的指标，并使用企业数据和职工数据对指标进行计算，从整体情况、时间趋势、地区差异及企业的异质性和职工的异质性等方面描述了我国缴费遵从度的现状。该章研究发现，无论是参保状态，还是参保后如实报告缴费工资的程度，我国都存在较为普遍的不遵从缴费的现象。这进一步说明，本书对缴费遵从度问题进行研究是很有必要的。

第 4 章在已有研究的基础上，构建理论模型来说明社会保险制度设计与缴费遵从度的关系。该章首先介绍了一般性的税收遵从度模型，然后根据我国城镇职工社会保险制度的特点对前人的社会保险缴费遵从度模型进行改进和扩展。该章发现，在其他因素保持不变时，提高社会保险缴费率会降低缴费遵从度，加强社会保险待遇与缴费的联系会提高缴费遵从度。

第 5 章和第 6 章是实证分析。第 5 章实证检验了社会保险缴费率对我国企业和职工缴费遵从度的影响，并在基准回归的基础上进行了异质性分析。第 6 章实证检验了社会保险制度分割对缴费遵从度的影响，包括制度在人群间的分割和制度在地区间的分割两个部分。

第 7 章讨论了存在逃避缴费现象时社会保险费用的负担归宿。该章首先在已有研究的理论框架中引入缴费遵从度，然后估算企业向职工完全转嫁社会保险缴费负担的判断条件，在此基础上进行回归分析并判断我国企业是否将缴费负担完全转嫁给职工。该章也进行了异质性分析，讨论对于缴费遵从度不同的企业和职工，社会保险费用的负担归宿是否有所不同。最后，测算了社会保险缴费率对社会保险缴费收入的影响。

第 8 章对本书内容进行总结，并对完善我国城镇职工社会保险制度以减少逃避缴费现象提出了相关的政策建议，同时也指出了研究存在的一些不足和未来改进的方向。

1.4 主要贡献与创新之处

本书的主要贡献和创新之处主要体现在以下几个方面：

第一，就选题而言，本书研究我国社会保险的缴费遵从度问题，并利用微观调查数据来描述缴费遵从度的现状。目前，很少有文献度量我国的逃避缴费程度。媒体虽然对逃避缴费现象有较多报道，但是这些报道都只是相互独立的个案分析，不能使我们较为全面系统地了解我国的逃避缴费现状。

第二，本书实证分析了我国社会保险制度设计对缴费遵从度的影响。已有少量文献对此问题进行定性分析，但没有提供经验证据。同时，这些文献更多地关注社会保险缴费率和社会保险待遇，没有考虑制度分割的影响。

第三，本书将缴费遵从度纳入社会保险费用负担归宿的分析框架。一方面，已有文献在讨论社会保险费用的负担归宿时，大多忽视缴费遵从度。在逃避缴费现象较为普遍的环境中，这可能会造成研究结论的偏误。另一方面，少有文献对我国社会保险费用的负担归宿进行分析。

第四，本书同时使用企业数据和职工数据进行描述性分析和回归分析。已有的实证研究大多讨论其他国家的情况，并且只使用企业数据或只使用职工数据，没有同时使用劳动力供求双方的数据。而本书的研究从企业数据和职工数据中得到了一致的结论，研究结果更为可信。本书也探讨了不同特征的企业和不同特征的职工，其缴费遵从度的异质性。

第五，本书的研究有明确、具体的政策含义。目前，对于如何扩大社会保险覆盖面和增加社会保险基金收入的问题，已有研究从不同方面开展了讨论，如延迟退休及划拨国有股份和利润等（马骏和白重恩，2013）。本书的研究表明，从提高缴费遵从度的角度来完善社会保险的制度设计，也有助于解决这些问题。对于如何完善制度设计，本书的研究也提供了一些思路。

第 2 章　我国城镇职工社会保险制度的发展与特征

2.1　本章导论

  本章为研究提供制度背景，主要介绍我国城镇职工社会保险制度的发展历程、现状和主要特征，并与其他国家的社会保险制度进行比较，以理解我国城镇职工社会保险制度的突出特点及对缴费遵从度的影响。

  本章剩余部分安排如下：2.2 节以我国政府发布的一系列政策文件为线索，梳理我国城镇职工社会保险制度的发展历程，并对现状进行简要描述；2.3 节指出我国城镇职工社会保险制度的主要特征，并分析这些特征与缴费遵从度之间的联系；2.4 节对其他国家的社会保险制度进行概述，并与我国进行比较；2.5 节对本章所讨论内容简要作结。

2.2 我国城镇职工社会保险制度的发展历程

目前，我国城镇职工社会保险包括 5 项，分别为养老保险、医疗保险、失业保险、工伤保险和生育保险。本节围绕这些保险项目，分别介绍它们的发展历程及现状。

2.2.1 养老保险

1951 年，我国颁布《中华人民共和国劳动保险条例》，其中规定年满 60 岁、一般工龄满 25 年、本企业工龄满 10 年的男职工和年满 50 岁、一般工龄满 20 年、本企业工龄满 10 年的女职工可获得养老补助费，费用由企业承担。这项规定实际上在我国建立了企业职工养老保险制度。

然而，改革开放以后，该制度不符合市场经济的要求，难以持续。20 世纪 80 年代，作为国有企业改革的配套工作，广东、江苏、福建和辽宁的一些城市开展了养老退休费用社会统筹的试点（王延中，2009）。1991 年，国务院颁布《关于企业职工养老保险制度改革的决定》（国发〔1991〕33 号），提出要建立国家、企业和职工三方共同负担的养老保险制度。1995 年，国务院颁布《关于深化企业职工养老保险制度改革的通知》（国发〔1995〕6 号），提出了社会统筹与个人账户相结合的两个实施办法，并允许各地政府根据当地情况自主选择①。

1997 年，国务院颁布《关于建立统一的企业职工基本养老保险制度的决定》（国发〔1997〕26 号），在全国范围内建立起统一的城镇职工基本养老保险制度。该制度实行社会统筹和个人账户相结合的办法，实现从以往的现收现付制向部分积累制的转变。具体而言，国发〔1997〕26 号文件的主要内容为：（1）企业缴费一般不超过企业工资总额的 20%，职工缴费不低于个人缴费工资的 4%，并逐年增长到 8%；（2）以职工个人缴费工资的 11%建立个人账户，剩余缴费划入统

---

① 各地对实施办法的选择情况详见中国劳动网（http://www.labournet.com.cn/shebao/lsyg14.asp）。

筹账户；（3）对于缴费年限满 15 年的职工，退休后按月计发养老金，包括从统筹账户中获得当地上年职工月平均工资的 20%以及从个人账户中获得储存额的 1/120[①]；（4）对于缴费年限少于 15 年的职工，退休后不能从统筹账户中获得养老金，而其个人账户储存额将一次性支付给本人。

2005 年，国务院颁布《关于完善企业职工基本养老保险制度的决定》（国发〔2005〕38 号），将个人账户的规模缩减为职工个人缴费工资的 8%，要求个人账户全部由职工个人缴费构成，企业缴费（企业工资总额的 20%）全部划入统筹账户；同时，调整了养老金计发办法，将统筹账户的养老金与职工缴费年限及缴费工资相关联[②]，将个人账户的养老金与城镇人口平均预期寿命和利息等因素相关联。

此外，国发〔2005〕38 号文件也提出要将灵活就业人员和个体工商户纳入保险范围。但实际上截至目前，灵活就业人员和个体工商户的参保仍然不是强制性的，只有较少的人员参保，政府对其监管并不强。同时，他们的缴费办法也和企业职工有较大差别，而且他们在城镇就业人员中所占比例较小（10%左右[③]）。因此，本书不将他们作为分析对象。如无特别说明，下文提到的城镇职工社会保险制度主要指企业职工的制度及其安排，包括缴费和待遇等；提到的职工，指在企业工作的职工。

2011 年，我国实施了《中华人民共和国社会保险法》，对城镇职工基本养老保险制度的资金来源、待遇计发和享受条件等作出全面规范。2015 年，参加养老保险的企业在职职工人数为 24 586.8 万人[④]，领取养

---

① 这一养老金计算方法仅适用于在国发〔1997〕26 号文件发布后参加工作的职工（"新人"）。对于在国发〔1997〕26 号文件发布前参加工作、发布后退休的职工（"中人"），他们是否可以按月领取养老金，取决于他们在 1997 年之前的工作年限与在 1997 年之后的缴费年限之和是否满 15 年；如果满 15 年，他们可以在统筹账户中获得和新人相同的养老金，从个人账户中获得储存额的 1/120，另外还可从统筹账户中获得过渡性养老金。对于在国发〔1997〕26 号文件发布时已经退休的人员（"老人"），他们仍然按照原规定领取养老金，这部分养老金来源于统筹账户的资金。
② 统筹账户的养老金月标准以当地上年在岗职工月平均工资和本人指数化月平均缴费工资的平均值为基数，缴费每满 1 年发给 1%。本人指数化月平均缴费工资是本人缴费工资指数与当地上年在岗职工月平均工资的乘积。其中，本人缴费工资指数是本人在缴费期间历年缴费工资与当地上年在岗职工月平均工资之比的平均值。
③ 2000—2012 年，这部分人员占城镇就业人员的比重的均值为 11%。数据来源于国家统计局网站（http://data.stats.gov.cn）。
④ 含其他参保人员。具体说明见第 3 章的数据说明部分（关于宏观统计数据）。

老金的企业退休人员人数为 8 536.5 万人；养老保险基金收入为 29 340.9 亿元，支出为 25 812.7 亿元，累计结余为 35 344.8 亿元[①]。

2.2.2 医疗保险

计划经济时期，企业职工享有企业提供的劳保医疗。随着国有企业改革的推进，企业成为自负盈亏的经营实体，不再为职工提供劳保医疗。1993 年，十四届三中全会决定建立社会统筹与个人账户相结合的职工基本医疗保险制度。1998 年，国务院颁布《关于建立城镇职工基本医疗保险制度的决定》（国发〔1998〕44 号），指出城镇用人单位及其职工都要参加职工基本医疗保险，这标志着以往的劳保医疗制度被城镇职工基本医疗保险制度所取代。

城镇职工基本医疗保险制度实行社会统筹与个人账户相结合的办法。具体而言，国发〔1998〕44 号文件的主要内容为：（1）企业缴费为企业工资总额的 6%，职工缴费为个人工资总额的 2%；（2）全部的职工缴费和 30%左右的企业缴费划入个人账户，主要用于支付购药费和门诊费；（3）剩余缴费划入统筹账户，主要用于支付住院费，起付标准为当地职工年平均工资的 10%左右，最高支付限额在当地职工年平均工资的 4 倍左右，起付标准以上、最高支付限额以下的费用主要从统筹账户中支付，职工个人也要承担一定比例。[②]

之后，国家发布了一系列的政策文件，对职工基本医疗保险中的操作和管理问题作出规定[③]。2011 年实施的《中华人民共和国社会保险法》为城镇职工基本医疗保险制度提供了法律依据。2015 年，参加医疗保险的企业在职职工人数为 21 362.0 万人；医疗保险基金收入为 9 083.5 亿元，支出为 7 531.5 亿元，累计结余为 10 997.1 亿元。[④]

---

① 资料来源：国家统计局网站（http://data.stats.gov.cn）。
② 允许各地政府根据当地情况确定具体的起付标准、最高支付限额和个人负担比例。
③ 如《关于印发城镇职工基本医疗保险定点医疗机构管理暂行办法的通知》（劳社部发〔1999〕14 号）、《关于加强城镇职工基本医疗保险个人帐户管理的通知》（劳社厅发〔2002〕6 号）、《关于妥善解决医疗保险制度改革有关问题的指导意见》（劳社厅发〔2002〕8 号）、《关于进一步做好扩大城镇职工基本医疗保险覆盖范围工作的通知》（劳社厅发〔2003〕6 号）等。
④ 资料来源：国家统计局网站（http://data.stats.gov.cn）。

2.2.3 失业保险

计划经济时期，可以认为我国不存在失业问题，因此也没有失业保险制度。不论是大中专学生，还是转业军人，都被列为计划安置就业对象；一旦就业被安置，一般不会更改就业单位，也不会失业（中国发展研究基金会，2009）。

然而，国有企业改革之后，涌现大批待业或失业职工。针对这一情况，1986 年，国务院颁布《国营企业职工待业保险暂行规定》（国发〔1986〕77 号），规定由国营企业按职工标准工资总额的 1% 缴纳待业保险费，为待业职工发放待业救济金。1993 年，国务院颁布《国有企业职工待业保险规定》（国务院令第 110 号），扩大了待业保险的覆盖范围，但仍限制在国有企业内部；同时也对企业缴费率和职工待遇水平进行了调整。

1999 年，国务院颁布《失业保险条例》（国务院令第 258 号），正式建立保障范围更广的城镇职工失业保险制度，取代仅限于国有企业职工的待业保险制度。《失业保险条例》规定：一方面，所有城镇企业及其职工均缴纳失业保险费，其中，企业缴费为企业工资总额的 2%，职工缴费为个人工资的 1%；另一方面，所有符合条件的城镇企业失业人员[①]，均可领取失业保险金，领取期限为 12～24 个月，失业保险金的水平低于当地最低工资但高于城市居民最低生活保障。

2005 年，原劳动和社会保障部与财政部发布《关于切实做好国有企业下岗职工基本生活保障制度向失业保险制度并轨有关工作的通知》（劳社部发〔2005〕6 号），提出要在 2005 年底基本实现国有企业下岗职工基本生活保障制度向失业保险制度并轨。

2011 年，我国实施了《中华人民共和国社会保险法》，对失业保险制度的缴费要求、待遇领取条件和待遇停发情况等作了详细规定。2015年，参加失业保险的职工人数为 17 326.0 万人，领取失业保险金人数为 226.8 万人；失业保险基金收入为 1 367.8 亿元，支出为 736.4 亿元，累

[①] 领取失业保险金的条件为：失业人员失业前所在企业和本人参加失业保险并缴费满 1 年；非因本人意愿失业；已办理失业登记，并有求职要求。

计结余为 5 083.0 亿元。①

2.2.4 工伤保险

1951 年，我国颁布的《中华人民共和国劳动保险条例》中就有对工伤保险的相关规定，即职工因工负伤或残疾时，其所在企业或由企业缴费构成的劳动保险基金应负担医疗费、发放补助费。

1996 年，原劳动和社会保障部发布《企业职工工伤保险试行办法》（劳部发〔1996〕266 号），对此前以企业自我保障、自我负责为主的工伤保险制度进行改革，提出要实行社会统筹的工伤保险制度，并建立工伤保险基金。同时，规定由企业缴纳工伤保险费，而职工个人无须缴费。

2003 年，国务院颁布《工伤保险条例》（国务院令第 375 号），正式建立了社会统筹的工伤保险制度，为职工提供了最主要的劳动安全保障。同年，原劳动和社会保障部与财政部等部门联合发布《关于工伤保险费率问题的通知》（劳社部发〔2003〕29 号），制定了不同工伤风险程度的行业所适用的工伤保险缴费率，并规定平均缴费率在企业工资总额的 1% 左右。之后，国家又针对特定行业的工伤保险相关问题作出了规定②。

2010 年，国家对《工伤保险条例》进行了修订。③2011 年实施的《中华人民共和国社会保险法》进一步明确了工伤保险制度的相关要求。2015 年，参加工伤保险的职工人数为 21 432.5 万人，享受工伤保险待遇的人数为 201.9 万人；工伤保险基金收入为 754.2 亿元，支出为 598.7 亿元，累计结余为 1 285.3 亿元。④

2.2.5 生育保险

1951 年，我国颁布的《中华人民共和国劳动保险条例》对生育待

---

① 数据来源于国家统计局网站（http://data.stats.gov.cn）。
② 如《关于铁路企业参加工伤保险有关问题的通知》（劳社部函〔2004〕257 号）、《关于做好煤矿企业参加工伤保险有关工作的通知》（劳社部发〔2005〕29 号）等。
③ 2010 年，国务院颁布《关于修改〈工伤保险条例〉的决定》（国务院令第 586 号），扩大了工伤保险的参保范围，明确逐步实现省级统筹的目标。
④ 数据来源于国家统计局网站（http://data.stats.gov.cn）。

遇作出规定。1994 年，原劳动部发布《企业职工生育保险试行办法》
（劳部发〔1994〕504 号），建立了社会统筹的城镇职工生育保险制度，
明确了企业缴纳生育保险费的义务，规定女职工可享受产假，并领取生
育津贴、报销生育医疗费。

2001 年，我国发布《中国妇女发展纲要（2001—2010 年）》，指出
城镇职工生育保险覆盖面要达到 90% 以上，要切实保障女职工生育期间
的基本生活和医疗保健需要。2004 年，原劳动和社会保障部发布《关
于进一步加强生育保险工作的指导意见》（劳社厅发〔2004〕14 号），
指出应协同推进生育保险与医疗保险工作，切实保障生育职工的医疗需
求和基本生活待遇。

2011 年实施的《中华人民共和国社会保险法》使生育保险制度法
制化。2015 年，参加生育保险的职工人数为 17 771.0 万人，享受生育
保险待遇的人数为 641.9 万人；生育保险基金收入为 501.7 亿元，支出
为 411.5 亿元，累计结余为 684.4 亿元。[①]

2.3 我国城镇职工社会保险制度的主要特征

2.3.1 社会保险法定缴费率较高

我国城镇职工社会保险的法定缴费率较高。根据中央政府的政策文
件规定，2016 年 5 项保险的法定缴费率之和达 38.75%。具体地，表 2-
1 列出了各项保险的法定缴费率。可以看到，养老保险缴费率远远高于
其他保险。一方面，这说明养老保险是社会保险体系的一个非常重要的
组成部分，在很大程度上决定了社会保险基金收入的整体规模；另一方
面，这也意味着企业和职工的社会保险缴费负担主要来源于养老保险，
因而对养老保险的相关制度设计（如缴费率和待遇等）有着更大的行为
反应。

---

① 数据来源于国家统计局网站（http://data.stats.gov.cn）。

表 2-1   2016 年我国城镇职工社会保险的法定缴费率全国均值（%）

项目	养老保险	医疗保险	失业保险	工伤保险	生育保险	合计
企业	20	6	1	0.75	0.5	28.25
职工	8	2	0.5	0	0	10.5

已有研究普遍认为，我国城镇企业和职工面临着较高的社会保险法定缴费率（赵耀辉和徐建国，2001；高书生，2003；刘钧，2004；Feldstein & Liebman，2006；Nielsen & Smyth，2008；王增文和邓大松，2009；孙博和吕晨红，2011；封进和何立新，2012；白重恩，2011、2013b）。

其中，一些研究对企业能够承受的社会保险缴费限度进行了测算，发现当前的社会保险缴费率甚至超出了部分企业的最大缴费率。[①]例如，许志涛和丁少群（2014）测算发现，从全国平均水平来看，国有企业、集体企业、私营企业和外资企业的社会保险最大缴费率分别为22.74%、17.67%、18.84%和30.31%；从东、中、西部的情况来看，国有企业的最大缴费率在 21.41%~35.35% 之间，集体企业的最大缴费率在8.24%~20.03% 之间，私营企业的最大缴费率在 8.79%~25.73% 之间，外资企业的最大缴费率在 19.19%~43.07% 之间。

另外，需要说明的是，中央政府在作出指导性规定的同时，也允许各地政府根据当地的实际情况自行制定和调整当地的社会保险法定缴费率。例如，1997 年国务院颁布的《关于建立统一的企业职工基本养老保险制度的决定》（国发〔1997〕26 号）指出，"企业缴纳基本养老保险费的比例，一般不得超过企业工资总额的 20%（包括划入个人账户的部分），具体比例由省、自治区、直辖市人民政府确定"，"有条件的地区和工资增长较快的年份，个人缴费比例提高的速度应适当加快"。

2012 年国家审计署在审计中发现，虽然中央政府规定企业的养老保险缴费率为 20%，但实际上各省的缴费率从 10% 到 22% 不等。即使处

---

① 最大缴费率是指不存在资本积累时，将全部的企业利润都用于缴纳社会保险费所对应的缴费率水平。

于同一省内，不同城市的缴费率也存在差异。例如，2014 年，广东省江门市、汕尾市、肇庆市、阳江市和汕头市的企业养老保险缴费率为15%，云浮市 13%，深圳市、揭阳市和清远市 14%，佛山市和惠州市12%，珠海市 10%，茂名市和湛江市 18%，广州市 20%。

　　表 2-2 展示了 2017 年我国一些城市的城镇职工社会保险法定缴费率的情况。可以看出，各地不仅在养老保险缴费率上存在差异，医疗保险、失业保险、工伤保险和生育保险的缴费率也有所不同。

表 2-2　　2017 年我国一些城市的城镇职工社会保险法定缴费率（%）

城市	分类	养老保险	医疗保险	失业保险	工伤保险	生育保险
北京	企业	20	10	0.8	0.5~2	0.8
	职工	8	2	0.2	0	0
天津	企业	19	11	1	0.2~1.9	0.5
	职工	8	2	0.5	0	0
济南	企业	18	9	0.7	0.2~1.9	0.85
	职工	8	2	0.3	0	0
长沙	企业	20	8	0.7	0.5~3	0.7
	职工	8	2	0.3	0	0
广州	企业	14	8	0.64	0.2~1.4	0.85
	职工	8	2	0.2	0	0
杭州	企业	14	8	0.5	0.3~1.9	0.8
	职工	8	2	0.5	0	0
上海	企业	20	9.5	0.5	0.2~1.9	1
	职工	8	2	0.5	0	0
重庆	企业	19	7.5	0.5	0.5~4.8	0.5
	职工	8	2	0.5	0	0

　　资料来源　社保查询网（http://www.chashebao.com）。

　　此外，随着时间的推移，各地的法定缴费率也在不断调整。1997 年国务院颁布的《关于建立统一的企业职工基本养老保险制度的决定》（国发〔1997〕26 号）提出，职工缴费率不低于 4%，并逐年增长到 8%。1998 年国务院颁布的《关于建立城镇职工基本医疗保险制度的决定》（国发〔1998〕44 号）提出，随着经济的发展，缴费率可作相应调整。例如，2014 年广州市的企业养老保险缴费率为 20%，2017 年降至 14%。

综上，我国城镇职工社会保险制度的法定缴费率较高。在中央一般性指导规定下，各地政府可以自主调整法定缴费率。所以，法定缴费率并不是全国统一的固定值，而是在地区之间存在差异，同时也随时间变化。[①]

2.3.2 社会保险待遇较低且与缴费关联不紧密

在较高的社会保险法定缴费率下，一个自然而然会想到的问题是：社会保险待遇是否也较高？下面对 5 项保险的待遇分别展开分析，来回答这一问题。

2.3.2.1 养老保险

城镇职工养老保险为企业退休人员提供的基本养老金由统筹账户的基础养老金和个人账户养老金组成。1997—2005 年期间，在企业和职工的总缴费中，职工个人缴费工资的 13%～17%划入统筹账户[②]，11%划入个人账户，所以，统筹账户的缴费规模大于个人账户；职工退休后在统筹账户中获得的养老金数额与缴费数额无关，无论工作期间对统筹账户贡献多少，最终都会得到当地上年职工月平均工资的 20%，虽然个人账户中的资金均归职工个人所有，但其规模相对较小。因此，养老金与缴费的关联并不紧密。赵耀辉和徐建国（2001）认为，城镇职工养老保险的"大锅饭"成分过高，再分配性质较强，缴费较多的职工并未获得较高的养老待遇。白重恩等（2013）认为，为建立财务可持续、激励相容、促进公平、安全高效的养老保险制度，在统账结合的制度设计下，应降低养老保险缴费率，同时缩小统筹账户的相对规模，扩大个人账户的相对规模。

2006 年，国家调整了统筹账户和个人账户的划分比例，同时也改

[①] 这为后续的实证研究提供了基础。
[②] 根据中央的政策文件规定，1997 年职工个人缴费率为 4%，以后逐年增长到 8%。所以，1997—2005 年期间，企业和职工的总缴费率为 24%～28%，其中，11%进入个人账户，剩余 13%～17%进入统筹账户。

革了养老金计发办法。这对养老金与缴费相关性的影响是不确定的。具体而言：（1）国家对统筹账户和个人账户的调整，削弱了养老金与缴费之间的联系。2006 年开始，统筹账户的规模为职工个人工资的 20%，全部由企业缴费构成；个人账户的规模为 8%，全部由职工个人缴费构成。所以，与 2006 年之前相比，统筹账户的规模扩大，而个人账户的规模缩小，这进一步强化了制度的再分配性。（2）国家对养老金计发办法的改革，加强了养老金与缴费之间的联系。2006 年，统筹账户的基础养老金开始与职工缴费年限和缴费基数相关联：职工缴费越多，退休后从统筹账户中获得的养老金越多。但是，需要注意的是，这项改革只针对"新人"；"中人"会在领取统筹账户的基础养老金和个人账户养老金的基础上，再获得过渡性养老金，养老待遇水平在改革前后基本不变；"老人"仍按原办法计发养老金。[①]所以，养老金计发办法的改革只加强了部分群体的统筹账户的基础养老金与其缴费之间的联系。综上，2006 年之后，养老金与缴费的关联更紧还是更松，取决于上述两种影响的相对大小。如果账户规模调整的影响大于养老金计发办法改革的影响，那么养老金与缴费之间的联系会变得更弱。

另外，在理论上，个人账户应该是一个基金积累账户。然而，实际中，个人账户"空转"的现象十分严重，这使得个人账户成为一个名义账户。也就是说，个人账户中的资金并未用于投资和积累，而是用于给现在的退休人员发放养老金。在名义账户制度下，个人账户的回报率由政府规定，而不是实际的投资收益率（赵耀辉和徐建国，2001）。我国政府规定的个人账户的记账利率与银行同期存款利率水平相当。2001年，辽宁率先开展做实个人账户的试点。[②]2004 年，吉林和黑龙江也开始做实个人账户。[③]2005 年，在总结东北三省试点经验的基础上，国家

[①] "新人"是指在国发〔1997〕26 号文件实施后参加工作的职工；"中人"是指在国发〔1997〕26 号文件实施前参加工作、国发〔2005〕38 号文件实施后退休的职工；"老人"是指在国发〔2005〕38 号文件实施前已经退休的职工。国发〔1997〕26 号文件是《关于建立统一的企业职工基本养老保险制度的决定》。国发〔2005〕38 号文件是《关于完善企业职工基本养老保险制度的决定》。

[②] 2001 年，国务院颁布《关于同意辽宁省完善城镇社会保障体系试点实施方案的批复》（国函〔2001〕79 号）。

[③] 2004 年，国务院颁布《关于同意吉林省完善城镇社会保障体系试点实施方案的批复》（国函〔2004〕35 号）和《关于同意黑龙江省完善城镇社会保障体系试点实施方案的批复》（国函〔2004〕36 号）。

又进一步扩大了做实个人账户的试点。^①截至 2014 年年底，全国共有 13 个省、自治区、直辖市进行做实个人账户的试点，包括辽宁、吉林、黑龙江、天津、山西、上海、浙江、江苏、山东、河南、湖北、湖南和新疆，共积累个人账户基金 5 001 亿元。^②

然而，褚福灵（2011）指出，试点地区个人账户的运营收益率较低，仅在 2%～3%，也存在一些问题：第一，只重视整个地区个人账户总额做实，而未将账户真正做实到每个参保职工；第二，只重视如何筹集个人账户的资金，而忽视如何支付；第三，一些地区仍然采用"先空账后做实"的做法，仍然是将当期的职工个人缴费划入统筹基金用于发放当期养老金，而不是划入记在个人名下的个人账户，之后再使用财政资金来补充个人账户。封进和何立新（2012）也指出了养老保险基金收益率低于同期 CPI 的问题。据人社部统计，2009—2014 年，企业养老保险基金的收益率为 2.2%、2.0%、2.5%、2.6%、2.4%、2.9% 低于同期的一年期银行存款利率^③。

上述分析表明：一方面，我国城镇职工养老保险的待遇与缴费的关联并不紧密，特别是统筹账户的养老金，并不是缴费多就能获益多；另一方面，个人账户没有真正地起到基金积累作用，目前全国仅有不到一半的地区开展了做实个人账户的试点，并且投资回报率较低。所以，与较高的养老保险缴费率相比，养老保险待遇水平相对较低。

以上是从养老金构成（统筹账户的基础养老金与个人账户养老金）的角度来定性地分析养老保险待遇。下面利用相关指标对养老保险待遇的实际水平直接进行测算。

度量养老保险待遇水平的一个重要指标是养老金替代率。养老金替代率有以下 4 种定义：（1）退休人员的养老金与其退休前最后一年的工资之比；（2）退休人员的养老金与其退休前终生平均工资之比；（3）退休人员的养老金与其退休前工资最高的一段时间的平均工资之比；^④

① 2005 年，原劳动和社会保障部与财政部发布《关于扩大做实企业职工基本养老保险个人账户试点有关问题的通知》（劳社部发〔2005〕27 号）。
② 《2014 年度人力资源和社会保障事业发展统计公报》。
③ 资料来源：张航. 人社部：过去五年养老金收益低于存款利率［EB/OL］.［2017-09-22］. http://finance.ifeng.com/a/20150630/13809050_0.shtml.
④ 例如，法国采用这种定义。职工在缴费年限满 40 年时，可以领取的基本养老金为工作期间工资最高的 25 年的月平均工资的 50%左右。

（4）退休人员的养老金与在职职工的平均工资之比（王晓军，2002；李珍和王海东，2012）。

在前 3 种定义下，养老金替代率的分母与退休人员退休前的工资相关，是固定值，不随时间变化，也不随经济形势的变化而变化。这时算出的养老金替代率虽然可以反映退休人员退休前后生活水平的改变，但不能反映养老金对退休人员退休后生活的实际保障程度。以第 1 种定义为例。假设退休人员在退休前 1 年的月平均工资为 500 元，退休后第 1 年领取的月平均养老金为 400 元，按照第 1 种定义计算，养老金替代率为 80%；假设退休后第 10 年领取的月平均养老金为 800 元，那么第 1 种定义下的养老金替代率为 160%。这能否说明 10 年期间养老金的保障水平提高了 1 倍？答案显然是否定的。即使扣除货币因素（通货膨胀或紧缩）的影响，10 年后的经济发展水平与退休人员刚刚退休时相比，必然有着较大的变化。尽管 10 年间养老金标准提高，但与快速增长的人均收入水平和消费水平相比，养老金可能变得不足以保障退休人员的生活。因此，使用前 3 种定义来计算养老金替代率，在我国经济增长较快的情况下[①]，是不合适的。

基于上述分析，我们使用第 4 种定义，将退休人员的养老金与在职职工的平均工资进行比较，此时算出的养老金替代率包含了经济发展水平等因素，可以反映养老金与当期收入和消费的对比关系，进而反映养老金对退休人员生活的实际保障水平。已有研究也大多采用这一定义来计算养老金替代率（郝勇等，2010；李珍和王海东，2012）。

图 2-1 展示了我国城镇职工养老保险在 2000—2015 年期间的养老金替代率水平及变化趋势。从图 2-1 可以看出，养老金替代率有下降趋势：2000 年养老金替代率为 71.2%；2015 年为 44.6%，下降了 26.6 个百分点。这主要是因为企业在职职工平均工资的增长快于企业退休人员的人均养老金。2000 年企业退休人员的人均养老金为每月 556 元，2015 年为每月 2 353 元，约是 2000 年的 4.2 倍；2000 年企业在职职工平均工资为每月 781 元，2015 年为每月 5 270 元，约是 2000 年的 6.7 倍。

---

① 2002—2012 年期间，我国实际 GDP（1978 年不变价）的增长率一直在 7% 以上，均值为 10.3%（资料来源：《中国统计年鉴 2013》）。

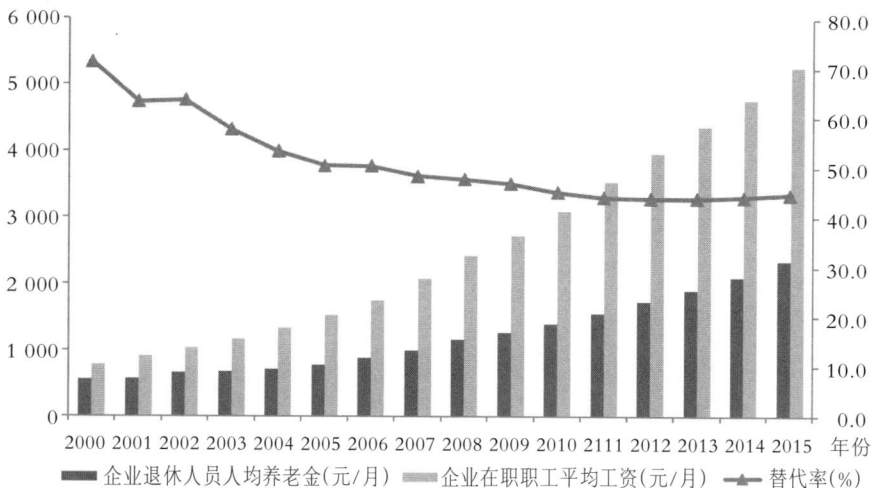

图 2-1 2000—2015 年我国城镇职工养老保险的养老金替代率[①]

从 2005 年开始，我国每年都提高企业职工养老保险的待遇水平，但提高幅度低于企业在职职工平均工资的涨幅。2005—2015 年期间，企业退休人员人均养老金的年均增速为 11.5%，而企业在职职工平均工资年均增长 13.3%。在城镇职工养老保险制度建立之初，国发〔1997〕26 号文件就提出要建立养老金的正常调整机制，国发〔2005〕38 号文件进一步明确提出要依据职工工资和物价变动来调整企业退休人员的养老金，但养老金的正常调整机制一直没有建立起来（张祖平，2012）。自 2005 年起对企业退休人员养老金的调整，都是以前一年的养老金水平作为基础，而没有参考在职职工平均工资的增长。例如，2017 年，国家决定继续提高企业退休人员的养老金水平，提高幅度按 2016 年退休人员月人均基本养老金的 5.5% 左右确定。[②]

2.3.2.2 医疗保险

城镇职工医疗保险基金由统筹基金和个人账户组成。在企业和职工的总缴费中，职工个人工资的 3.8% 划入个人账户[③]，4.2% 进入统筹基金。统筹基金有起付标准和最高支付限额。《关于建立城镇职工基本医疗保险制度的决定》（国发〔1998〕44 号）规定："起付标准以下的医疗

---

① 根据国家统计局的数据（http://data.stats.gov.cn/easyquery.htm?cn=C01）计算。
② 资料来源：人社部、财政部《关于 2017 年调整退休人员基本养老金的通知》。
③ 其中，1.8% 来自企业缴费，2% 来自职工个人缴费。

费用，从个人账户中支付或由个人自付；起付标准以上、最高支付限额以下的医疗费用，主要从统筹基金中支付，个人也要负担一定比例。"

图 2-2 展示了 2007—2011 年我国各项医疗保险的实际报销比例，即统筹基金所报销的金额占医疗费用总支出的比例，该比例反映了医疗保险对参保人的保障程度。[①] 从全国平均水平来看，城镇职工医疗保险的实际报销比例最高，2007—2011 年的均值为 62%，而三项居民医疗保险（城镇居民医疗保险、新型农村合作医疗保险[②]和城乡居民医疗保险[③]）的实际报销比例的均值为 42%。不过，城镇职工医疗保险的实际报销比例增长缓慢，与三项居民医疗保险的差距在逐渐缩小。各地对医疗保险报销比例的规定不同，通常与医疗费用和医疗机构的等级有关，而且职工医疗保险的报销比例一般高于居民保险。例如，2014 年北京市的职工医疗保险的住院费用政策范围内报销比例在 85%~97%之间，新农合在 55%~80%之间，城镇居民医疗保险报销比例为 70%。[④]

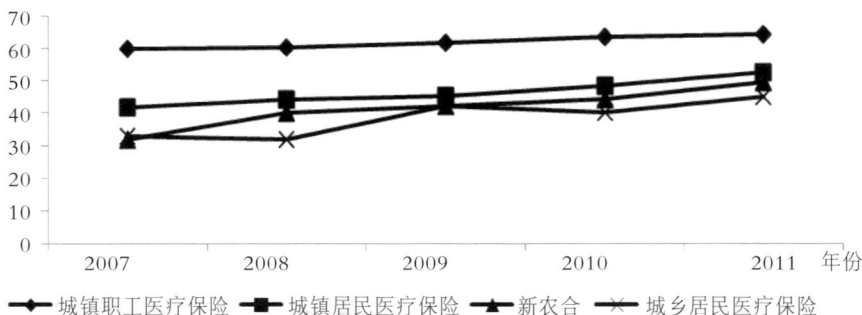

图 2-2　2007—2011 年我国各项医疗保险的实际报销比例（%）

资料来源　国家审计署（2012）。

尽管城镇职工医疗保险的实际报销比例始终高于三项居民医疗保险，但需要说明的是，城镇职工医疗保险主要由企业和职工共同缴费来筹资，而三项居民医疗保险的个人缴费比例很小，主要由财政进行补贴。2011 年，城镇职工医疗保险基金收入中，企业缴费占 73.02%，职

---

①　2012 年之后没有全国统计数据。
②　以下简称新农合。
③　截至 2011 年底，全国一共有 189 个县合并实施了城乡居民医疗保险。资料来源：国家审计署（2012）。
④　资料来源：佚名. 北京医保报销比例［EB/OL］.（2014-02-11）［2017-09-28］. http://beijing.chashebao.com/yiliao/12149.html.

工缴费占 20.47%，财政投入仅占 3.47%，还有 3.04% 来源于其他收入；三项居民医疗保险基金收入中，财政投入占 82.09%，个人缴费仅占 15.83%，还有 2.08% 来源于其他收入。①因此，城镇职工医疗保险的缴费负担远远高于三项居民医疗保险，但城镇职工医疗保险的待遇水平（实际报销比例）与三项居民医疗保险的差距并不是很大。从这一点来看，城镇职工医疗保险的待遇与缴费的关联度不高。

2.3.2.3 失业保险

国家规定，失业保险金标准不得超过最低工资标准，同时不得低于城市居民最低生活保障标准，最长领取期限是 24 个月。图 2-3 展示了北京市 1999—2014 年的失业保险金标准。可以看出，2008 年之前，失业保险金标准与城市居民低保标准较为相近；2008 年之后，两者才逐渐拉开差距。这表明，至少在北京市，失业保险待遇并不高。这是基于两方面的考虑：一方面，职工及所在单位需缴费至少满 1 年，职工才能在非自愿失业后领取失业保险金，而低收入群体无须缴费就可获得最低生活保障；另一方面，失业保险金标准与最低生活保障的差距不大，失业保险金最多可领 24 个月，而最低生活保障的领取并无时间限制。

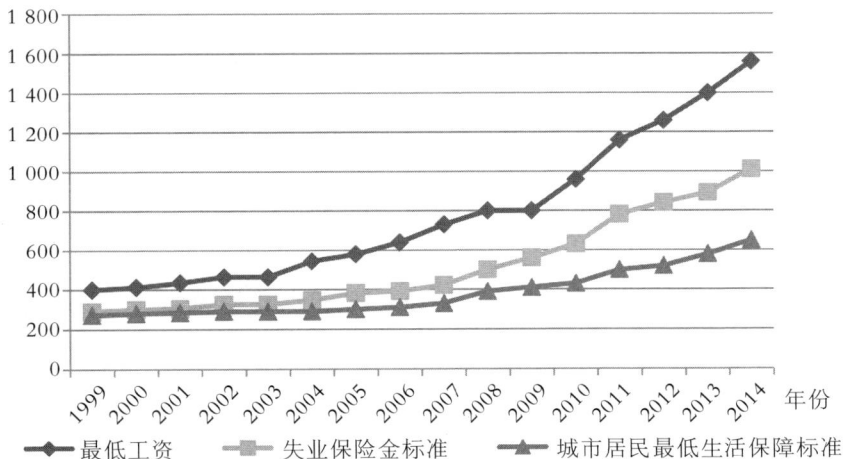

图 2-3 1999—2014 年北京市失业保险待遇（单位：元/月）

资料来源 《北京统计年鉴 2015》。

---

① 资料来源：国家审计署（2012）。

　　从全国整体来看，图 2-4 展示了我国失业人员人均领取失业保险金水平与城镇居民家庭人均消费支出水平。可以看出：（1）人均领取的失业保险金远远低于人均总消费支出；（2）人均领取的失业保险金略高于人均食品消费支出，说明失业保险金能够解决吃饭问题；（3）如果以衣食住行来定义人们的基本生活需要，那么失业保险金难以保障失业人员的基本生活（人均领取的失业保险金明显低于人均衣食住行消费支出）。因此，从与消费支出的比较来看，我国的失业保险待遇较低，对职工失业之后的生活保障程度不高。

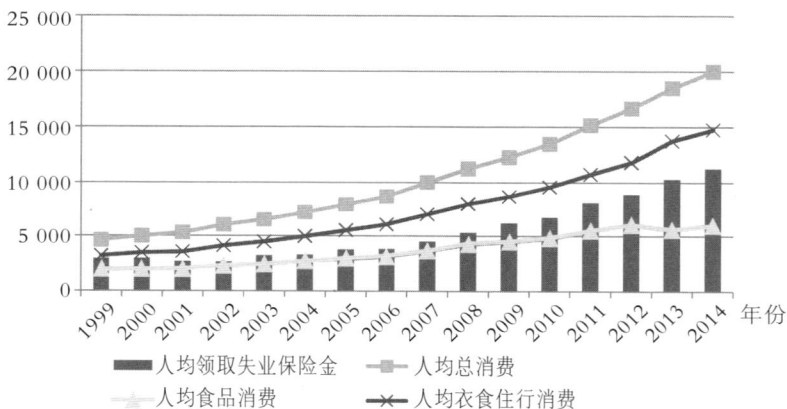

图 2-4　1999—2014 年我国失业保险待遇与城镇居民家庭消费（单位：元/月）[1]

2.3.2.4　工伤保险与生育保险

　　工伤保险和生育保险都无须职工个人缴费，企业缴费是基金收入的主要来源。工伤保险的待遇包括工伤治疗费用和伤残津贴等。生育保险的待遇包括生育医疗费和生育津贴。

　　图 2-5 和图 2-6 分别给出了工伤保险和生育保险的参保人数与领取待遇人数（次）。可以看出，这两项保险的领取待遇人数（次）均远远小于参保人数。对于工伤保险，领取待遇人数不足参保人数的 1%；对于生育保险，领取待遇人次与参保人数的比例不超过 4%。

---

　　① 人均领取失业保险金等于发放失业保险金总额与领取失业保险金人数之比。人均衣食住行消费支出中包括了通信支出。资料来源：《中国劳动统计年鉴 2015》和国家统计局网站（http://data.stats.gov.cn）。

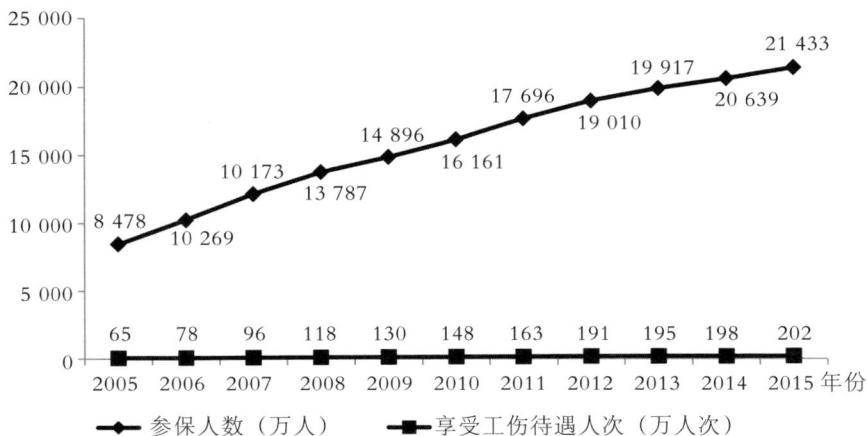

图 2-5 2005—2015 年我国工伤保险参保人数与领取待遇人次

资料来源 国家统计局网站（http://data.stats.gov.cn/easyquery.htm?cn=C01）。

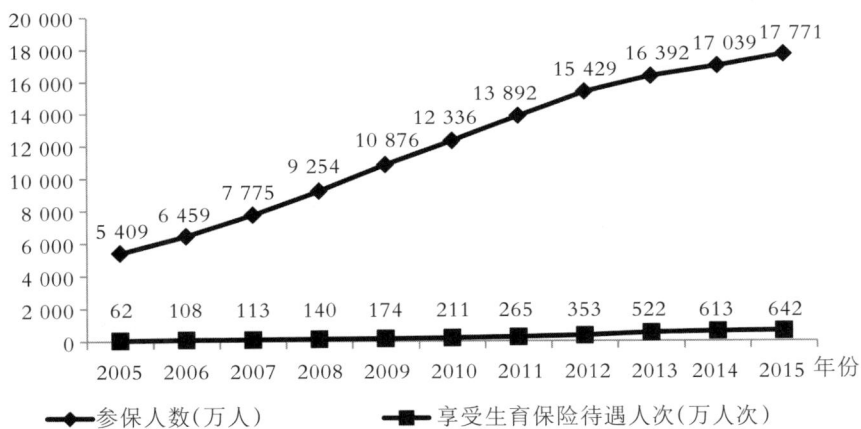

图 2-6 2005—2015 年我国生育保险参保人数与领取待遇人次

资料来源 国家统计局网站（http://data.stats.gov.cn/easyquery.htm?cn=C01）。

这是因为：对于参保职工而言，工伤和生育并不是常常发生的情况；大多数职工在工作生涯中不会出现工伤；大部分女职工一生也只生育 1 至 2 次，2015 年的生育率（每千名妇女的活产婴儿数）为 30.93‰。①从图中来看，参加这两项保险的职工极有可能不会享受保险待遇，这是由工伤的非常发性和生育的非长期性所决定的。虽然这并不

---

① 资料来源：国家统计局网站（http://data.stats.gov.cn/easyquery.htm?cn=C01）。

能说明这两项保险的待遇水平较低或覆盖范围较小，但是，对于未享受待遇的职工而言，这两项保险的待遇与其所在企业的缴费的相关性为零。

2.3.2.5　社会保险基金存在违法违规使用现象

需要说明的是，不仅在制度设计上，我国城镇职工社会保险的待遇较低并与缴费关联不紧密，在现实中还存在违法违规使用社会保险基金的现象，这进一步降低了社会保险的待遇水平，影响了待遇的足额按时发放。

国家审计署（2012）指出，5 项保险基金中均存在违法违规使用的行为，主要包括：将基金用于基层经办机构等单位工作经费，将基金用于平衡地方（市级或县级）的财政预算，将基金用于修建基层单位办公用房或购置设备，向不符合条件的人员发放待遇，对符合条件的人员未及时发放待遇，以及一些社会保险工作人员通过冒用参保人信息或基金收入不入账等手段来骗取或挪用基金等。2011 年，5 项保险中上述行为涉及总金额达 7.4 亿元。①

之后，虽然国家不断加强对社会保险基金支出的监管，整顿违法、违规现象，但目前仍存在违法、违规使用基金的问题。例如，2016 年国家审计署对医疗保险基金进行了抽查审计，表 2-3 呈现了其中的违法、违规情况。

表 2-3　　**2016 年我国医疗保险基金的违法、违规使用情况**

违法、违规行为	涉及资金规模（亿元）
9 个市级和 24 个县将医保基金挪用于对外借款等支出	1.20
8 个省级、64 个市级和 186 个县将医保基金扩大范围，用于其他社会保障等支出	22.86
医保个人账户资金被提取现金或用于购买日用品等支出	1.40
个人重复报销医疗费用	0.13
923 家定点医疗机构和定点零售药店涉嫌通过虚假就医、分解住院等方式，骗取套取医保基金作为本单位收入	2.07
个人通过虚假异地发票等方式骗取医保基金	0.10
部分医疗和经办机构违规加价或收费，包括加价销售药品和耗材、违规收取诊疗项目费、经办机构违规收取网络维护费等，给医保基金造成损失	12.41

资料来源　国家审计署《2017 年第 1 号公告：医疗保险基金审计结果》。

---

① 国家审计署最新审计年份是 2012 年，2016 年只对其中的医疗保险基金进行审计，故此处采用的数据是 2011 年的。

2.3.3 社会保险制度在人群间分割

长期以来，我国城镇职工社会保险制度在人群间存在分割，主要体现为养老保险的"双轨制"，即对机关事业单位工作人员和企业职工实行不同的养老保险制度。直至近年，我国城镇职工社会保险制度才开始并轨。标志性事件是：2015 年 1 月，国务院出台《关于机关事业单位工作人员养老保险制度改革的决定》，从 2014 年 10 月 1 日起实施改革。

改革之前的机关事业单位养老制度始于 1951 年，成型于 1978 年。[1] 改革前，机关事业单位工作人员不需缴费，就可在退休后获得较高的养老金[2]，资金主要来源于财政。改革后，机关事业单位及其工作人员需要缴费，缴费比例与企业及职工相同，但这项改革与完善机关事业单位工资制度同步推进，是在增加工资的同时实行个人缴费。另外，过渡养老金和职业年金等设计确保改革后的待遇水平基本不会降低。

相比于机关事业单位养老保险改革的滞后，企业职工养老保险制度早在 1997 年就实现了从现收现付制向部分积累制的转变，企业和职工均需缴费，并且在缴费满 15 年之后，职工才能在退休后获得基本养老金（来源于统筹账户和个人账户）。虽然财政也对企业职工养老保险进行补贴，但投入远远少于机关事业单位的养老金。2016 年，在企业职工养老保险基金收入中，财政投入仅占 18.57%，而企业缴费和职工个人缴费占 76.35%，还有 5.08% 来源于其他收入。[3]

虽然长期以来企业和职工承担的养老保险缴费负担相对较重，但职工退休后的养老金水平低于机关事业单位工作人员。表 2-4 呈现了企业与机关事业单位的养老待遇差距。可以看出：机关事业单位退休人员的月均养老金高于企业退休人员，并且绝对差距有扩大趋势，相对差距基本稳定在 1.6 左右。[4] 具体而言，2000 年，机关事业单位退休人员月

---

① 1978 年，国务院发布《关于安置老弱病残干部的暂行办法》，确立了干部退休制度。
② 根据工作年限的不同，机关公务员和事业单位工作人员在退休后分别可领取其退休前职务工资和级别工资之和或岗位工资和薪级工资之和的 80%~90%。机关事业单位离休人员可获得离休前职务工资和级别工资之和或岗位工资和薪级工资之和的全额。资料来源：《关于印发〈关于机关事业单位离退休人员计发离退休费等问题的实施办法〉的通知》（国人部发〔2006〕60 号）。
③ 资料来源：《2016 年度人力资源和社会保障事业发展统计公报》。
④ 绝对差距是指机关事业单位退休人员月均养老金与企业退休人员月均养老金的差额。相对差距是指机关事业单位退休人员月均养老金与企业退休人员月均养老金的比例。

均养老金比企业高 245.9 元，是企业的 1.5 倍；2015 年，机关事业单位退休人员月均养老金比企业高 1 418.3 元，是企业的 1.6 倍。

表 2-4　2000—2015 年我国企业与机关事业单位的养老待遇

年份	企业退休人员月均养老金（元/月）	机关事业单位退休人员月均养老金（元/月）	绝对差距（元/月）	相对差距（倍）
2000	544.2	790.1	245.9	1.5
2001	556.2	813.7	257.5	1.5
2002	622.7	1 096.1	473.4	1.8
2003	636.4	1 115.2	478.8	1.8
2004	669.1	1 197.9	528.8	1.8
2005	727.2	1 253.6	526.4	1.7
2006	842.9	1 279.8	436.9	1.5
2007	945.1	1 650.2	705.1	1.7
2008	1 114.0	1 687.3	573.3	1.5
2009	1 228.9	1 829.8	600.9	1.5
2010	1 349.3	1 934.1	584.8	1.4
2011	1 508.0	2 175.6	667.6	1.4
2012	1 689.2	2 420.6	731.4	1.4
2013	1 863.9	2 590.2	726.3	1.4
2014	2 063.9	2 741.5	677.6	1.3
2015	2 259.0	3 677.3	1 418.3	1.6

资料来源　《中国劳动统计年鉴 2016》。

另外，机关事业单位的医疗保险也与企业略有差异。在计划经济时期，企业职工享有企业提供的劳保医疗，机关事业单位工作人员享有国家提供的公费医疗。1998 年，国务院颁布《关于建立城镇职工基本医疗保险制度的决定》（国发〔1998〕44 号），指出企业及其职工、机关事业单位及其工作人员，都要参加城镇职工医疗保险。这是用城镇职工医疗保险来取代以往的劳保医疗和公费医疗。然而，国发〔1998〕44号文件也指出，公务员在参加职工医疗保险的基础上，还享受医疗补助政策。这实际上使公务员在并入职工医疗保险后待遇不变，医疗补贴仍由财政支付。此外，至今中央直属机构和7个省份的公务员仍继续享受公费医疗（丁汀，2012）。

2.3.4　社会保险制度在地区间分割

我国城镇职工社会保险由地方统筹，而非全国统筹。社会保险费的征缴和社会保险待遇的发放，都由地方政府管理。这使社会保险制度在地区之间分割开来。一方面，在社会保险缴费率和待遇标准的设定上，各地有一定的自由裁量权，这使得不同统筹地区的缴费率和待遇水平有所不同。另一方面，各地对社会保险的监管水平和执行力度也存在差异。

制度在地区间分割的一个主要影响是：职工在跨统筹地区流动时，社会保险关系（特别是社会保险收益）的转移接续存在障碍。虽然在法理上，职工跨区流动时，其个人账户储存额和社会保险关系可以随同转移，但在实际操作中，由于办理转移接续的程序非常烦琐、需要出具的文件多且复杂、缴费年限互认和待遇对接等政策没有明确具体的操作办法，以及地方政府存在为减少当地社会保险基金支出负担（主要是统筹账户的负担）而不愿接收外地参保者的行为，社会保险关系的转移接续十分困难。

1997年，在城镇职工养老保险制度建立之初，国家就提出要提高统筹层次，要逐步由县级统筹向省或省授权的地区统筹过渡（国发〔1997〕26号文件）。2005年，国家再次提出要在完善市级统筹的基础上，实现省级统筹（国发〔2005〕38号文件）。2007年，国家发布《关于推进企业职工基本养老保险省级统筹有关问题的通知》（劳社部发〔2007〕3号），规定了省级统筹的标准[①]，提出要加快省级统筹的步伐。

---

① 省级统筹共有6项标准：第一，全省执行统一的职工养老保险制度和政策；第二，全省统一企业和职工的缴费率；第三，全省统一养老保险待遇；第四，养老保险基金全省统收统支；第五，全省统一编制和实施养老保险基金预算；第六，全省统一养老保险业务的经办规程和管理制度。

人力资源和社会保障部的公报显示，2008 年，全国 18 个省份和新疆生产建设兵团实现了养老保险的省级统筹；2014 年，全国 31 个省份和新疆生产建设兵团均已建立养老保险的省级统筹制度。[①]

然而，郑秉文指出，全国真正实现省级统筹的只有 4 个地区，分别为陕西、北京、上海和天津；只有这些地区实现养老保险基金流在省级层面的管理，实现统收统支，而其他地区只是建立了调剂金制度[②]，不算真正实现省级统筹[③]。

医疗保险等其他 4 项城镇职工社会保险的统筹层次更低，基本均未实现省级统筹。以医疗保险为例，绝大多数地区为县级统筹，少数地区为地市级统筹（白重恩，2013a）。2011 年实施的《中华人民共和国社会保险法》提出，今后要将养老保险逐步实行全国统筹，其他社会保险逐步实行省级统筹。

2.4 我国城镇职工社会保险制度的主要特征与缴费遵从度的关系

以上分析了我国城镇职工社会保险制度的 4 个主要特征：（1）社会保险法定缴费率较高；（2）社会保险待遇较低且与缴费关联不紧密；（3）社会保险制度在人群间分割；（4）社会保险制度在地区间分割。这些特征是否影响缴费遵从度？下面对每个特征与缴费遵从度之间的关系展开分析。

首先，看第 1 个特征。我国城镇职工社会保险法定缴费率较高，其中，2016 年的企业缴费率为 28.25%，职工个人缴费率为 10.5%。从企业角度来看，较高的缴费率给企业带来了较为沉重的缴费负担，提高了企业的用工成本，对企业利润有较大影响（周小川，2000；高书生，2003）。在此情形下，出于减少成本的动机，企业会逃避社会保险缴费，降低缴费

[①] 《2008 年度人力资源和社会保障事业发展统计公报》和《2014 年度人力资源和社会保障事业发展统计公报》。
[②] 调剂金制度，是指采取省级统一核算、省和地市两级调剂，结余基金由省级授权地市县管理的方式，其中，中央和省级财政补助金以及上解的调剂金由省级统一使用。这是劳社部发〔2007〕3 号文件根据现阶段情况对省级统筹第 4 项标准的放宽。
[③] 资料来源：郑秉文. 从半数省份养老金收不抵支看中国社保制度的现状与未来. 北京大学中国教育财政科学研究所，51 期讲座，2012-04-20.

遵从度。白重恩（2010）认为，我国的社会保险缴费负担较重，导致很多企业不参保。从职工角度来看，较高的缴费率会阻碍低收入职工参保缴费，降低他们的缴费遵从度（封进和何立新，2012）。这是因为：低收入职工往往面临较紧的流动性约束，较高的缴费率降低了他们的可支配收入，使得当前一些比较迫切的消费需要无法得到满足。白重恩等（2012）的实证研究发现，提高养老保险缴费率会减少职工当前可支配收入，在我国信贷市场尚不完善的情况下，会导致职工的消费水平显著下降。

其次，看第2个特征。从企业角度出发，企业为职工参保并缴费的一个收益是职工的生产率提高，进而有利于提高产品的产量和质量。在北欧国家，企业愿意为职工提供社会保险，以使职工安心在企业从事专业性较强的创新工作（封进和何立新，2012）。然而，职工生产率是否提高，取决于社会保险的待遇水平（顾文静，2006）。由于我国城镇职工社会保险的待遇较低，对职工劳动积极性的激励不强，所以，企业为职工参保缴费获益不大。再结合第一个特征（社会保险法定缴费率较高），在成本较高而收益较低的情况下，企业会降低缴费遵从度，不愿为职工参保缴费。从职工角度来看，社会保险为职工在退休、生病、失业、因工受伤和生育等情况下提供了生活保障。然而，社会保险的实际保障程度并不高，并且职工得到的待遇与缴费的关联并不紧密[①]，这使职工缺乏参保缴费的激励。再结合第一个特征，职工的缴费遵从度会进一步下降。职工会更倾向于将收入进行其他投资来为自己的养老和医疗等需求筹资，而不是投资到社会保险基金中。赵耀辉和徐建国（2001）指出，在城镇职工养老保险制度中，缴费率较高、再分配性较强和回报率较低等因素结合在一起，会使企业和职工产生逃避缴费的动机。

再次，看第3个特征。前两个特征主要是从成本–收益的角度影响缴费遵从度，而第3个特征更多地与制度的公平性、财务可持续性和外部选择相关。具体而言：

（1）机关事业单位工作人员和企业职工在缴费和待遇上的差异，降

---

① 国发〔2005〕38号文件对城镇职工养老保险进行改革，并明确指出这是为了建立鼓励职工参保缴费的激励约束机制。然而，正如上文分析，这项改革加强了统筹账户养老金与缴费之间的联系，但削弱了个人账户养老金与缴费的联系。所以，最终，职工的参保缴费激励是增强还是减弱，并不确定。

低了制度的公平性，在人群间产生了不平等，这会削弱企业职工的参保缴费激励。公平理论（Equity Theory）（又称社会比较理论）认为，当个体感受到制度更公平时，他们更愿意遵从制度；个体对制度公平与否的感受，来自于社会比较（Adams，1963）。已有研究从理论和实证两方面分析了纳税人与他人比较所产生的不公平感对其逃避税行为的激励作用（Spicer & Becker，1980；King & Sheffrin，2002；Fortin et al.，2007；安体富和王海勇，2004；陈成文和张晶玉，2006）。类似地，社会保险制度分割使企业职工产生的不公平感会使他们产生逃避缴费的激励。白重恩（2013b）指出，很多人认为养老保险"双轨制"是不公平的，这影响了他们对养老保险制度的支持度和遵从度。

（2）"双轨制"的制度设计使得制度的财务可持续性令人担忧。当前已经存在未及时发放企业退休人员养老待遇的现象（国家审计署，2012）。同时，如果剔除财政补贴，企业职工养老保险基金有较大缺口。而且，未来这一缺口会不断扩大，对财政可持续性有较大威胁（马骏和白重恩，2013）。而在此基础上，机关事业单位人员的免费高额退休金又给财政带来较为沉重的负担。基于这样的现实情况，企业职工会认为未来养老待遇没有充分保障，未来养老金的按时足额发放具有不确定性，因此参保积极性减弱。

（3）制度未在人群间统一，为企业职工提供了外部选择。一些企业职工会产生将工作转换到机关事业单位的激励。近些年来出现的"机关事业单位报考热"现象与此十分相关。由于转换工作后，职工在企业中的缴费并不能转化成在机关事业单位的社会保险待遇[①]，所以，有转换工作意向的职工不愿在企业中参保缴费，进而呈现出较低的缴费遵从度。

最后，看第4个特征。在前3个特征的基础上，第4个特征进一步降低了流动性较强的职工对社会保险的缴费遵从度。由于制度在地区间分割，职工跨区流动时很难转移社会保险关系[②]，很多职工都选择一次性

[①] 《关于职工在机关事业单位与企业之间流动时社会保险关系处理意见的通知》（劳社部发〔2001〕13号）。

[②] 具体而言，在已经实现养老保险省级统筹的省份，职工在省内跨市转移养老保险关系时，不存在障碍，但在跨省转移时，仍然面临困难。在尚未实现养老保险省级统筹的省份，职工在省内跨市流动时难以转移养老保险关系。对于医疗保险而言，由于各地均未实现省级统筹，有些地区还未实现地市级统筹，职工可能在跨县区流动时都会面临转移接续医疗保险关系的障碍。

提取个人账户的储存额并关闭个人账户，同时不得不放弃在原参保地统筹账户中应得的待遇。2009年前后，农民工出现了"退保潮"，一个主要原因就是社会保险不能异地接续。①2009年，国家发布《城镇企业职工基本养老保险关系转移接续暂行办法》（国办发〔2009〕66号），作出以下规定：职工在没有达到待遇领取年龄之前不能退保；参保职工跨省流动就业时，由原参保地开具参保缴费凭证，其养老保险关系随同转移到新参保地；允许部分的统筹基金随同转移②。2011年实施的《社会保险法》也规定，个人账户不能提前支取。根据人社部社保中心统计，2011年，在全国开具养老保险参保缴费凭证以转移接续的参保者中，成功转移的只占20%。2015年，中国青年报社会调查中心对2 065人的调查显示，大约40%的受访者都遇到过社会保险转移接续的问题，在转移接续时，只有26%的人知道该怎么做。另外，还有一些人中断缴纳社会保险，放弃统筹账户和个人账户的权益，其中61%的人是由于转移接续过程烦琐、办理难而放弃，其余则是认为社会保险待遇偏低、回报率不透明等。③在此情形下，在国办发〔2009〕66号文件和《社会保险法》实施之前，流动性较强的职工会有退保行为；实施之后，这些职工可能从一开始就直接拒绝参保，或者在转移时断保，因为此时既难以转移接续社会保险关系，又不能退保以取回个人账户中的个人缴费。因此，社会保险制度在地区间的分割，降低了流动性较强职工的缴费遵从度。④

此外，虽然社会保险由地方统筹，但社会保险基金的赤字或欠债主要由中央财政来弥补，这使得地方政府缺少足够的激励去严格监管社会保险缴费⑤，这为企业和职工逃避缴费创造了机会。

综上，我国城镇职工社会保险制度的4个特征均降低了企业和职工

① 资料来源：周政华. 社保改革又遇"退保"潮［EB/OL］.［2017-09-21］. http://news.163.com/09/0410/09/56HEFHOL00011SM9.html.
② 可以转移个人缴费工资的12%。对此，马骏和白重恩（2013）指出，在统筹账户20%个人缴费工资的缴费中，只转移12%无法完全解决养老保险跨区转移接续的问题，而且12%的转移在实际操作中也面临着很多阻力。他们认为，解决转移接续问题的关键是要实现基础养老金的中央（全国）统筹。
③ 资料来源：王品芝. 民调显示四成受访者遇到社保转移接续问题［EB/OL］.［2017-09-28］. http://news.sohu.com/20150112/n407712234.shtml.
④ 《中国发展报告2008/09：构建全民共享的发展型社会福利体系》中转载了一位深圳农民工写给郑秉文的信。信的主要内容是社会保险转移接续问题。信中指出，养老保险需要缴费累计满15年才能获得养老金，但农民工不可能在一个地区连续工作15年；很多农民工因为社会保险不能跨省转移接续，就不参保。
⑤ 一些负责社会保险事务的地方官员表示，他们没有足够的人力和资金来审查大量企业，因此，每年只有少数企业被审查。

的缴费遵从度。其中，社会保险缴费率较高和待遇较低这两个特征从成本和收益的角度来发挥作用；制度在机关事业单位工作人员和企业职工之间的分割，通过公平性、财务可持续性和外部选择 3 条途径影响职工的参保缴费激励；制度的统筹层次较低、在各统筹地区之间分割，进一步降低了流动性较强职工的缴费遵从度。

2.5 国际比较

2.5.1 各国社会保险制度概况

德国是世界上最早建立社会保险制度的国家。自 1881 年开始，德国陆续发布了《疾病保险法》《工伤保险法》《养老残疾死亡保险法》，并在 1911 年将这 3 项法规汇总为《社会保险法典》，这是第一次针对社会保险的立法（中国发展研究基金会，2009）。1935 年，美国发布了《社会保险法》，建立了养老保险和失业保险等制度。1942 年，英国经济学家贝弗里奇（William Beveridge）发表了实行社会保险制度的报告，提出社会保险要秉持强制性和普遍性原则。1946—1948 年，按照贝弗里奇的设计思路，英国实施了《工伤保险法》《社会保险法》等一系列社会保险相关法规。1952 年，国际劳工组织制定了《社会保障（最低标准）公约》，对退休待遇、医疗津贴和失业救济等作出了规定。此后，大多数国家纷纷建立了各自的社会保险制度。至今，世界上一共有 179 个国家和地区建立了社会保险制度（欧洲 45 国、亚洲和太平洋地区 50 国、非洲 48 国、美洲 36 国），至少包括养老保险、医疗保险、生育保险、工伤保险和失业保险中的一项。[1]其中，除缅甸和马拉维以外，其他国家和地区均建立并执行了养老保险制度。

世界各个国家和地区所建立的社会保险制度可以大致分为以下 3 种类型：

---

① 资料来源：[1] Social Security Administration, Social Security Programs Throughout the World: Asia and the Pacific, 2016, SSA Publication No.13–11802, Washington, DC, March 2017. [2] Social Security Programs Throughout the World: Africa, 2015, SSA Publication No.13–11802, Washington, DC, September 2015. [3] Social Security Programs Throughout the World: The Americas, 2015, SSA Publication No.13–11802, Washington, DC, March 2016. [4] Social Security Programs Throughout the World: Europe, 2016, SSA Publication No.13–11801, Washington, DC, September 2016.

（1）福利型。这种类型以英国和瑞典等国为代表。这种类型以普遍性为原则，基本覆盖了全体公民，并且待遇水平较高，主要由国家财政来承担费用支出。

（2）自由型。这种类型以德国和美国等国为代表。这种类型以选择性为原则，构建多层次的社会保险体系，对不同的人适用不同的保险标准（如美国的公共保险 OASDI、401(k) 计划和个人退休账户（IRAs））；同时，国家、企业和个人三方一起负担社会保险的费用，社会保险待遇与缴费相关。

（3）强制储蓄型。这种类型以新加坡等国为代表。这种类型以个人账户积累制为原则，社会保险费用由企业和个人双方承担或仅由个人缴纳，并存入个人名下的个人账户，逐年积累，储存额为个人提供养老和医疗等相关待遇（李兰英，2001；中国发展研究基金会，2009）。

需要说明的是，一些国家在 20 世纪后期对社会保险制度进行了私有化改革，主要是上述实行福利型或自由型社会保险制度的国家。改革的主要原因是随着人口老龄化的发展，国家财政已不堪承受较重的社会保险费用负担，同时较为缓慢的经济增长也给国家财政带来巨大压力。智利在 1981 年率先进行了养老保险私有化改革，将养老保险制度由现收现付制改为完全积累制，退休人员的养老金不再由国家负担，而是由个人建立并积累的个人账户负担。之后，墨西哥等国也对社会保险制度进行了完全的私有化。与此同时，英国和阿根廷等国进行了部分私有化改革[1]，将社会保险制度从现收现付制转变为部分积累制，即在现收现付制的基础上引入个人账户，而不是直接用个人账户来完全替代现收现付制，此时，国家仍要承担部分的社会保险费用。关于私有化改革的利与弊，学术界展开了大量的讨论（张怡恬，2011）。目前，只有为数不多的国家采用完全积累制，主要是一些拉美国家。我国社会保险制度中，养老保险和医疗保险是部分积累制，而失业保险、工伤保险和生育保险是现收现付制。

---

[1] 阿根廷 1994 年实行社会保险制度的私有化改革，但是 2008 年宣布废除私有化社会保险制度，对其进行国有化再改革（郑秉文，2009）。

2.5.2 主要特征的比较

2.5.2.1 缴费率与待遇

表 2-5 展示了我国和部分 OECD 国家的公共养老保险缴费率。[①]可以看出：（1）我国的公共养老保险缴费率（28.0%）高于 OECD 国家的平均水平（20.27%），低于意大利（33.0%），与西班牙（28.3%）大致相等，但高于其他国家，包括韩国和日本这两个亚洲国家。（2）我国企业养老保险缴费率（20.0%）高于 OECD 国家的平均水平（12.54%），与意大利和西班牙的水平接近（23.81% 和 23.6%），但远远高于其他国家。（3）我国职工个人养老保险缴费率（8.0%）与 OECD 国家的平均水平（7.73%）较为接近。

表 2-5 2015—2016 年中国和部分 OECD 国家的公共养老保险缴费率（%）

国家	合计	企业	职工
中国	28.0	20.0	8.0
韩国	9.0	4.5	4.5
日本	17.474	8.737	8.737
美国	12.4	6.2	6.2
法国	25.3	15.05	10.25
德国	18.69	9.345	9.345
加拿大	9.9	4.95	4.95
希腊	20.0	13.33	6.67
瑞典	23.23	16.23	7.0
芬兰	23.7	18.0	5.7
瑞士	23.8	11.9	11.9
意大利	33.0	23.81	9.19
比利时	16.36	8.86	7.5
奥地利	22.8	12.55	10.25
西班牙	28.3	23.6	4.7
土耳其	20.0	11.0	9.0
OECD 平均水平	20.27	12.54	7.73

资料来源 ［1］Social Security Administration，Social Security Programs Throughout the World：Asia and the Pacific，2016，SSA Publication No.13-11802，Washington，DC，March 2017. ［2］Social Security Programs Throughout the World：The Americas，2015，SSA Publication No.13-11802，Washington，DC，March 2016. ［3］Social Security Programs Throughout the World：Europe，2016，SSA Publication No.13-11801，Washington，DC，September 2016.

---

① 表 2-5 呈现的只是公共养老保险（public pension）的缴费率，不包括职业年金和私人养老保险的缴费率。

　　我国的养老保险缴费率也高于一些不在 OECD 中的发展中国家。例如，阿根廷的公共养老保险缴费率是 21.17%，俄罗斯和越南是 22.0%，印度尼西亚是 6.0%[①]。

　　另外，附录 A 中的表 A-1 展示了我国和部分 OECD 国家的社会保险总缴费率。我国的社会保险总缴费率水平（5 项保险缴费率之和 38.75%）高于 OECD 国家的平均水平（25.2%）。另外，白重恩（2011）发现，我国的社会保险总缴费率水平高于世界上绝大多数国家，只低于少数欧洲国家和哥伦比亚。但是，由于各国社会保险体系所含的具体保险项目有所不同，这里不对不同国家的社会保险总缴费率水平进行详细比较。

　　图 2-7 展示了表 2-5 中所列国家的公共养老金替代率。为了具备可比性，这里对各国均采用人均公共养老金与在职职工平均工资之比来度量养老金替代率。从图 2-7 可以看出，我国的养老金替代率高于日本、美国、加拿大、德国、韩国和瑞士，但低于其他国家。

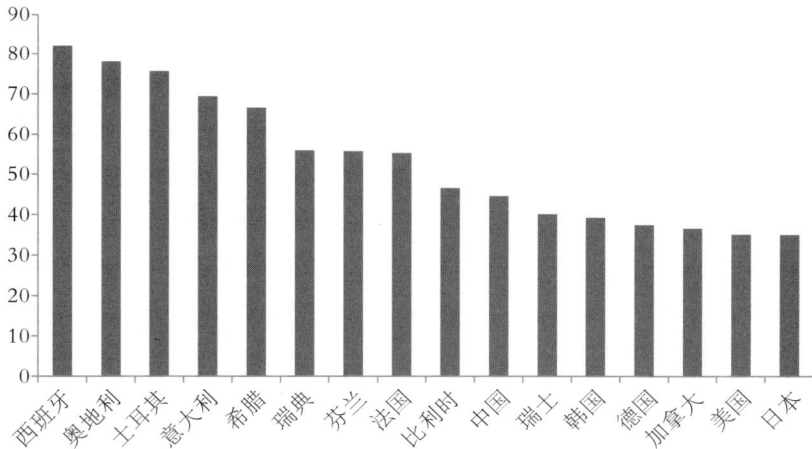

图 2-7　2015 年中国和部分 OECD 国家的公共养老金替代率（%）[②]

---

　　①　资料来源：［1］Social Security Administration，Social Security Programs Throughout the World：Asia and the Pacific，2016，SSA Publication No.13 - 11802，Washington，DC，March 2017.［2］Social Security Programs Throughout the World：The Americas，2015，SSA Publication No.13 - 11802，Washington，DC，March 2016.［3］Social Security Programs Throughout the World：Europe，2016，SSA Publication No.13 - 11801，Washington，DC，September 2016.
　　②　中国 2015 年的养老金替代率（44.6%）为作者估算，估算方法为：替代率=（城镇职工养老保险基金支出/领取养老金人数）/城镇在岗职工平均工资×100%，数据来源于国家统计局网站（http：//data.stats.gov.cn）。OECD 国家的养老金替代率数据来源于：OECD. Pensions at a Glance 2015：OECD and G20 Indicators. Paris：OECD Publishing，2015.

从表 2-5 和图 2-7 中这 16 个国家的排序来看，将公共养老保险缴费率按从高到低的次序排列，我国排在第 3 位；将公共养老金替代率也按从高到低的次序排列，我国排在第 10 位。由此可见，我国养老保险缴费率与养老金替代率的正向相关性不强：缴费率较高而替代率较低。

而其他国家的缴费率与替代率更为相关。例如，西班牙的缴费率在这些国家中处于第 2 位，而其替代率最高。需要注意的是，由于养老金计发办法和基金投资运营方式存在差异，其他国家的缴费率和替代率并不是一一对应的关系，但相对排序较为接近，差距没有我国那么显著。

图 2-8 进一步呈现了各国缴费率与替代率的相关关系。图中的直线为拟合线，反映了缴费率与替代率相关性的平均水平。对于位于拟合线上方的国家，与其缴费率相比，其替代率相对较高，高于平均水平；对于位于拟合线下方的国家，与其缴费率相比，其替代率相对较低，低于平均水平。从图 2-8 可以看出，我国处于右下方，说明缴费率较高，但替代率较低，缴费率与替代率的关联不紧密。

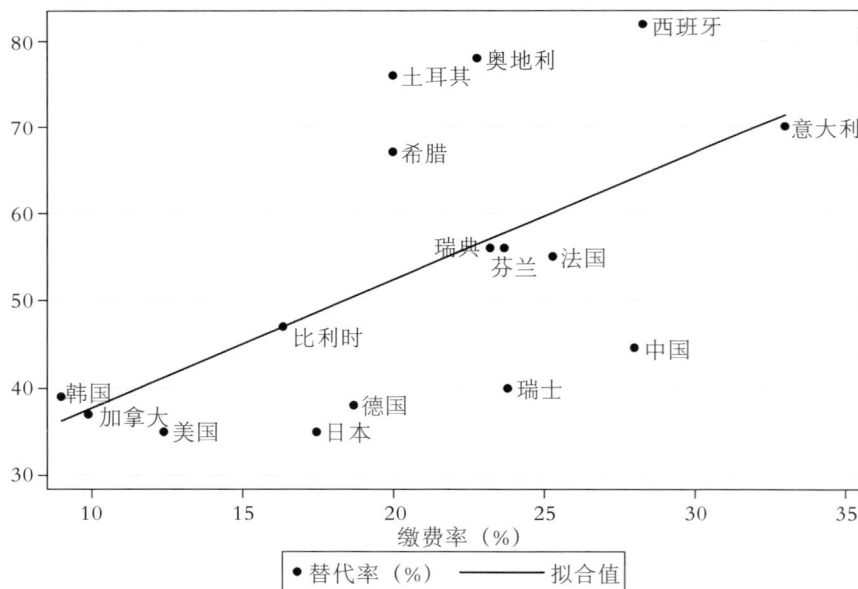

图 2-8　2015—2016 年中国和部分 OECD 国家公共

养老保险缴费率与养老金替代率的相关性

图 2-9 展示了各国的人口老龄化程度，即 65 岁及以上年龄人口占总人口的比重。可以看出，我国的老年人口比重并不高，只高于土耳其，而低于其他国家。这说明，我国养老保险缴费率与替代率关联不大的问题，并不是由人口老龄化引起的，不是因为我国的老年人口相对较多、养老负担相对较重使替代率相对较低，而是制度设计本身及收支管理低效，使缴费率与替代率倒挂。[①]

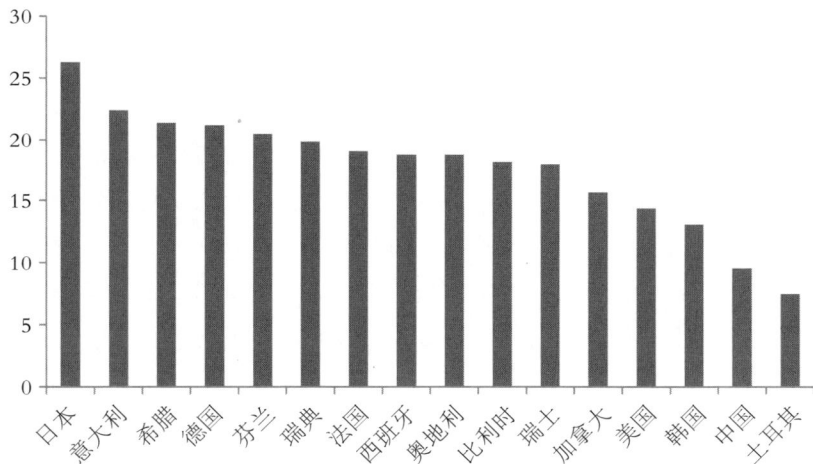

图 2-9　2016 年中国和部分 OECD 国家的人口老龄化程度（%）[②]

2.5.2.2　制度的统一性

首先分析社会保险制度在不同人群间的统一性，主要是在机关事业单位工作人员与企业职工之间的统一性。长期以来，我国存在养老保险的"双轨制"。直到 2015 年，机关事业单位和企业的养老保险制度才开始并轨。

从其他国家的情况来看，机关事业单位工作人员的养老保险制度有 3 种类型：独立型、补充差异型和统一型。具体而言，独立型是指将机关事业单位工作人员与企业职工区分开来，对其实行完全独立的、与企业职工完全不同的养老保险制度，包括独立缴费和独立待遇。统一型是指不将机关事业单位工作人员与企业职工相区分，对两者实行统一的、

① 资料来源：冯禹丁，石晓霞，张明萌，等. 多个省份反对提高养老金统筹层次[N]. 南方周末，2013-05-03.
② 资料来源：国际社会保障协会（ISSA）官方网站（https://www.issa.int/en_GB/country-profiles）。

完全相同的养老保险制度。补充差异型介于独立型和统一型之间，国家先将机关事业单位工作人员与企业职工一起纳入一个统一的基本养老保险制度，再在此基础上对机关事业单位工作人员执行职业年金制度来体现其优越性（财政部财政科学研究所课题组，2012）。

　　表 2-6 列示了一些国家的机关事业单位工作人员的养老保险制度类型和筹资方式。从表 2-6 可以看出：（1）德国和法国对机关事业单位工作人员实行独立的养老保险制度，但是德国不要求个人缴费，而法国要求个人缴费。（2）美国、英国、瑞典、日本和韩国都对机关事业单位工作人员实行补充差异型的养老保险制度，也就是说，机关事业单位工作人员需要和企业职工一起参加基本养老保险，面临同样的缴费率，享受同样的待遇，在此基础上，机关事业单位工作人员可获得职业年金（即补充养老保险），而且个人也要向职业年金缴费。（3）新加坡和智利这两个实行完全积累制养老保险的国家，不对机关事业单位工作人员给予特殊对待，而是要求他们与企业职工参加统一的养老保险，并统一缴费。①由此可见，大部分国家都对机关事业单位工作人员实行补充差异型的养老保险制度，较少实行完全独立型或完全统一型制度。除了德国以外，表 2-6 中的其他国家的机关事业单位工作人员均需缴费才能领取养老金或职业年金。

　　综上，从国际经验来看，养老保险制度在人群间的分割并不严重。有些国家不存在分割的问题（统一型），有些国家虽然分割但也要求机关事业单位工作人员缴费（独立型且个人缴费），而大部分国家只是在基本养老保险的基础上对机关事业单位工作人员稍作区别对待（补充差异型）。因此，在这些国家，机关事业单位工作人员的缴费和待遇与企业职工的差别不是很大。虽然机关事业单位工作人员的待遇相对较高，但这种适度的差别是可以接受的（王延中和龙玉其，2009）。而我国和德国较为相似，均实行完全独立的机关事业单位工作人员养老保险制度，并且个人无须缴费，这在机关事业单位工作人员和企业职工之间造成了较大的差距，而且这种情况在其他国家比较少见。

---

　　①　新加坡与智利的区别在于：新加坡是单位和个人共同缴费，而智利只要求个人缴费、单位不缴费。这一区别是两国基本养老保险制度的区别，并不只是针对机关事业单位工作人员。

表 2-6   一些国家的机关事业单位工作人员养老保险制度

国家	制度类型	资金筹集方式
德国	独立型	国家税收负担，个人无须缴费
法国	独立型	政府缴纳个人工资的 10.8%，个人缴纳 7.2%
美国	补充差异型	社会基本养老保险：政府和个人分别缴纳个人工资的 7.6% 联邦雇员基本养老保险：政府和个人分别缴纳个人工资的 10.7% 和 0.8%
英国	补充差异型	社会基本养老保险：政府与个人分担，总缴费率在 19%～34% 之间 职业年金：2002 年 9 月 30 日之前，政府缴费，个人无须缴费；之后，政府和个人分担
瑞典	补充差异型	政府和个人分担，总缴费率在 18.5% 左右
日本	补充差异型	国民年金计划：政府和个人各缴纳一半国民年金 共济年金计划：政府缴纳 7.6%，个人缴费 7.6% 退休津贴计划：资金来源于税收，是对退休者的一次性待遇支付
韩国	补充差异型	政府缴纳个人工资的 5.5%，个人缴纳 5.5%（工龄超过 33 年不再缴纳）
新加坡	统一型	政府和个人共同缴费，总缴费率在 30%～40% 之间
智利	统一型	个人缴纳工资的 13%，政府无须缴费

资料来源　财政部财政科学研究所课题组（2012）；王延中和龙玉其（2009）。

下面分析社会保险制度在地区之间的统一性。我国的社会保险制度存在"碎片化"问题，职工在跨统筹地区流动时难以转移接续社会保险关系。在美国，虽然各州也对社会保险政策有一定的自主权，但职工跨州流动时并不存在转移社会保险关系的困难。这是因为：第一，美国没有户口的限制，不会对外地职工有特殊对待；第二，每个美国公民都有一个唯一的社会保障号，记载了较为详细的参保缴费信息，并可在全国联网查询，这为社会保险关系的转移接续创造了便利条件；第三，在社会保险关系记录、续延和管理等方面，美国社会保障局和劳工部有较为明确具体的操作办法。在欧盟国家，职工可能有跨国就业的情况。同时，不可能要求欧盟各国都实行相同的社会保险制度。在此情形下，欧盟以"重在协调而非统一"为原则，制定了相关条例，作为转移接续社会保险关系的依据，包括权益累加、分段计算和使用 E 表格作为技术支持[①]等内容（罗静和匡敏，2011）。

从美国和欧盟的经验来看，我国职工转移接续社会保险关系存在障碍，虽然根源是社会保险制度在地区间的分割，但更直接的原因是由这一根源引起的地方保护主义和地方间的不协调、不合作。同时，我国存在户籍限制、没有在全国建立联网的参保缴费信息库以及相关机构没有明确制定转移接续的具体操作办法，使转移接续难上加难。

2.6 小结

本章介绍了我国城镇职工社会保险制度的发展历程与主要特征，并与其他国家进行比较。本章的主要目的在于介绍研究的制度背景，定性地说明制度特征与缴费遵从度的联系，为后续章节奠定基础。本章的结论主要有以下几点：

（1）1997 年以来，我国已建立起不同于计划经济时期单位保障制度的城镇职工社会保险制度，包括养老保险、医疗保险、失业保险、工伤保险和生育保险 5 项内容。其中，养老保险的参保人数最多，并且缴费率在 5 项保险中最高，在很大程度上决定了社会保险基金总体规模，是社会保险体系最为重要的一个组成部分。

（2）2011 年，我国实施了《中华人民共和国社会保险法》，将城镇职工社会保险制度法制化，对养老保险等 5 项保险的缴费、待遇和基金管理等内容作了全面规范。

（3）我国城镇职工社会保险制度有 4 个较为突出的特征。第一，社会保险法定缴费率较高，达到职工工资的 41%。其中，企业缴费率为 30%，职工缴费率为 11%。第二，社会保险待遇较低，对参保者生活的实际保障程度较低，并且待遇与缴费关联不紧密。第三，制度在人群间

---

① E 表格是养老金累加计算方法的表格，用于欧盟养老保险关系跨境结算。

存在分割，即长期以来机关事业单位工作人员与企业职工存在养老保险"双轨制"，并且部分省份尚未取消对机关事业单位工作人员的公费医疗制度。第四，制度在地区间存在分割，职工跨区流动时难以转移接续社会保险关系，这是因为社会保险由地方政府（省级、地市级、县区级）统筹管理，而不是全国统筹。

（4）我国城镇职工社会保险制度的上述特征会降低企业和职工的缴费遵从度。首先，缴费率较高和待遇较低这两个特征相结合，从成本-收益分析的角度，降低缴费遵从度。其次，制度在人群间的分割，造成了不平等，使职工抵触参保、消极缴费；也激发了一些职工试图进入机关事业单位工作的行为，降低了他们在企业中的缴费遵从度。最后，制度在地区间的"碎片化"，使流动性较强的职工产生了逃避缴费的激励。

（5）从缴费率、待遇水平和制度统一性的角度分析其他国家的社会保险制度特征，并与我国情况进行比较，发现：我国养老保险缴费率较高，而养老金替代率较低，缴费率与替代率出现倒挂现象，而其他国家的缴费率与替代率的对应程度相对较高；其他国家对机关事业单位工作人员的制度设置有独立型、统一型和补充差异型三种，但从整体来看，机关事业单位工作人员与企业职工之间的缴费及待遇差距没有我国那么显著；在美国和欧盟国家，由于地区间或国家间的协调合作机制较强，职工跨区或跨国转移接续社会保险关系不存在障碍。由此可见，与其他国家相比，我国城镇职工社会保险制度的 4 个主要特征显得尤为突出。这表明，在我国，从制度设计（特征）的角度来研究缴费遵从度问题，是很有意义的。

第 3 章　我国缴费遵从度的度量与现状

3.1　本章导论

　　本章对我国城镇职工社会保险缴费遵从度（以下简称缴费遵从度）进行度量，并从企业和职工两个层面来分析我国缴费遵从度的现状。本章为后续章节的分析提供了关键变量，为实证研究奠定了基础。目前，鲜有文献测算缴费遵从度。已有的相关研究基本均为定性分析或案例分析，定量研究较为匮乏。因此，本章内容是对已有文献的一个重要补充。同时，度量我国缴费遵从度并对现状进行描述，有助于我们了解企业和职工不遵从缴费（即逃避缴费）的严重程度，进而提高对此问题的重视并研究其根源和对策。

　　本章剩余部分安排如下：3.2 节对度量税收遵从度和描述缴费遵从度的相关文献进行梳理；3.3 节在已有文献的基础上，构建度量我国缴费遵从度的指标，并对度量所用数据加以说明；3.4 节和 3.5 节分别从企业层面和职工层面描述我国缴费遵从度的现状，包括缴费遵从度的整体情况、时间趋势、地区差异以及不同特征企业和不同特征职工的异质性；3.6节对本章所讨论内容简要作结。

3.2 文献综述

由于社会保险缴费与一般性税收有着一定的相似性[①]，所以本节先对税收遵从度的相关文献进行整理和总结，以从更为一般的意义上介绍遵从度的度量方法，为缴费遵从度的度量提供参考；然后，再有针对性地梳理缴费遵从度的相关文献。

3.2.1 税收遵从度的度量

关于税收遵从度的度量，已有研究较为丰富。国外早期研究主要采用货币需求法或国民收入核算法来估算地下经济的规模，并将其作为逃避税规模的一种度量（Gutmann，1977；Feige，1979；Tanzi，1983）。国内一些学者也采用相似方法测算了我国的地下经济规模以及由地下经济导致的税收流失规模（贾绍华，2002；易行健等，2004）。

然而，Slemrod & Yitzhaki（2002）指出，货币需求法和国民收入核算法都是对税收遵从度的间接度量，都不能较为准确地反映逃避税规模。他们认为：（1）货币需求法暗含一个假设：大部分未被报告的经济活动都是地下经济且均为现金交易，而这个假设是难以验证的；（2）如何准确地估计货币需求，是货币需求法不易解决的问题；（3）国民收入核算法是从宏观层面上，将国民收入账户中的收入与税务机关对个人报告收入加总得到的收入进行比较，将两者的差距视为应税收入的低报程度（即逃避税程度），但这种方法存在的问题是：国民收入账户与税务机关对收入的定义和统计口径存在差异。基于上述3方面考虑，使用货币需求法和国民收入核算法来度量税收遵从度，是不合适的。

---

① 除采用"智利模式"将社会保险完全私有化的国家之外，其余大部分国家的社会保险缴费（或社会保险税）都或多或少地保留着现收现付制。在现收现付制下，社会保险缴费被国家统筹分配，与个体的未来收益没有直接联系。这一点与税收相似。国家将征集的税收收入用于国防、卫生和教育等公共支出，个体虽然从中获益，但收益大小与纳税额无关。同时，税收收入主要由税基和税率这两个因素决定。类似地，社会保险缴费额由缴费基数和缴费率决定。此外，美国等很多国家都使用工资税（payroll tax）来为社会保险筹资。

在此基础上，Slemrod & Yitzhaki（2002）提出，可以在个人层面直接测算逃避税规模。在美国，国内税务署（IRS）的纳税人遵从测量项目（TCMP），使个人层面的直接测算成为可能。一方面，该项目提供了纳税人自己报告的个人收入的数据；另一方面，该项目也提供了审计人员对纳税人进行审计并测算得到的个人真实收入的数据。将个人报告收入与其真实收入进行比较，可知纳税人低报应税收入的幅度，进而得知其逃避税的程度。一些研究使用这种方法度量了个人所得税的税收遵从度[①]，Slemrod & Yitzhaki（2002）和 Saez 等（2012）分别对早期和近期的相关研究进行了梳理。

已有研究对企业税收遵从度的度量，思路与个人税收遵从度相似，即将实际报告的税基与真实税基进行比较并将差距作为遵从度的度量指标。例如，Cai & Liu（2009）发现我国规模以上工业企业有逃避企业所得税的行为，他们利用企业的总产出、总工资和中间投入等信息计算企业的利润，并将计算的利润与企业汇报的利润进行比较，发现汇报的利润明显偏低，所以，他们使用计算利润与汇报利润之差来度量企业对所得税的逃避程度。另外，一些研究发现，部分跨国企业将投资和收入向低税率国家转移以达到逃避税的目的，这些研究将投资或收入的转移规模视为逃避税规模（Hines，1999；Gravelle，2009）。

上述研究均是对税收遵从度的客观度量，还有一些研究分析了主观的税收遵从度。例如，陈成文和张晶玉（2006）对湖南省长沙市的一些居民进行问卷调查，通过居民对"完全不纳税""只纳一部分税""依法纳税但心里不情愿""积极纳税"这 4 个选项的选择来度量其主观遵从度，此时税收遵从度是虚拟变量。安体富和王海勇（2009）对上海市一些企业进行问卷调查，构建 9 项影响税收遵从度的指标（包括税收负担指标、处罚力度指标和从众行为指标等），通过企业对各项指标备选答案的选择测量了企业的主观税收遵从度。

---

① 其中，有些研究比较的是实际税基（报告收入）与真实税基（真实收入）。另一些研究比较的是实纳税额（实际税基与税率的乘积）与应纳税额（真实税基与税率的乘积）。这两种做法是等价的。

3.2.2　缴费遵从度的度量

度量社会保险缴费遵从度的文献相对较少。少量研究比较社会保险实收收入与应收收入，用两者的差距来度量缴费遵从度。例如，Cottani & Demarco（1998）发现，在20世纪80年代和90年代初期，阿根廷的逃避缴费程度超过了应收收入的40%。Feldstein（2003）认为，中国的社会保险基金收入还不到当前缴费率下应收收入的1/3。但是，这些研究均未说明所使用的测算方法，即如何测算社会保险的应收收入。

基于此，近期的研究避开了对社会保险应收收入的计算，而是从逃避缴费方式的角度来度量逃避缴费程度。例如，Calderon-Mejia & Marinescu（2011）用养老保险和医疗保险的参保率来度量哥伦比亚的缴费遵从度。Kumler等（2013）和Madzharova（2013）使用企业低报缴费工资的幅度分别度量了墨西哥和保加利亚的逃避缴费程度。

3.2.3　逃避社会保险缴费的方式

从逃避缴费方式的角度来度量缴费遵从度，需要先清楚地知道逃避缴费有哪些方式。从国外学者的研究来看，Bailey & Turner（2001）对企业和职工的逃避缴费方式进行了较为全面的分析。他们认为，企业逃避缴费的方式主要有以下5种：（1）不为整个企业或部分职工在社会保险或劳动保障相关部门登记注册；（2）雇用非正式的临时工；（3）对于已经登记注册的正式职工，不为其足额缴费；（4）调整职工的报酬结构以减少缴费基数，主要表现为不将报酬以工资的形式发放，如将一部分报酬以企业缴费的形式划入企业年金，企业管理者还可将其报酬划为利润而非工资；（5）直接低报缴费基数，直接少缴或迟缴社会保险费。同时，他们认为，职工也有逃避缴费的激励，主要有两种逃避缴费方式：职工选择到不参保企业工作；职工选择进入参保企业，并与企业协商共谋逃避缴费（包括不参保和低报缴费基数等）。这是因为在大多数国家的社会保险制度下，职工缴费均为企业代扣代缴，所以职工一般是与企业共谋来实现逃避缴费。此外，他们指出，逃避缴费行为的发生大多是企业和职工一致性意愿的结果，也与政府对逃避缴费的态度及监管能力有关。Feldstein（2003）认为，中国企业和职工逃避缴费的方式为：拒绝参保、在参保后低报缴费工资。

国内学者也对逃避缴费方式展开了讨论。赵耀辉和徐建国（2001）认为，已经参加养老保险的企业会采取少报职工人数和低报工资总额等方法减少养老保险费。张立光和邱长溶（2003）认为，我国养老保险逃避缴费问题十分严重，企业会采取增加临时工、减少工资总额、拖欠或截留等方式来减少缴费。他们发现，一些企业只以基本工资而非工资总额来计提养老保险费，或者使部分工资性质的报酬不计入工资总额。另外，他们认为，职工的逃避缴费是与企业合谋进行的。具体而言，在当前养老保险制度设计下，职工也有逃避缴费的意愿，只要企业在逃避缴费时给予职工的补贴超过统筹账户的养老金水平，职工就会与企业合谋来逃避缴费。封进和何立新（2012）也认为，我国企业和职工都有逃避缴费的激励，关于企业逃避缴费的方式，他们的发现与张立光和邱长溶（2003）相似；对于职工逃避缴费的方式，他们认为主要是不参保。白重恩等（2012）指出，我国很多企业和职工都有逃避缴费行为，较为普遍的方式是低报缴费基数。他们认为，这与企业性质和地方政府的监管力度有关。

我国的相关调查研究显示：首先，企业存在不参保的现象。例如，2016年，"51社保"网站对905家企业的调研发现，大约有10%的企业没有参加社会保险。[1]其次，不仅企业有不参保的行为，一些职工自己也不愿参保。例如，2013年，人社部社会保障研究所与有关科研机构对北京、辽宁、河南、浙江、四川、广西等6省（市、自治区）的3 000名企业职工的问卷调查结果表明，在未参保职工中，11.4%是自己与单位协商不参保，而单位为其多发工资。[2]很多地区都出现了类似的现象，深圳等地甚至出现了职工以集体辞职为要挟要求企业

① 资料来源：晓剑.《中国企业社保白皮书2016》显示：企业参保率保持在90%的高位 超两成企业未能及时为员工参保［N］.中国劳动保障报，2016-08-31（A6）.
② 资料来源：任敏.社保法实施两年参保率明显提升［EB/OL］.（2013-07-05）［2017-09-27］.http://www.sxworker.com/xinwen/zh/2013-07-05/22276.html.

不为其参保的情况。①

2013 年 7 月，人力资源和社会保障部社会保障研究所在北京、辽宁、河南、浙江、四川和广西进行了调查，结果显示：在不参保职工中，由于个人不愿参保而不参保的职工比例超过 50%，由于企业原因而没有参保的职工比例约为 32%②，还有 11.4%的职工表示自己是与所在企业协商不参保并且企业已经为其多发了相应工资（白天亮和郝静，2013）。

最后，社会保险缴费基数不实的现象也较为普遍。例如，一家有上万名职工的中央企业为每个职工设立了两张工资卡，缴费基数只按其中一张卡上的工资数额来确定，缴费工资只有实际工资的一半左右；成都市成华区在社会保险审计中发现，在被审计的 10 家企业中，有 6 家企业都有少报缴费基数的问题，少报工资总额达 200 多万元（王羚，2011）。国家审计署（2012）在审计中发现少报缴费基数的现象，我国 31 个省、274 个市和 1 214 个县的参保单位和个人通过少报缴费基数的方式少缴社会保险费 98.70 亿元。

目前，已有研究大多认为，在逃避税（费）的过程中，企业和职工是共谋的，职工也有逃避税（费）的激励，所以，一方面职工不会去相关部门告发企业的不遵从行为，另一方面职工也会对逃避税（费）所涉及的自身利益与企业进行讨价还价（Yaniv，1992；Bailey & Turner，2001；Kleven et al.，2009；Kumler et al.，2013）。对于社会保险缴费而言，这就要求以下两点成立：第一，职工对逃避缴费是知情的，职工知道自己是否参保，参保职工也知道自己的实际缴费工资是多少；第二，职工具备与企业讨价还价、进行协商的能力。

在我国，对于上述第一点，我们认为是成立的。其一，在已有的调查研究中，没有发现存在职工不清楚自己是否参保的情况（白天亮和郝静，2013）。其二，各地的社会保险相关部门会提供电话或网络查询方

① 资料来源：庄瑞玉.企业员工以辞职要挟不愿参保 称缴钱太多转不走［N］.深圳特区报，2013-10-15.
② 14.8%的职工表示企业没有为其参加养老保险，16.9%的职工表示企业没有为其参加医疗保险。

式，允许职工查询自己的参保情况。①其三，从国家统计局的中国城镇住户调查数据提供的信息来看，职工了解自己的社会保险缴费额（包括养老保险、医疗保险和失业保险的分险种缴费额）。其四，2013 年我国发布了《社会保险费申报缴纳管理规定》，其中明确提出"用人单位代职工申报的缴费明细以及变动情况应当经职工本人签字认可"，之后各地也发布了相关规定，这使得职工更加清楚自己的参保及缴费情况，进一步减少了企业和职工之间可能存在的信息不对称。

然而，对于上述第二点，我们认为，在缴费工资是否如实报告方面，我国职工与企业讨价还价的能力较弱。一方面，职工不直接参与缴费过程，职工个人应缴纳的社会保险费由企业代扣代缴，这就削弱了职工对自己实际缴费工资的干预和决策能力。另一方面，大部分职工（特别是受教育程度和专业技能水平较低的职工）不具备和企业讨价还价的能力，他们在用工关系中处于劣势地位，为了不失去现有工作，一般都只能接受企业的安排。只有对于在用工关系中处于优势地位的少数职工，企业为了留住专业性人才，才会考虑他们关于如实报告缴费工资的要求。因此，我们认为，在我国，低报缴费工资主要是企业的决策，而不是职工的决策。

综合上述分析，我们认为，在我国，企业逃避缴费的方式主要是拒绝参保和参保后低报缴费工资，而职工逃避缴费的方式主要是拒绝参保。

3.3 我国缴费遵从度的度量指标与数据说明

3.3.1 度量指标

基于 3.2 节的分析，我们从以下两个方面来度量我国企业和职工的缴费遵从度。

第一，企业和职工是否参保（extensive margin）。国家规定，所有

---

① 如深圳市社保局（http://www.szsi.gov.cn/ywcq/grsbcx）、沈阳市社会养老和工伤保险管理局（http://www.sysb.gov.cn）。

城镇企业和职工都应参保。所以，如果城镇企业和职工都参保，则为遵从；如果不参保，则为不遵从。不参保是较为直接的逃避缴费行为（完全逃避了缴费）。

从企业角度来看，企业可以选择整个企业都不参保，也可以选择参保但并不为所有职工参保，也就是已有文献中提到的企业不为部分职工登记注册或者更多地雇用临时工的行为。从职工角度来看，职工可以选择到整体都不参保的企业去工作，也可以选择到参保企业工作但不参保。

企业和职工在参保方面的遵从度可用如下指标来度量：

$$p_{f,i} = \begin{cases} 1 & (c_{f,i} > 0) \\ 0 & (c_{f,i} = 0) \end{cases} \qquad\qquad (3-1)$$

其中：f 表示企业；i 表示职工；p 是企业 f 或职工 i 的参保状态；c 是企业 f 或职工 i 的社会保险缴费额。如果社会保险缴费额为正，说明企业 f 或职工 i 参保，p 取值为 1；如果社会保险缴费额为零，说明企业 f 或职工 i 不参保，p 取值为 0。

需要说明的是，这里我们是从整个企业的角度来定义企业的参保状态，如果观察到企业有正的社会保险缴费支出，就认为该企业参保。这样做主要是基于以下考虑：如果企业出于逃避缴费动机而没有为所有职工参保，那么企业就不会在公开的报表或调查问卷中透露未参保职工人数这一信息，我们也就无从得知企业内部的参保情况，进而无法用企业内部参保职工人数占职工总人数的比例等指标来定义企业的参保状态。

因此，我们有必要从职工层面来观察参保情况。职工的参保状态在一定程度上间接地反映了企业内部的参保情况。一个不参保职工既可能来自于所有职工均不参保的企业，也可能来自于部分职工参保、部分职工不参保的企业。[①]

第二，在参保之后，企业低报缴费工资的程度（以下简称低报程度），即报告的缴费工资与真实缴费工资之间的差距（intensive

---

① 这样做也是受到我国现有微观调查数据的限制。目前，我国国家统计局对企业和职工的调查基本都是分开进行的，没有能将职工和所在企业对应匹配起来的数据，因而难以观察企业内部的职工构成及参保情况，也难以判断一个不参保职工到底来自不参保企业还是参保企业。

margin）。低报缴费工资是较为间接隐蔽的逃避缴费行为。

国家规定，社会保险的缴费基数为工资总额，包括计时工资、计件工资、奖金、津贴和补贴、加班加点工资和特殊情况下支付的工资。[①]对于参保企业而言，缴费工资应为企业所有职工的工资总额。

参保企业的低报程度可用如下指标来度量：

$$\text{diff}_f = \frac{w_f^s - \overline{w}_f}{w_f} = 1 - \frac{\overline{w}_f}{w_f} \tag{3-2}$$

其中：diff_f 表示企业 f 的低报程度；w_f^s 表示政策规定的企业缴费工资；$\overline{w}_f$ 是企业实际报告的缴费工资；w_f 是企业的工资总额。根据政策规定，$w_f^s = w_f$。所以，企业的低报程度可以表示为 1 与实际缴费工资占工资总额比例的差值[②]。

虽然政策规定的缴费工资（即工资总额）与实际报告的缴费工资之差已经能够反映低报程度，但这一差距在不同工资水平的参保企业之间难以直接比较。所以，在式（3-2）中，我们将这一差距除以工资总额，将其标准化。在标准化以后，低报程度指标 diff_f 可以度量企业实际缴费工资与政策规定值的相对偏离程度，可以在不同参保企业之间进行比较。该指标为正，说明企业低报了缴费工资；该指标为零，说明企业如实汇报缴费工资；该指标为负，说明企业的实际缴费工资高于工资总额。[③]

现实中，企业的实际缴费工资难以直接观测，所以，我们使用下式来进行计算：

$$\overline{w}_f = \frac{c_f}{T_f} \tag{3-3}$$

其中：c_f 是企业的社会保险缴费支出；T_f 是企业的社会保险法定缴费

[①] 详见 1990 年国家统计局颁布的《关于工资总额组成的规定》（国家统计局令第 1 号）。之后国家统计局又发布了一系列规定对工资总额的范围加以说明和补充，详见《关于规范社会保险缴费基数有关问题的通知》（劳社险中心函〔2006〕60 号）。

[②] 需要说明的是，这里对低报程度的度量，没有考虑企业变相减少工资总额的情况，即企业将工资性质的报酬不划入工资总额的统计范围，而是以其他形式发给职工，如发食品和生活用品等。我们难以量化这些被转移的报酬，也难以从企业的报表中清楚地辨析出哪些项目包括了这些报酬，所以，不能确定企业的工资总额是否转移以及转移的幅度。因此，我们不考虑工资总额转移的情况。这可能使我们低估企业的逃避缴费程度。也就是说，现实中低报缴费工资的问题可能要比我们的测算结果更为严重。

[③] 虽然中央政策文件规定企业的社会保险缴费基数为企业的工资总额，但在实际操作中，一些地区规定，如果企业的工资总额低于本企业职工个人缴费工资之和，那么就以职工个人缴费工资之和作为该企业的缴费工资。此时，企业的缴费工资高于工资总额。例如，洛阳市人力资源和社会保障局有相关规定（http://www.haly.lss.gov.cn/BusinessPage/RlzySbj/BasePage/SecondWebSite/ShowContent_mb3.aspx?id=6508&pid=34）。

率。用缴费支出除以法定缴费率，即可得到实际缴费工资。

根据上文分析，低报缴费工资大多是企业的行为。但是，根据式（3-2）和式（3-3），我们只能得到企业整体的低报程度，我们并不清楚企业到底为每个参保职工低报了多少。因此，虽然低报缴费工资并不是职工个人的决策，但我们仍然需要从职工层面来度量低报程度。这实际上反映了企业为其内部参保职工低报缴费工资的行为。

与构建参保企业低报程度度量指标的思路相似，从参保职工层面度量低报程度的指标为：

$$\text{diff}_i = \frac{w_i^* - \overline{w}_i}{w_i} = \begin{cases} \dfrac{0.6w}{w_i} - \dfrac{\overline{w}_i}{w_i} & (w_i < 0.6w) \\[2mm] 1 - \dfrac{\overline{w}_i}{w_i} & (0.6w \leq w_i \leq 3w) \\[2mm] \dfrac{3w}{w_i} - \dfrac{\overline{w}_i}{w_i} & (w_i > 3w) \end{cases} \tag{3-4}$$

其中：diff_i 表示职工 i 所在企业为其低报缴费工资的程度；w_i^* 表示政策规定的职工个人缴费工资；$\overline{w}_i$ 表示职工 i 所在企业为其实际报告的缴费工资；w_i 表示职工个人的总工资；w 表示当地职工平均工资。

与参保企业低报程度的度量指标 diff_f 相似，参保职工层面的低报程度度量指标 diff_i 也是标准化的指标，可以在不同工资水平的参保职工之间直接比较。该指标为正，说明职工所在企业低报了该职工的缴费工资；该指标为零，说明职工所在企业如实地汇报了该职工的缴费工资；该指标为负，说明职工所在企业汇报的缴费工资高于政策规定的个人缴费工资。[①]

对 diff_i 的计算，分为以下 3 种情况：

（1）$w_i < 0.6w$，即职工的总工资低于当地职工平均工资的 60%。此时，政策规定的缴费工资为 0.6w，政策规定的缴费工资与职工总工资的比例大于 1，并且该比例不是固定值，具体数值取决于 w 与 w_i 之比。

[①] 这种情况可能会发生。例如，对于总工资水平高于当地平均工资 3 倍的职工，企业在汇报该职工的缴费工资时，可能由于不了解相关规定或操作疏忽而仍将该职工个人总工资汇报为缴费工资，这样就使实际缴费工资超过了政策规定值。

（2） $0.6w \leqslant w_i \leqslant 3w$ ，即职工的总工资在当地职工平均工资的60%~300%之间。此时，政策规定的缴费工资为职工的总工资。

（3） $w_i > 3w$ ，即职工总工资超过了当地职工平均工资的3倍。此时，政策规定的缴费工资为 $3w$ ，政策规定的缴费工资与职工总工资的比例小于1，并且该比例不是固定值，大小取决于 w 与 w_i 之比。

因此，从参保职工层面度量低报程度时，先要判断职工的总工资与当地职工平均工资的60%和300%的相对大小，即判断该职工适用上述3种情况中的哪一种，再根据式（3-4）进行计算。

与参保企业的情况相似，参保职工的实际缴费工资也难以直接观测，所以，我们使用下式来计算：

$$\overline{w}_i = \frac{c_i}{T_i} \tag{3-5}$$

其中： c_i 是职工个人的社会保险缴费支出； T_i 是职工个人的社会保险法定缴费率。用缴费支出除以缴费率，便可得到职工个人的实际缴费工资。

进一步地，将参保企业的实际缴费工资与其工资总额的比例记为 $ratio_f^r$ ，将参保职工的实际缴费工资与其个人总工资的比例记为 $ratio_i^r$ ，则有下式成立：

$$ratio_f^r = \frac{\overline{w}_f}{w_f} = \frac{N_f^p \overline{w}_i}{N_f w_i} = \frac{N_f^p}{N_f} \times \frac{\overline{w}_i}{w_i} = \frac{N_f^p}{N_f} \times ratio_i^r \tag{3-6}$$

其中：上标 p 表示参保； N_f 是企业的职工总人数； N_f^p 是企业内部的参保职工人数。这里为简化分析，假设每个参保职工的实际缴费工资相同，并且假设参保职工和不参保职工的个人总工资相同。此时，企业的实际缴费工资可近似表示为参保职工人数与每个参保职工实际缴费工资的乘积，企业的工资总额可近似表示为职工总人数与每个职工总工资的乘积。因此，企业的实际缴费工资与其工资总额的比例，最后可表示为两个部分的乘积：第一部分是企业内部参保职工人数与企业职工总人数之比；第二部分是企业中参保职工的实际缴费工资与个人总工资之比。因此，企业的实际缴费工资与其工资总额的比例，既反映了企业内部的参保情况，也反映了企业为参保职工低报缴费工资的情况。如果有

$ratio_f^r < ratio_i^r$，那么说明 $N_f^p < N_f$，即参保企业内部不是所有职工都参保。

由于从企业层面我们无法观察到企业内部的参保情况，也无法获知企业究竟为其参保职工低报多少缴费工资，所以，从职工层面来度量低报程度是十分必要的，在得到 $ratio_f^r$ 和 $ratio_i^r$ 的估计值之后，我们可以根据式（3-6）近似地推断出企业内部的参保情况。

3.3.2 数据说明

本章使用我国微观调查数据来度量企业和职工的缴费遵从度。我们不使用宏观统计数据，主要基于以下 4 方面考虑：

第一，宏观统计数据对于参保人数的统计，是对 5 项保险分别进行的，包括养老保险参保人数和医疗保险参保人数等。而我们无法对不同保险的参保人数进行简单加总以得到总参保人数。这是因为一个人可能同时参加几项保险，简单加总会出现重复计算的问题。因此，我们不能从宏观统计数据中获知社会保险的总覆盖情况。

第二，宏观统计数据中没有提供企业职工参保人数的信息，进而无法计算企业职工的参保率（企业职工参保人数与企业职工总人数的比例）。①另外，宏观统计数据中也没有提供参保企业数目的信息，进而无法计算企业的参保率（参保企业数与企业总数的比例）。

第三，宏观统计数据中的社会保险基金收入，不仅包括了企业和职工的缴费，也包括了政府的财政补贴和其他收入。如果考察省级或地市级的情况，我们难以从地方的社会保险基金收入中剥离出来源于缴费的部分，进而难以计算当地企业和职工的实际缴费工资。

第四，宏观统计数据只提供了各地职工平均工资的信息，虽然有分行业、分所有制类型的统计，但是我们仍然无法计算出政策规定的缴费

---

① 这里的企业职工是指企业在职职工，不包括企业退休人员。国家统计局的网站（http://data.stats.gov.cn/easyquery.htm?cn=C01）虽然报告了"企业在职职工参加养老保险人数"，但经过对比，这项指标的数值与《中国人力资源和社会保障年鉴》上报告的"企业（含其他）参保职工人数"的数据相同，实际上包括了非企业单位的参保人数（含灵活就业人员等），不能用于计算企业职工的参保率。例如，2015 年，"企业在职职工参加养老保险人数"是 24 586.8 万人，城镇单位就业人员与私营企业就业人员合计 28 958 万人，扣除其中包括的机关事业单位人员（财政供养人员约 5 000 万人），得到企业职工总人数 23 958 万人。可见，"企业在职职工参加养老保险人数"超过了企业职工总人数，其原因在于该指标中也包括了其他参保人员，不仅仅是企业职工。

工资，因为我们不清楚职工的具体工资分布，包括有多少职工的工资处于平均工资的 60% 以下、在平均工资的 60% 至 300% 之间以及在平均工资的 3 倍以上。

综上，在宏观统计数据中，我们无法准确地计算参保率（包括企业职工参保率和企业参保率），也难以获知实际缴费工资和政策规定缴费工资的准确信息，进而无法将两者进行比较以得到低报缴费工资的程度。因此，我们不使用宏观统计数据来度量缴费遵从度。

基于上述分析，我们使用微观调查数据来度量缴费遵从度。理想情况是使用匹配的企业–职工数据。但是，由于这种配套数据不可获得，我们只能分别使用企业数据和职工数据，分别从企业层面和职工层面来度量遵从度。

企业数据来自中国国家统计局的中国工业企业数据库（China Industrial Enterprise Data，即规模以上工业企业普查数据）。数据时段为 2004—2007 年①，包括全国 31 个省（自治区、直辖市）。企业样本为规模以上工业企业②，分布在采矿业、制造业、电力燃气及水的生产和供应业的 39 个两位数行业。其中，制造业企业最多，占比在 94% 左右。企业数据汇报了一些企业基本特征和会计报表中的一些财务指标。其中，企业养老保险和医疗保险缴费信息以及应付工资信息，可以反映企业的参保状态并用于计算企业的实际缴费工资占其工资总额的比例，然后与常数 1 进行比较。

借鉴已有文献（Cai & Liu，2009；聂辉华等，2012）的做法，我们对企业数据进行如下清理：（1）剔除研究所用关键变量（包括养老和医疗保险缴费额、职工人数、应付工资、总资产和主营业务收入等）的数据缺失的观测；（2）剔除职工人数少于 20 人的观测；（3）剔除人均工资（应付工资与职工人数之比）最低的 1% 和最高的 1%，以去掉极端值；（4）剔除不符合逻辑关系和会计准则的观测，包括总资产小于流动

① 这是企业微观调查数据，2008 年及以后的调查中，没有覆盖工业增加值、中间投入和社会保险支出等关键信息，所以本书采用 2004—2007 年的数据。这是关键变量不缺失的、最近期的工业企业数据。近期研究大多采用这一时段的数据分析我国工业企业的相关问题。
② 在 2004—2006 年间，包括所有的国有工业企业和年主营业务收入达到 500 万元及以上的非国有工业企业；2007 年，包括年主营业务收入达到 500 万元及以上的工业企业。另外，2011 年，规模以上工业企业的年主营业务收入标准从 500 万元提高到 2 000 万元。

资产、总资产小于总固定资产及其净值和累计折旧小于当期折旧。最终样本有 1 110 281 次观测，每年平均有 27 万家企业，分布在 364 个城市。

职工数据来自中国国家统计局的中国城镇住户调查（Chinese Urban Household Survey）。城镇住户调查使用分层随机抽样的方法从城镇家庭中获得代表性样本。①数据时段为 2002—2009 年。②虽然城镇住户调查覆盖了全国所有省（自治区、直辖市），但由于缺少全部数据的使用权限，我们可用的数据只包括以下 9 个省（市）：北京、辽宁、浙江、安徽、湖北、广东、四川、陕西和甘肃。这些省（市）分布在东、中、西和东北四大区域，具有较强的代表性，可以反映全国的情况。在城镇住户调查中，被调查的家庭汇报了每个家庭成员的基本特征、工资收入和社会保险缴费信息。利用这些信息，我们可以识别出每个职工的参保状态，并计算出参保职工的实际缴费工资占其总工资的比例，也可以判断其适用的政策规定的缴费工资，进而测量其缴费工资被所在企业低报的程度。

我们对职工数据进行如下清理：（1）只将企业在职职工作为分析样本，剔除未就业人员（包括离退休人员、在校学生和失业人员等），也剔除机关事业单位工作人员、个体工商户（雇主及雇工）、灵活就业人员和离退休再就业人员③；（2）剔除年龄超过 60 岁的男性，剔除年龄超过 55 岁的女性④；（3）剔除总工资最低的 1% 和最高的 1%，以剔除自行汇报工资极低或极高的极端观测。最终样本有 108 914 次观测，每年平均有 13 000 个职工，分布在 112 个城市。

---

① 城镇住户调查没有调查外地户口家庭（数据中 98% 的家庭都有本市非农户口），主要是因为他们缺少固定住所；也较少调查特别富裕的家庭，主要是因为调查人员很难进入他们的住处。

② 这是家庭层面的微观调查数据，其中包括大量的职工样本。2002—2009 年的职工调查数据，是目前能够获得的最近期数据。2009 年之后，国家统计局仅发布了基于家庭调查信息加总到省和国家层面的数据，没有提供家庭和个体层面的详细数据。

③ 这样处理是因为城镇职工社会保险制度的强制性参保主体是城镇企业及其职工。个体工商户和灵活就业人员较晚才被纳入制度的覆盖范围，并且更多的是自愿参加。在样本期间，未就业人员和机关事业单位工作人员实行与企业职工不同的社会保险制度，如城镇居民社会养老保险制度和机关事业单位人员退休金制度等。

④ 这样处理是因为我国法定退休年龄是：男性 60 岁、女性 55 岁（有些女职工是 50 岁）。在职样本中，可以观察到一些职工的年龄超过了法定退休年龄，但并未将自己报告为离退休再就业人员。为了避免这些个体与其他职工的差异对度量结果的干扰，去掉了这些观测样本。

3.4　我国缴费遵从度的度量结果——企业层面

3.4.1　参加社会保险

企业数据中提供了企业的养老保险和医疗保险缴费支出信息。根据式（3-1），如果该缴费支出为正，我们就认为企业参保；如果为零，就认为企业不参保。受到数据限制，我们无法观察企业参加其他保险（失业保险、工伤保险和生育保险）的情况，但养老保险和医疗保险是城镇职工社会保险体系中最主要的两项保险，这两项保险的企业法定缴费率之和为26%，占5项保险企业法定缴费率之和（30%）的87%。所以，我们用企业参加这两项保险的情况来近似企业参加社会保险的情况。

表3-1展示了全国规模以上工业企业的参保率。[①]2004—2007年间，企业平均参保率为60.70%，即在1 110 281次观测中，参保企业的观测为673 940次。另外，企业参保率有上升的时间趋势。2004年，企业参保率为57.44%；2007年，企业参保率为62.65%，比2004年提高了5.21个百分点。2007年企业的样本构成发生变化（规模以上工业企业的统计标准改变），为避免这对参保率的影响，我们将2004年参保率与2006年进行比较，仍然发现参保率有上升趋势。

表3-1　　　　　　　　全国规模以上工业企业的参保率

年份	企业观测数（次）	参保率（%）
总体	1 110 281	60.70
2004	252 547	57.44
2005	254 703	61.69
2006	283 014	60.52
2007	320 017	62.65

① 即参保企业（观测）占全部企业（观测）的比例。

但是，从表 3-1 可以看出，企业参保率距离 100%还有较大差距。这说明还有很多企业没有按照规定参保。需要注意的是，这里的样本企业均为规模以上工业企业，这些企业被审查的概率和被监管的力度高于规模以下企业。如果将规模以下企业也考虑进来，参保企业的占比可能会更低。

表 3-2 展示了各省（自治区、直辖市）规模以上工业企业的参保率。可以看出，不同省（自治区、直辖市）的企业参保率存在较大差异：浙江、福建和广东的企业参保率较高，在 80%左右；北京和上海的企业参保率也较高，在 70%～75%之间；江西和河南的企业参保率较低，仅在 25%左右，也就是说，有近 3/4 的企业没有参保。

表 3-2　各省（区、市）规模以上工业企业的参保率（%）

省（区、市）	企业观测数	参保率	省（区、市）	企业观测数	参保率
北京	22 448	74.02	湖北	27 381	44.89
天津	20 356	54.63	湖南	33 159	44.26
河北	37 665	43.96	广东	143 684	80.36
山西	17 030	37.91	广西	14 351	49.44
内蒙古	10 574	56.86	海南	2 002	70.93
辽宁	47 209	52.07	重庆	12 331	49.84
吉林	12 002	46.62	四川	32 928	51.73
黑龙江	10 981	51.22	贵州	8 666	49.08
上海	55 278	72.47	云南	9 367	65.26
江苏	142 972	58.14	西藏	476	50.42
浙江	169 395	79.16	陕西	11 924	54.18
安徽	22 798	44.60	甘肃	6 745	42.94
福建	50 786	81.97	青海	1 485	53.94
江西	18 419	25.58	宁夏	2 597	58.30
山东	114 635	48.11	新疆	5 454	78.84
河南	45 183	26.07			

　　表 3-3 进一步展示了东、中、西和东北地区①的企业参保率。可以看出，东部地区的企业参保率最高，为 67.86%；西部地区和东北地区次之，企业参保率分别为 53.78% 和 51.00%；中部地区的企业参保率最低，为 36.64%。

表 3-3　　　　　　　　**不同地区规模以上工业企业的参保率**

地　　区	企业观测数（次）	参保率（%）
东部地区	759 221	67.86
中部地区	163 970	36.64
西部地区	116 898	53.78
东北地区	70 192	51.00
职工样本所在地区	484 512	70.09
其他地区	625 769	53.43

　　另外，表 3-3 也将企业样本划分为职工样本所在地区（北京、辽宁和浙江等 9 省市）和其他地区，发现在职工样本所在地区，企业的参保率较高，为 70.09%，比其他地区高 16.66 个百分点②。

　　表 3-3 表明，在后续分析中，如果我们将分析重点放在职工样本所在地区，会低估全国逃避缴费现象的严重程度。至少从企业的角度来看，其他地区企业的不参保现象更为突出。但是，由于职工数据缺少全国样本，同时缺少企业和职工的配套数据，为了使企业的分析和职工的分析更可比，在后续分析中，我们主要在职工样本所在地区测量企业的缴费遵从度，以期将在企业层面测量的缴费遵从度和在职工层面测量的缴费遵从度在一定程度上对应起来。

　　我们将企业样本限制在职工样本所在地区（共 484 512 次企业观测）。表 3-4 展示了在此样本中不同特征企业的参保率。具体分析

----

①　根据国家统计局的划分，东部地区包括北京、天津、河北、上海、江苏、浙江、福建、山东、广东和海南；中部地区包括山西、安徽、江西、河南、湖北和湖南；西部地区包括内蒙古、广西、重庆、四川、贵州、云南、西藏、陕西、甘肃、青海、宁夏和新疆；东北地区包括辽宁、吉林和黑龙江。
②　需要说明的是，这并不是因为职工样本所在地区均为企业参保率较高的省（区、市）。从表 3-2 可以看出，在职工样本所在地区中，只有北京、浙江和广东的企业参保率较高，而辽宁、安徽、湖北、四川、陕西和甘肃的企业参保率仅在 40%~55% 之间，与很多省（区、市）的水平相当。不过，职工样本所在地区没有包括企业参保率最低的几个省份，如江西、河南和山西。这可能使得职工样本所在地区的平均参保率高于其他地区的平均参保率。

如下：

表 3-4　　　　　　　不同特征规模以上工业企业的参保率

企业特征	分　组	企业观测数（次）	参保率（次）
所有制性质	国有企业	28 633	82.23
	民营企业	341 117	65.07
	外资企业	114 762	82.00
从业年限	较短	231 304	64.15
	较长	253 028	75.53
主营业务收入	较低	242 257	64.76
	较高	242 255	75.43
行业	采矿业	14 364	40.21
	制造业	458 149	70.74
	电力、燃气及水的生产和供应业	11 999	80.94
劳动密集程度	较低	251 985	67.68
	较高	232 527	72.71
人力资本水平	较低	205 731	67.93
	较高	278 781	71.69

（1）借鉴已有文献（聂辉华等，2012）的做法，我们根据企业的注册类型和控股比例，将企业划分为 3 种所有制类型：国有企业、民营企业和外资企业（包括港澳台资企业），分别占企业总观测数的 5.91%、70.40% 和 23.69%。其中，国有企业和外资企业的参保率较高，分别为82.23% 和 82.00%，明显高于民营企业（65.07%）。

（2）根据企业从业年限的中位数[①]，将企业划分为从业年限较短（低于中位数）和较长（等于或高于中位数）两组。从业年限较长的企业，其参保率较高（75.53%），高于从业年限较短的企业（64.15%）。

[①]　2004 年，企业从业年限的中位数为 5（年），2005 年、2006 年和 2007 年的中位数均为 6（年）。

（3）根据企业主营业务收入的中位数①，将企业划分为主营业务收入较低（低于中位数）和较高（等于或高于中位数）两组。主营业务收入较高的企业，其参保率较高（75.43%），高于主营业务收入较低的企业（64.76%）。

（4）根据行业门类，将企业划分为采矿业企业、制造业企业和电力、燃气及水的生产和供应业企业，占企业总观测数的比例分别为2.96%、94.56%和2.48%。其中，电力、燃气及水的生产和供应业企业的参保率最高，为80.94%；制造业企业次之，参保率为70.74%；采矿业企业的参保率最低，为40.21%。

（5）根据行业大类（两位数行业）的人均固定资产的中位数②，将行业划分为劳动密集程度较低（人均固定资产等于或高于中位数）和较高（人均固定资产低于中位数）两组。劳动密集程度较高行业的企业，其参保率较高（72.71%），高于劳动密集程度较低行业的企业（67.68%）。

（6）利用2004年的经济普查数据③，计算工业行业大类（两位数行业）的平均人力资本水平。人力资本水平，用行业中获得高等教育④的职工人数占行业职工总人数的比例来度量。该比例越高，说明行业的人力资本水平越高。根据行业人力资本水平的中位数⑤，将行业划分为人力资本水平较低（低于中位数）和较高（等于或高于中位数）两组。在人力资本水平较高行业，企业参保率较高，为71.69%；在人力资本水平较低行业，企业参保率较低，为67.93%。

表3-5进一步对不同特征企业的参保率进行比较，并呈现了参保

---

① 企业主营业务收入，可反映企业规模。2004年、2005年、2006年和2007年，企业主营业务收入的中位数分别为1 535万元、1 807万元、1 967万元和2 226万元。
② 行业大类（两位数行业）的人均固定资产的中位数为8万元。判断劳动密集程度时，使用行业人均固定资产而非企业人均固定资产，主要基于以下两点考虑：第一，劳动密集性更多的是一种行业特征，同一行业内的企业往往集中呈现出较高或较低的劳动密集程度；第二，一些企业可能通过少报职工人数的方式来逃避社会保险缴费，对于这些企业，计算出的企业人均固定资产是偏高的，而在行业层面计算平均的人均固定资产，可在一定程度上减轻由上述企业引起的偏误。因此，我们利用行业的劳动密集程度来近似行业内企业的劳动密集程度。
③ 2004的经济普查数据中报告了企业内部不同教育程度的职工人数，而2004—2007年的规模以上工业企业普查数据中并没有报告该信息。所以，我们利用2004年的经济普查数据来计算工业行业的平均人力资本水平，并对行业进行相应分类。
④ 高等教育，包括大学专科、大学本科和研究生。
⑤ 这里我们是利用行业的平均人力资本水平来近似行业内企业的人力资本水平。行业人力资本水平的中位数是8.98%。

率差距的显著性。可以看出，除国有企业和外资企业的参保率差距不显著以外，其他企业分组比较的参保率差距均在1%显著性水平下显著。

表3-5　　　　　　**不同特征规模以上工业企业参保率的比较**

企业特征	不同组的比较	参保率的差距（%）	t值
所有制性质	国有企业-民营企业	17.16	59.33***
	国有企业-外资企业	0.23	0.88
	外资企业-民营企业	16.93	110.00***
从业年限	较长-较短	11.38	87.06***
主营业务收入	较高-较低	10.67	81.66***
行业	电力、燃气及水的生产和供应业-采矿业	40.73	73.41***
	电力、燃气及水的生产和供应业-制造业	10.20	24.31***
	制造业-采矿业	30.53	79.01***
劳动密集程度	较高-较低	5.03	38.27***
人力资本水平	较高-较低	3.76	28.26***

注："-"表示前一组的参保率减去后一组的参保率。t值是检验"参保率的差距=0"得到的。***表示在1%显著性水平下显著。"较长""较短""较高""较低"的含义与表3-4相同。

表3-6展示了细分行业①的企业参保率。可以看出：

第一，在所有的行业中，烟草制品业的企业参保率最高，为86.34%；黑色金属矿采选业的企业参保率最低，为24.67%。

第二，在采矿业中，除石油和天然气开采业的企业参保率较高以外，其他行业的企业参保率均较低。与石油和天然气开采业相比，其他行业虽然劳动密集程度较高（人均固定资产较少），但人力资本水平较低。

① 行业分类依据《国民经济行业分类》国家标准（GB/T4754-2002）。在企业样本期间（2004—2007年），国家的行业分类标准没有发生变化。

表 3-6　　　　　　　　　**细分行业规模以上工业企业的参保率**

行业大类（两位数行业）	企业观测数	参保率（%）	人均固定资产（万元）	人力资本水平（%）
煤炭开采和洗选业	5 201	38.86	10.69	7.55
石油和天然气开采业	177	78.53	61.55	28.26
黑色金属矿采选业	2 931	24.67	9.01	7.31
有色金属矿采选业	1 969	45.15	8.56	8.07
非金属矿采选业	4 065	49.08	7.48	4.57
其他采矿业	21	42.86	9.20	5.83
农副食品加工业	18 022	48.72	10.26	9.57
食品制造业	7 910	63.74	11.51	12.49
饮料制造业	5 181	60.28	18.67	14.32
烟草制品业	227	86.34	40.99	23.11
纺织业	43 368	70.85	7.45	5.22
纺织服装、鞋、帽制造业	24 766	75.30	2.76	4.82
皮革、毛皮、羽毛（绒）及其制品业	14 527	73.34	2.24	4.10
木材加工及木、竹、藤、棕、草制品业	7 251	58.05	7.86	5.56
家具制造业	7 226	71.39	4.38	6.74
造纸及纸制品业	14 006	67.64	14.29	8.07
印刷业和记录媒介的复制	9 891	76.04	11.42	10.85
文教体育用品制造业	7 806	75.83	2.81	5.39
石油加工、炼焦及核燃料加工业	2 131	51.85	60.33	18.53
化学原料及化学制品制造业	24 562	69.21	21.73	14.90
医药制造业	7 756	70.69	16.32	27.14
化学纤维制造业	2 176	76.15	29.44	12.63

行业大类（两位数行业）	企业观测数	参保率（%）	人均固定资产（万元）	人力资本水平（%）
橡胶制品业	5 072	72.56	8.23	8.24
塑料制品业	26 816	73.05	8.26	8.14
非金属矿物制品业	29 094	59.74	13.12	5.76
黑色金属冶炼及压延加工业	8 299	55.28	36.08	15.26
有色金属冶炼及压延加工业	8 025	67.29	18.77	14.55
金属制品业	29 426	72.99	6.03	8.98
通用设备制造业	37 846	70.92	8.03	12.66
专用设备制造业	17 863	75.22	9.04	16.88
交通运输设备制造业	21 078	75.97	14.92	17.24
电气机械及器材制造业	36 408	76.79	6.20	13.97
通信设备、计算机及其他电子设备制造业	21 578	81.45	8.19	18.02
仪器仪表及文化、办公用机械制造业	8 226	82.68	5.95	19.96
工艺品及其他制造业	10 745	74.76	4.33	6.08
废弃资源和废旧材料回收加工业	867	74.16	4.97	7.86
电力热力的生产和供应业	7 634	79.43	139.26	28.42
燃气生产和供应业	913	85.21	57.87	26.25
水的生产和供应业	3 452	83.14	58.73	21.66

第三，在制造业中，企业参保率较高的行业有：烟草制品业，仪器仪表及文化、办公用机械制造业，通信设备、计算机及其他电子设备制造业，电气机械及器材制造业，化学纤维制造业，印刷业和记录媒介的复制，交通运输设备制造业和文教体育用品制造业等。在这些行业中，一些行业的劳动密集程度较高、人力资本水平较低，如文教体育用品制造业；一些行业的人力资本水平较高、劳动密集程度较低，如烟草制品

业；还有一些行业的劳动密集程度和人力资本水平均较高，如仪器仪表及文化、办公用机械制造业和电气机械及器材制造业。

第四，在制造业中，企业参保率较低的行业有：农副食品加工业，石油加工、炼焦及核燃料加工业，黑色金属冶炼及压延加工业，木材加工及木、竹、藤、棕、草制品业和非金属矿物制品业等。在这些行业中，一些行业的劳动密集程度较高、人力资本水平较低，如木材加工及木、竹、藤、棕、草制品业；一些行业的人力资本水平较高、劳动密集程度较低，如石油加工、炼焦及核燃料加工业和黑色金属冶炼及压延加工业；还有一些行业的劳动密集程度和人力资本水平均较低，如非金属矿物制品业。

第五，在电力、燃气及水的生产和供应业中，3个子行业（电力热力的生产和供应业、燃气生产和供应业、水的生产和供应业）的企业参保率均较高，并且行业的劳动密集程度较低、人力资本水平较高。

由上述5方面分析可以发现，不同行业的企业参保率存在较大差异。这在一定程度上与行业的劳动密集程度和人力资本水平相关：当劳动密集程度和人力资本水平都较高时，企业参保率往往较高；当劳动密集程度和人力资本水平都较低时，企业参保率一般较低。但是，当劳动密集程度和人力资本水平不是同高或同低时，企业参保率的高低是不确定的。因此，企业参保率还与其他因素有关，如上文分析的企业所有制性质等。

3.4.2 报告缴费工资

下面分析参保企业报告缴费工资的情况。这部分只将参保企业作为分析样本，是因为不参保的企业不涉及报告缴费工资的问题，它们的逃避缴费手段是更为直接的不参保。

与上文相同，这里也将企业样本的分析范围划定在职工样本所在地区，即北京、辽宁和浙江等9个省（市）。根据式（3-6），参保企业的实际缴费工资占其工资总额的比例与参保职工的实际缴费工资占其总工资的比例存在联系。所以，在同样的地区分别分析参保企业的缴费工资和参保职工的缴费工资，可以对两者进行比较并量化两者之间的联系。

为了判断参保企业是否存在低报缴费工资的行为并且度量其低报程

度，我们需要先计算参保企业的实际缴费工资。根据式（3-3），参保企业的实际缴费工资等于企业社会保险缴费额与企业社会保险法定缴费率之比。从企业数据中，我们可以观察到企业的养老保险和医疗保险缴费支出。所以，我们只需知道企业养老保险和医疗保险的法定缴费率，就可算出企业的实际缴费工资。

然而，搜集社会保险法定缴费率是一项非常困难的工作，占用了本研究的大量时间。各地规定的社会保险法定缴费率有所不同，我们需要知道每个城市每年的法定缴费率。但是，样本中的很多城市都未公开社会保险法定缴费率的信息，特别是较为早期（如2002年和2003年）的缴费率信息。

我们从北大法宝的法律法规库中搜集相关政策文件，也从各地人力资源和社会保障局的网站上检索相关信息，还利用劳动保障专业网站（中国劳动人事网、中国劳动争议网和中国劳动咨询网①）查找各地社会保险法定缴费率的数据，最终搜集并整理出2002—2009年间对75个城市法定缴费率的461次观测②。

表3-7展示了搜集的各地社会保险法定缴费率的基本情况。可以看出，虽然各地社会保险法定缴费率的均值与中央政府规定的社会保险法定缴费率相差不大，但取值区间较广，说明各地的法定缴费率有较大差异。

表3-7　　社会保险法定缴费率的基本情况（%）

项　目	均值	标准差	取值区间
企业：养老保险	18.60	3.36	[8.00, 24.00]
医疗保险	7.84	1.52	[2.00, 11.50]
失业保险	1.77	0.58	[0.20, 2.50]
工伤保险	1.00	0.25	[0.20, 2.75]
生育保险	0.71	0.20	[0.30, 1.00]
职工：养老保险	7.82	0.62	[5.00, 8.00]
医疗保险	1.96	0.51	[1.00, 7.50]
失业保险	0.88	0.24	[0.10, 1.00]

① http://www.cn12333.com/writ_list.asp?Cid=133，http://www.btophr.com/viewcontent/insurance.asp，http://law.51labour.com/category-296-0-0.html。
② 这些观测在城市-年层面。另外，对于县级市，我们用其所属地级市的社会保险法定缴费率数据进行近似取值。

使用搜集的企业养老保险和医疗保险缴费率的数据，以及企业数据中提供的企业养老保险和医疗保险缴费支出信息，根据式（3-3），我们可以计算参保企业的实际缴费工资，并进一步得到实际缴费工资与工资总额的比例，即 ratio_f^r。

图 3-1 展示了 ratio_f^r 的分布。图中的实线是核（kernel）密度函数。可以看出， ratio_f^r 的大部分数值都落在 0 ~ 1 之间[①]，说明参保企业的实际缴费工资低于其工资总额，低报的现象较为严重。 $\text{ratio}_f^r = 1$ 仅有 19 个观测，占总观测数（245 560）的比例还不到 0.01%。另外， ratio_f^r 的少数取值（5%左右）大于 1，说明有些参保企业还出现了高报的情况。

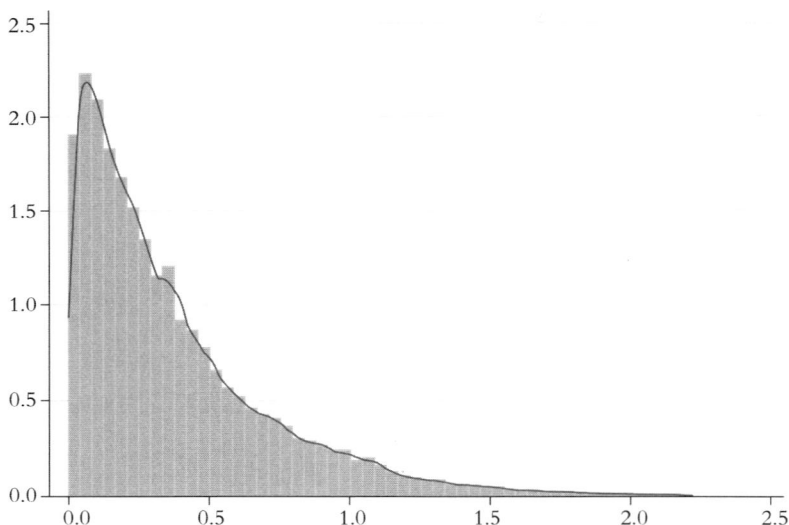

图 3-1 参保企业实际缴费工资占工资总额的比例（ratio_f^r）

根据式（3-2），我们计算参保企业的低报程度 diff_f，即 1 与 ratio_f^r 之差。如果低报程度为正，即 $\text{ratio}_f^r < 1$，说明存在低报现象。若低报程度为一较大正数，说明 ratio_f^r 与 1 的差距较大，低报程度较高。

表 3-8 展示了参保企业低报程度的基本情况。可以看出：（1）2004—2007 年间，参保企业低报程度的均值约为 0.62，即 62%的

[①] 最小值接近于 0，但大于 0，为 0.0002。

工资总额未被报告为缴费工资、未用于缴费。将该均值与0进行比较，发现该均值显著大于0，t值为854.07，在1%显著性水平下显著。所以，参保企业的低报程度显著为正，即参保企业报告的实际缴费工资显著低于工资总额。（2）2004—2006年间，低报程度随年份的变化不大，均值在0.61左右；2007年，低报程度的均值提高到0.65左右[①]。

表3-8　　　　　　　　　　**参保企业的低报程度**

年份	企业观测数	均值	标准差	最小值	最大值
总体	245 560	0.6175	0.3583	-1.2196	0.9998
2004	63 575	0.6161	0.3733	-1.2192	0.9994
2005	71 704	0.6043	0.3674	-1.2169	0.9998
2006	49 308	0.6149	0.3533	-1.2196	0.9998
2007	60 973	0.6458	0.3259	-1.2188	0.9998

表3-9展示了各省（市）参保企业的低报程度。可以看出，各省（市）低报程度的均值都为正，说明都存在低报现象（参保企业实际缴费工资低于工资总额）。另外，从平均水平来看，各省（市）参保企业的低报程度存在较大差异。其中，浙江参保企业的低报程度较高，均值约为0.71，即71%的工资总额未用于缴费；甘肃参保企业的低报程度较低，均值约为0.35，即35%的工资总额未用于缴费。

表3-10展示了不同特征参保企业的低报程度。对企业进行分组的方法与表3-4相同。

从表3-10可以看出，不同特征的参保企业，其低报程度存在较大差异。从平均水平来看，具体分析如下：

（1）民营企业和外资企业的低报程度相对较高，工资总额中64%的部分被逃掉，未用于缴费；国有企业的低报程度相对较低，工资总额中有28%未用于缴费。

---

① 表3-8中，低报程度的最小值为负，是因为有参保企业高报了缴费工资，即ratio$_i$ > 1。这种情况占全部观测的比例较低，在5%左右。

表 3-9 各省（市）参保企业的低报程度

省（市）	企业观测数	均值	标准差	最小值	最大值
北京	15 914	0.5581	0.3550	−1.2167	0.9998
辽宁	20 722	0.4275	0.4447	−1.2196	0.9998
浙江	107 447	0.7058	0.2871	−1.2192	0.9998
安徽	6 511	0.5185	0.4353	−1.2162	0.9998
湖北	8 168	0.4764	0.4503	−1.2192	0.9998
广东	70 747	0.6072	0.3474	−1.2169	0.9998
四川	9 199	0.5397	0.4006	−1.2164	0.9996
陕西	6 045	0.4298	0.4599	−1.2182	0.9986
甘肃	807	0.3463	0.4693	−1.2041	0.9938

表 3-10 不同特征参保企业的低报程度

企业特征	分组	企业观测数	均值	标准差	最小值	最大值
所有制性质	国有企业	17 359	0.2824	0.4443	−1.2192	0.9998
	民营企业	157 981	0.6438	0.3448	−1.2196	0.9998
	外资企业	70 220	0.6413	0.3205	−1.2159	0.9998
从业年限	较短	106 238	0.6752	0.3252	−1.2196	0.9998
	较长	139 226	0.5736	0.3757	−1.2192	0.9998
主营业务收入	较低	122 772	0.6293	0.3594	−1.2192	0.9994
	较高	122 788	0.6057	0.3568	−1.2196	0.9998
行业	采矿业	3 194	0.5975	0.3972	−1.2043	0.9996
	制造业	236 550	0.6260	0.3522	−1.2196	0.9998
	电力、燃气及水的生产和供应业	5 816	0.2826	0.4147	−1.2139	0.9995
劳动密集程度	较低	123 749	0.5707	0.3788	−1.2196	0.9998
	较高	121 811	0.6651	0.3294	−1.2167	0.9998
人力资本水平	较低	97 731	0.6648	0.3292	−1.2169	0.9998
	较高	147 829	0.5863	0.3731	−1.2196	0.9998

（2）从业年限较短的企业，其低报程度相对较高，大约68%的工资总额未被报告为缴费工资；从业年限较长的企业，其低报程度相对较低，大约57%的工资总额未被报告为缴费工资。

（3）主营业务收入较低的企业，其低报程度相对较高，大约63%的工资总额未被报告为缴费工资；主营业务收入较高的企业，其低报程度略低一些，大约61%的工资总额未被报告为缴费工资。

（4）在不同的行业门类中，制造业企业的低报程度最高，大约63%的工资总额未被报告为缴费工资；采矿业企业次之，大约60%的工资总额未被报告为缴费工资；电力、燃气及水的生产和供应业企业的低报程度最低，大约28%的工资总额未被报告为缴费工资。

（5）劳动密集程度较低行业中的企业，其低报程度相对较低，大约57%的工资总额未被报告为缴费工资；劳动密集程度较高行业中的企业，其低报程度相对较高，大约67%的工资总额未被报告为缴费工资。

（6）人力资本水平较低行业中的企业，其低报程度相对较高，大约66%的工资总额未被报告为缴费工资；人力资本水平较高行业中的企业，其低报程度相对较低，大约59%的工资总额未被报告为缴费工资。

图3-2和图3-3进一步展示了不同特征参保企业低报程度的核密度函数。从图3-2（a）可以看出，民营企业和外资企业低报程度的分布较为接近，并且位于国有企业低报程度分布的右侧，说明民营企业和外资企业的低报程度高于国有企业；从图3-2（b）可以看出，从业年限较短的企业，其低报程度的分布略微偏右，说明其低报程度略高于从业年限较长的企业；从图3-2（c）可以看出，主营业务收入较低的企业和较高的企业，低报程度的分布较为接近，说明两者的低报程度相差不大；从图3-2（d）可以看出，采矿业企业和制造业企业的低报程度的分布较为接近，并且位于电力、燃气及水的生产和供应业企业的右侧，说明采矿业企业和制造业企业的低报程度高于电力、燃气及水的生产和供应业企业；从图3-3（a）可以看出，劳动密集程度较高行业的企业，其低报程度的分布略微偏右，说明其低报程度略高于劳动密集程度较低行业的企业；从图3-3（b）可以看出，人力资本水平较低行业的企业，其低报程度的分布略微偏右，说明其低报程度略高于人力资本

水平较高行业的企业。上述对低报程度的分布进行分析的结果，与对表 3-10 中的均值进行比较的结果十分一致。

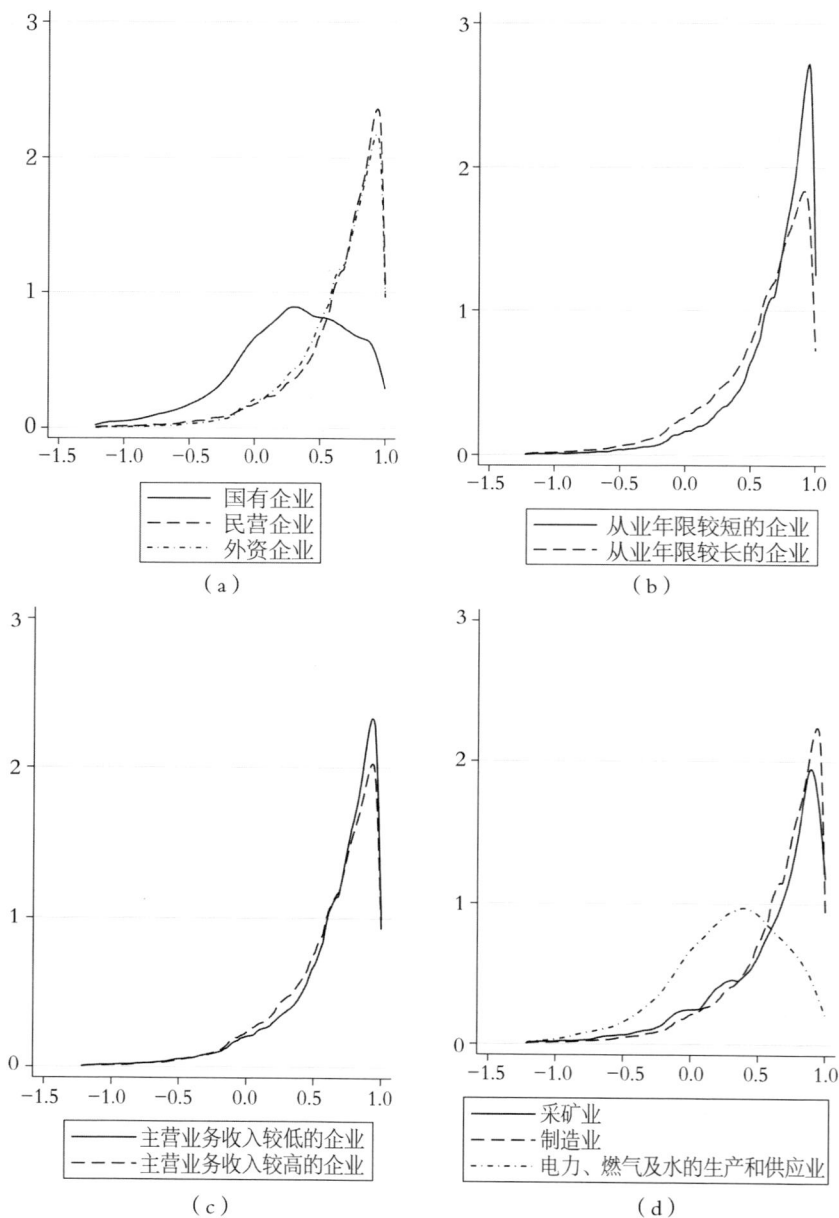

（a）

国有企业
民营企业
外资企业

（b）

从业年限较短的企业
从业年限较长的企业

（c）

主营业务收入较低的企业
主营业务收入较高的企业

（d）

采矿业
制造业
电力、燃气及水的生产和供应业

图 3-2　不同特征参保企业低报程度的核密度函数（$diff_t$）（一）

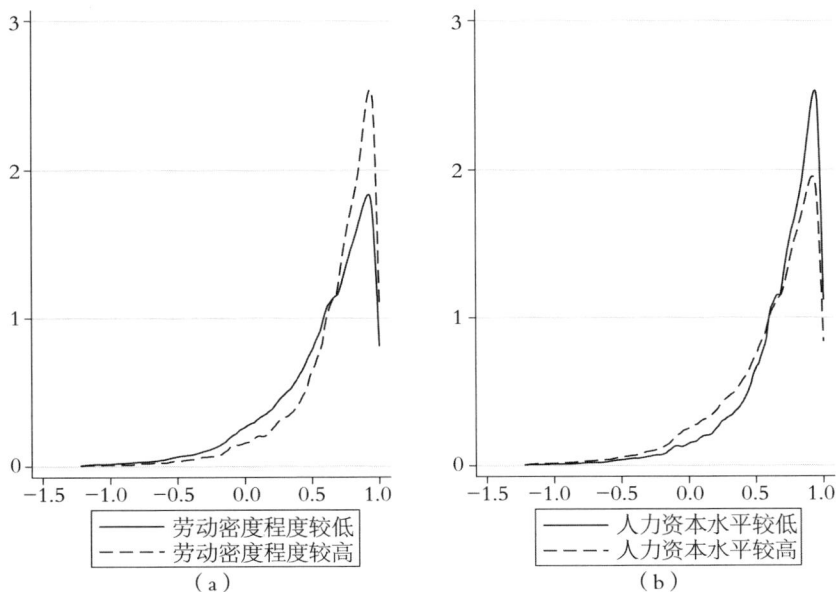

（a）

（b）

图 3-3　不同特征参保企业低报程度的核密度函数（diff_t）（二）

表 3-11 展示了细分行业的参保企业的低报程度。可以看出，不同行业的参保企业，其低报程度差异较大。从平均水平来看，低报程度较高、逃避缴费较多的行业有：皮革、毛皮、羽毛（绒）及其制品业，纺织服装、鞋、帽制造业，文教体育用品制造业，工艺品及其他制造业，纺织业，家具制造业等，70%左右的工资总额未被报告为缴费工资。低报程度较低、逃避缴费较少的行业有：电力、燃气及水的生产和供应业的 3 个子行业，烟草制品业，石油加工、炼焦及核燃料加工业等，大约 25%～45% 的工资总额未被报告为缴费工资。

表 3-11　　　　　　　　　　分行业参保企业的低报程度

行业大类（两位数行业）	企业观测数	均值	标准差	最小值	最大值
煤炭开采和洗选业	1 060	0.6565	0.3565	−0.9701	0.9996
石油和天然气开采业	83	0.5234	0.3906	−1.1922	0.9931
黑色金属矿采选业	354	0.6187	0.4240	−1.2043	0.9990
有色金属矿采选业	476	0.5673	0.3845	−1.1644	0.9974

续表

行业大类（两位数行业）	企业观测数	均值	标准差	最小值	最大值
非金属矿采选业	1 217	0.5570	0.4213	−1.1744	0.9982
其他采矿业	4	0.5298	0.3853	0.0678	0.8945
农副食品加工业	5 786	0.5737	0.3958	−1.1894	0.9995
食品制造业	3 526	0.5528	0.3836	−1.2192	0.9992
饮料制造业	2 088	0.4803	0.4265	−1.2196	0.9996
烟草制品业	138	0.3358	0.3776	−1.0480	0.9730
纺织业	21 777	0.6890	0.3104	−1.2167	0.9995
纺织服装、鞋、帽制造业	12 724	0.7297	0.2830	−1.2129	0.9998
皮革、毛皮、羽毛（绒）及其制品业	7 878	0.7396	0.2641	−1.1895	0.9998
木材加工及木、竹、藤、棕、草制品业	3 066	0.6446	0.3240	−1.1727	0.9994
家具制造业	3 581	0.6702	0.3212	−1.1963	0.9994
造纸及纸制品业	6 546	0.6094	0.3331	−1.1795	0.9990
印刷业和记录媒介的复制	5 562	0.5479	0.3942	−1.2192	0.9994
文教体育用品制造业	4 409	0.7028	0.3100	−1.2120	0.9996
石油加工、炼焦及核燃料加工业	785	0.4290	0.4112	−1.2188	0.9953
化学原料及化学制品制造业	12 016	0.5325	0.3892	−1.2181	0.9998
医药制造业	4 143	0.4910	0.3957	−1.1922	0.9987
化学纤维制造业	1 200	0.6406	0.3361	−1.0471	0.9990
橡胶制品业	2 771	0.6275	0.3557	−1.2145	0.9993
塑料制品业	14 271	0.6366	0.3370	−1.2151	0.9994
非金属矿物制品业	11 401	0.5640	0.3851	−1.2169	0.9996
黑色金属冶炼及压延加工业	3 310	0.5855	0.3739	−1.2110	0.9986

行业大类（两位数行业）	企业观测数	均值	标准差	最小值	最大值
有色金属冶炼及压延加工业	3 943	0.6015	0.3370	−1.1937	0.9993
金属制品业	14 321	0.6491	0.3363	−1.2101	0.9998
通用设备制造业	20 994	0.6241	0.3576	−1.2067	0.9998
专用设备制造业	10 625	0.5737	0.3754	−1.2167	0.9994
交通运输设备制造业	12 712	0.5980	0.3790	−1.1996	0.9997
电气机械及器材制造业	20 702	0.6308	0.3487	−1.2074	0.9997
通信设备、计算机及其他 电子设备制造业	14 270	0.6402	0.3275	−1.2121	0.9998
仪器仪表及文化、办公用 机械制造业	5 809	0.5989	0.3470	−1.2049	0.9998
工艺品及其他制造业	5 757	0.6916	0.3181	−1.2163	0.9998
废弃资源和废旧材料回收加工业	439	0.6647	0.3698	−0.7904	0.9983
电力热力的生产和供应业	3 537	0.2909	0.4192	−1.2139	0.9995
燃气生产和供应业	471	0.3481	0.4100	−1.1391	0.9914
水的生产和供应业	1 808	0.2492	0.4044	−1.1745	0.9964

3.5 我国缴费遵从度的度量结果——职工层面

3.5.1 参加社会保险

在城镇职工社会保险体系中，有3项保险要求职工个人缴费（同时企业也缴费），包括养老保险、医疗保险和失业保险。职工数据中提供了职工在这3项保险上的分项缴费支出。我们利用数据中的这一信息，来判断职工的参保状态。

具体而言，根据式（3-1）的定义，如果我们观察到职工有正的养老保险缴费支出，就认为该职工参加了养老保险；如果职工的养老保险缴费支出为零，就认为该职工没有参加养老保险。类似地，我们可以对职工是否参加医疗保险、是否参加失业保险作出判断。在此基础上，如果职工至少参加养老保险、医疗保险和失业保险中的一项，我们就认为该职工是参保职工，即该职工参与到城镇职工社会保险体系中。下文所提到的参保职工，含义同上，均指至少参加了一项保险的职工。

对参保职工的识别，是使用微观数据的一个好处。如果使用宏观数据，则无法观察到每个职工的参保类型（参加了几项保险），进而不能对分项保险的参保人数进行简单加总以得到总参保人数，会出现重复计算的问题。在微观数据中，我们可以观察到职工的参保类型，可以在避免重复计算的前提下算出被社会保险体系覆盖的职工人数（即参保职工的人数）[1]，进而计算出社会保险的总参保率（参保职工的人数与职工总人数之比）。

在职工数据中，参保职工一共有 7 种类型，如图 3-4 所示。具体而言，A 部分表示只参加养老保险的职工，B 部分表示只参加医疗保险的职工，C 部分表示只参加失业保险的职工，D 部分表示同时参加养老保险和医疗保险的职工，E 部分表示同时参加养老保险和失业保险的职工，F 部分表示同时参加医疗保险和失业保险的职工，G 部分表示同时参加养老保险、医疗保险和失业保险这 3 项保险的职工。将 A 到 G 全部加总，就可得到参保职工人数，即被社会保险体系覆盖的职工人数。

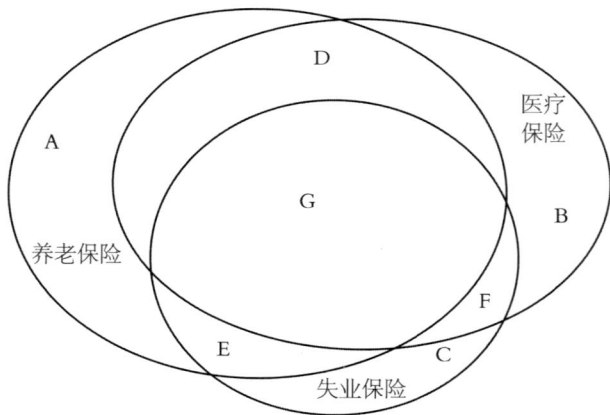

图 3-4 参保职工的类型

---

① 由于工伤保险和生育保险不需职工缴费，所以我们无法在数据中观察到职工参加这两项保险的情况。

表 3-12 展示了不同类型参保职工人数（A—G）占参保职工总数的比例。表 3-12 显示，在职工样本中，参保职工共有 81 519 次观测。其中，大约一半的参保职工都同时参加了养老保险、医疗保险和失业保险；28.35% 的参保职工同时参加了两项保险；其余 22.92% 的参保职工只参加了一项保险，只参加失业保险的职工最少（0.77%）。由此可见，如果将分项保险的参保人数（养老保险参保人数、医疗保险参保人数和失业保险参保人数）简单加总，重复计算的问题会较为严重。

表 3-12　　　**不同类型参保职工人数占参保职工总数的比例**

参保的类型	观测数	占参保职工的比例（%）
只参加养老保险（A）	11 044	13.55
只参加医疗保险（B）	7 007	8.60
只参加失业保险（C）	627	0.77
同时参加养老和医疗保险（D）	16 966	20.80
同时参加养老和失业保险（E）	4 700	5.77
同时参加医疗和失业保险（F）	1 450	1.78
同时参加养老、医疗和失业保险（G）	39 725	48.73
参保职工观测数（A+B+…+G）	81 519	100.00

表 3-13 展示了职工样本的参保率。在样本中，职工总观测数是 108 914，参保职工观测数是 81 519，所以，总参保率是 74.85%。分项来看，养老保险参保率最高（66.51%），医疗保险参保率次之（59.82%），失业保险参保率最低（42.70%）。另外，在 2002—2009 年间，除医疗保险参保率逐年上升以外，养老保险参保率和失业保险参保率均呈现先下降后上升的态势。总参保率在 2002—2007 年间一直在 73% 上下波动，从 2008 年开始呈上升趋势，2009 年达 84.81%。

表 3-14 展示了样本中各省（市）的职工参保率。可以看出，不同省（市）的参保率有所不同。具体而言：（1）从总参保率的情况来看，广东、浙江和北京的总参保率较高，分别为 81.31%、77.42% 和 77.41%；陕西的总参保率较低，为 68.19%。（2）从养老保险参保率的

表 3-13 职工样本的参保率（%）

年份	职工观测数	总参保率	养老保险参保率	医疗保险参保率	失业保险参保率
总体	108 914	74.85	66.51	59.82	42.70
2002	11 377	74.16	70.68	47.02	44.70
2003	12 126	73.56	70.38	50.29	42.80
2004	14 545	72.19	64.24	55.27	40.15
2005	14 663	73.27	63.71	58.73	40.80
2006	14 904	72.87	62.88	60.83	42.26
2007	15 416	73.25	63.28	62.38	41.18
2008	12 900	75.63	66.01	66.70	43.68
2009	12 983	84.81	73.43	75.21	47.16

情况来看，广东较高（79.78%），甘肃较低（56.39%）。（3）从医疗保险参保率的情况来看，北京较高（69.74%），甘肃较低（50.20%）。（4）从失业保险参保率的情况来看，北京较高（67.27%），湖北较低（30.06%）。

表 3-14 各省（市）职工的参保率（%）

省（市）	职工观测数	总参保率	养老保险参保率	医疗保险参保率	失业保险参保率
北京	13 105	77.41	71.03	69.74	67.27
辽宁	12 704	75.99	69.39	60.35	39.76
浙江	13 170	77.42	70.48	57.50	44.66
安徽	16 060	73.02	61.91	62.12	40.46
湖北	13 152	71.53	60.07	54.48	30.06
广东	11 777	81.31	79.78	62.20	39.17
四川	12 415	74.61	66.07	63.67	43.36
陕西	10 475	68.19	58.93	51.14	37.54
甘肃	6 056	72.79	56.39	50.20	39.18

表 3-15 展示了不同特征职工的参保率。具体分析如下：

表 3-15 　　　　　　 **不同特征职工的参保率（%）**

职工特征	分组	职工观测数	总参保率	养老保险参保率	医疗保险参保率	失业保险参保率
性别	男	62 970	76.52	67.78	62.17	44.18
	女	45 944	72.56	64.76	56.59	40.67
年龄	年轻：[16，40]	50 941	72.09	64.96	57.31	41.60
	年长：[41，60]	57 973	77.27	67.86	62.02	43.66
婚姻状态	无配偶	12 496	63.59	58.37	51.27	39.22
	有配偶	96 418	76.31	67.56	60.92	43.15
教育水平	较低	23 437	70.64	66.54	53.29	41.49
	中等	43 057	74.26	68.50	57.95	43.78
	较高	42 420	77.76	64.47	65.31	42.26
职业	蓝领	43 859	72.56	69.21	55.70	45.56
	专业技术人员	13 828	77.18	66.36	62.79	44.76
	企业负责人	11 936	80.44	68.59	69.65	47.17
所在企业的所有制性质	国有企业	71 823	77.37	66.58	62.97	44.36
	城镇集体企业	10 898	65.08	60.92	45.85	31.09
	民营企业和外资企业	26 193	71.98	68.62	56.98	42.96
所属产业	第一产业	1 737	68.80	50.37	54.35	29.02
	第二产业	46 857	80.11	77.67	63.05	53.83
	第三产业	33 025	70.17	65.76	53.83	39.15

（1）样本中，男性略多于女性，并且男性的参保率较高。男性的总参保率、养老保险参保率、医疗保险参保率和失业保险参保率分别比女性高 3.96、3.02、5.58 和 3.51 个百分点。

（2）根据职工年龄的中位数（41 岁），将职工划分为年轻（16～40

岁）和年长（41～60岁）两组。年长职工的参保率较高，总参保率、养老保险参保率、医疗保险参保率和失业保险参保率分别比年轻职工高5.18、2.90、4.71和2.06个百分点。

（3）样本中，88.5%的职工都有配偶，并且这些职工的参保率较高，总参保率、养老保险参保率、医疗保险参保率和失业保险参保率分别比无配偶职工高12.72、9.19、9.65和3.93个百分点。

（4）根据职工的受教育水平，将职工划分为3组：较低（初中及以下）、中等（高中或中专）、较高（高等教育，即大学专科、大学本科或研究生）。在样本中，这3组职工的占比分别为21.5%、39.5%和39.0%。从总参保率的情况来看，教育水平越高，参保率越高；较低、中等和较高3组的总参保率依次为70.64%、74.26%和77.76%。从养老保险来看，中等和较低两组的参保率较高。从医疗保险来看，随着教育水平提高，参保率也提高。从失业保险来看，中等和较高两组的参保率相对较高。

（5）根据职工的职业，将职工划分为蓝领①、专业技术人员和企业负责人3组②。企业负责人和专业技术人员的总参保率较高（分别为80.44%和77.18%），高于蓝领（72.56%）。从养老保险来看，蓝领的参保率高于企业负责人和专业技术人员。从医疗保险来看，企业负责人的参保率最高，蓝领的参保率最低。从失业保险来看，企业负责人的参保率最高，专业技术人员和蓝领的参保率差不多。

（6）根据职工所在企业的所有制性质，将职工划分为3组：国有企业职工、城镇集体企业职工、民营企业和外资企业职工③，这3组职工的占比分别为65.9%、10.0%和24.1%。④国有企业职工的总参保率（77.37%）高于城镇集体企业职工（65.08%）、民营企业和外资企业职工（71.98%）。但民营企业和外资企业职工的养老保险参保率和国有企业较

---

① 蓝领包括普通工作人员、农林牧渔劳动者、生产工人和运输工人等。

② 对于本人汇报的职业信息模糊不清（无法划分为蓝领、专业技术人员和企业负责人）的职工，没有单独描述他们的参保情况。

③ 职工数据中没有提供将民营企业职工和外资企业职工区分开来的信息。

④ 职工和企业数据中，企业所有制的构成有着较大的差异。这可能是因为：职工数据中，企业所有制类型是职工自行汇报的，而职工可能并没有准确了解其所在企业的所有制类型；企业数据中，企业所有制类型是根据企业的注册类型和控股比例来确定的。另外，企业数据中只包括工业企业（采矿业、制造业、电力燃气及水的生产和供应业），而职工数据中的职工还会在其他行业工作，如建筑业、金融保险业和批发零售业等，不同行业的企业所有制构成可能有所差别。我们认为，对于工业企业的所有制性质，企业数据中的信息更为准确。

为相近，都高于城镇集体企业职工。从医疗保险和失业保险来看，都是国有企业职工的参保率较高。

（7）根据职工所在行业，将职工划分为3组：第一产业职工、第二产业职工和第三产业职工。[①]其中，第一产业职工人数较少。无论从总参保率、养老保险参保率、医疗保险参保率还是失业保险参保率的情况来看，都是第二产业职工的参保率最高，第三产业职工的参保率次之[②]，而第一产业职工的参保率最低。

表 3-16 进一步给出了不同特征职工的参保率的比较结果。可以看出，除少数情况以外[③]，不同特征职工的参保率差异是显著的。

3.5.2　报告缴费工资

下面从参保职工层面来分析企业为参保职工报告个人缴费工资的情况。根据上文分析，虽然报告缴费工资主要是企业的决策，职工个人对其实际缴费工资没有较大的干预能力，但是我们有必要使用职工数据来度量职工个人实际缴费工资与政策规定值的差距，这有助于我们了解企业是如何为内部参保职工报告缴费工资的。这部分只将参保职工作为分析样本。这是因为企业无须为不参保职工报告缴费工资。

为了判断参保职工个人的缴费工资是否被其所在企业低报，我们需要先算出参保职工的实际缴费工资。根据式（3-5），参保职工的实际缴费工资等于职工社会保险缴费额与职工社会保险法定缴费率之比。职工数据中提供了职工的养老保险缴费支出、医疗保险缴费支出和失业保险缴费支出的信息。同时，我们搜集了城市的职工养老保险法定缴费率、医疗保险法定缴费率和失业保险法定缴费率（这3项保险的职工法定缴费率的基本情况见上文的表3-7）。所以，我们有充足的信息，可以计算出参保职工的实际缴费工资。具体计算方法如下：

[①]　对于本人汇报的行业信息模糊不清（汇报为"其他行业"，无法划分为第一产业、第二产业和第三产业）的职工，没有单独描述他们的参保情况。

[②]　除了医疗保险以外。第三产业职工的医疗保险参保率略低于第一产业职工，但两者相差不大。

[③]　企业负责人和蓝领的养老保险参保率的差距不显著。第一产业职工和第三产业职工的总参保率的差距以及医疗保险参保率的差距不显著。

表 3-16　　　　　　　　不同特征职工参保率的比较（%）

职工特征	不同组的比较	总参保率的差距	养老保险参保率的差距	医疗保险参保率的差距	失业保险参保率的差距
性别	男-女	3.96 (14.90***)	3.02 (10.42***)	5.58 (18.55***)	3.51 (11.57***)
年龄	年长-年轻	5.18 (19.67***)	2.90 (10.12***)	4.71 (15.86***)	2.06 (6.84***)
婚姻状态	有配偶-无配偶	12.72 (30.96***)	9.19 (20.52***)	9.65 (20.74***)	3.93 (8.35***)
教育水平	中等-较低	3.62 (10.04***)	1.96 (5.16***)	4.66 (11.58***)	2.29 (5.70***)
	较高-较低	7.12 (20.32***)	-2.07 (-5.35***)	12.02 (30.50***)	0.77 (1.92*)
	较高-中等	3.50 (11.99***)	-4.03 (-12.49***)	7.36 (22.19***)	-1.52 (-4.49***)
职业	专业技术人员-蓝领	4.62 (10.78***)	-2.85 (-6.29***)	7.09 (14.71***)	-0.80 (-1.64)
	企业负责人-蓝领	7.88 (17.50***)	-0.62 (-1.29)	13.95 (27.61***)	1.61 (3.14***)
	企业负责人-专业技术人员	3.26 (6.36***)	2.23 (3.81***)	6.86 (11.62***)	2.41 (3.87***)
所在企业的所有制性质	国有企业-城镇集体企业	12.29 (28.04***)	5.66 (11.63***)	17.12 (34.33***)	13.27 (26.22***)
	国有企业-民营和外资企业	5.39 (17.49***)	-2.04 (-6.00***)	5.99 (17.05***)	1.40 (3.90***)
	民营和外资企业-城镇集体企业	6.90 (13.25***)	7.70 (14.33***)	11.13 (19.69***)	11.87 (21.44***)
所属产业	第二产业-第一产业	11.31 (11.53***)	27.30 (26.61***)	8.70 (7.37***)	24.81 (20.43***)
	第三产业-第一产业	1.37 (1.22)	15.39 (13.13***)	-0.52 (-0.42)	10.13 (8.46***)
	第三产业-第二产业	-9.94 (-32.61***)	-11.91 (-37.55***)	-9.22 (-26.22***)	-14.68 (-41.33***)

　　注："-"表示前一组的参保率减去后一组的参保率。括号内为 t 值，是检验"参保率的差距=0"得到的。*、**和***分别表示在 10%、5%和 1%显著性水平下显著。

　　（1）对于只参加一项保险的职工，其实际缴费工资等于该项保险缴费额除以该项保险的职工个人法定缴费率。例如，对于只参加养老保险的职工，其实际缴费工资等于个人养老保险缴费额除以当地的职工个人养老保险法定缴费率。

（2）对于同时参加两项保险的职工，对两项保险分别算出两个缴费工资[①]，再取平均值作为该职工的实际缴费工资。例如，对于同时参加养老保险和医疗保险的职工，先用其养老保险缴费额除以当地的职工个人养老保险法定缴费率，算出第一个缴费工资；再用其医疗保险缴费额除以当地的职工个人医疗保险法定缴费率，算出第二个缴费工资；最后，计算两个缴费工资的平均值，将其作为该职工的实际缴费工资。

（3）对于同时参加养老保险、医疗保险和失业保险的职工，对这三项保险分别算出三个缴费工资，再取平均值作为该职工的实际缴费工资。算法与同时参加两项保险的职工相似。

为了减少测量误差的干扰，我们去掉了参保职工实际缴费工资计算值的最低 1%和最高 1%。同时，根据参保职工的总工资和当地职工的平均工资，我们可以识别参保职工适用的政策规定的缴费工资（当地平均工资的 60%、本人的总工资或当地平均工资的 3 倍）。最后，我们可以得到参保职工的实际缴费工资与个人总工资的比例（记为 $ratio_i^1$）及政策规定的缴费工资与个人总工资的比例（记为 $ratio_i^2$）。

图 3-5 展示了参保职工缴费工资与总工资的比例（实际值 $ratio_i^1$ 和政策规定值 $ratio_i^2$）。具体而言，图 3-5（a）展示的是职工的总工资低于当地平均工资 60%的情况。此时，按照政策规定，职工的缴费工资（当地平均工资的 60%）与总工资的比例应大于 1，如图 3-5（a）中虚线所示。图 3-5（a）中的实线是职工实际缴费工资与其总工资的比例。可以看出，一方面，实线有很大一部分位于 0~1 之间；另一方面，从实线大于 1 的部分来看，实线位于虚线的左侧。上述两方面都说明职工实际缴费工资与其总工资的比例低于政策规定值。这表明，参保职工的实际缴费工资被其所在企业低报。

①　国家规定的各项保险的职工缴费基数是相同的。所以，在理论上，各项保险的缴费工资应该相同。但为了避免职工在城镇住户调查中自行汇报的社会保险缴费支出存在误差，对于参加了两项或三项保险的职工，我们对每项保险分别求其缴费工资，最后再取平均值以减少潜在的误差的干扰。

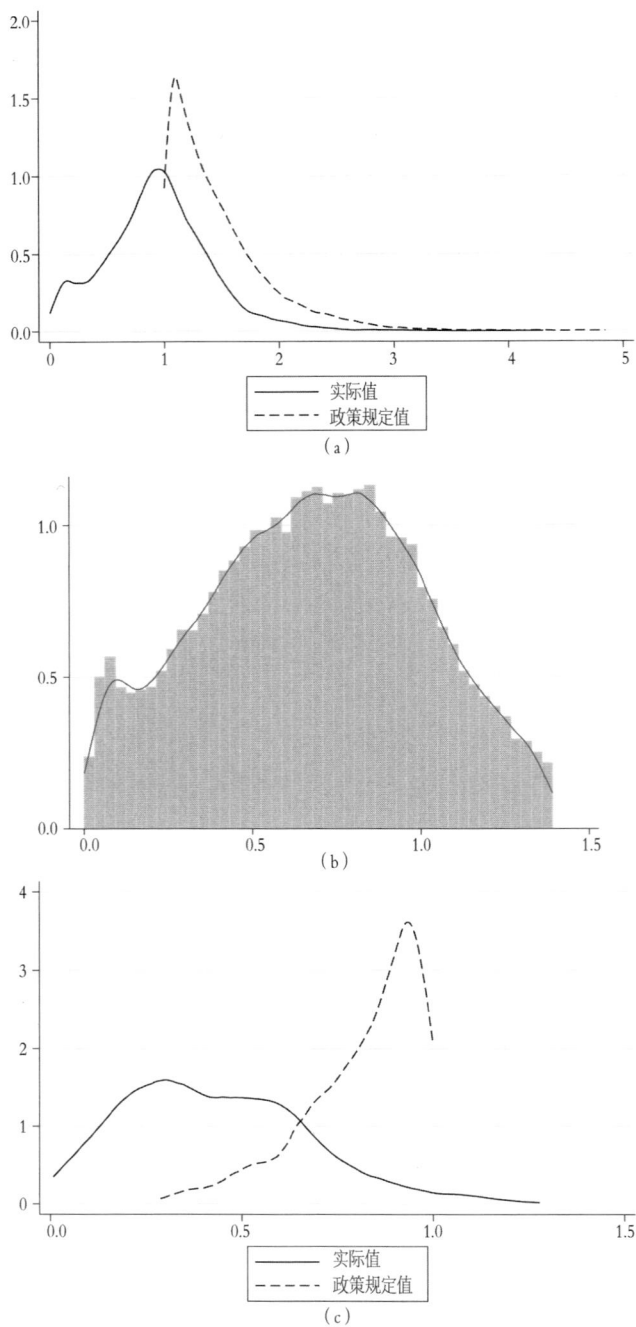

图 3-5 参保职工缴费工资与总工资比例的核密度函数（ratio$_i^r$ 和 ratio$_i^s$）

图 3-5（b）展示的是职工的总工资处于当地平均工资的 60%～300%之间的情况。此时，政策规定的缴费工资是职工的总工资。所以，职工缴费工资与总工资比例的政策规定值是常数 1。图 3-5（b）中展示了职工的实际缴费工资与总工资比例的分布。可以看出，很大一部分分布都落在 1 的左侧，说明存在较严重的低报现象。此外，还有一部分分布（15%左右）落在了 1 的右侧，说明还存在一些高报现象，但相对较少。

图 3-5（c）展示的是职工的总工资超过当地平均工资 3 倍的情况。此时，按照政策规定，职工缴费工资（当地平均工资的 3 倍）与总工资的比例小于 1，如图 3-5（c）中虚线所示。图 3-5（c）中的实线是职工实际缴费工资与其总工资的比例。可以看出，实线绝大部分都落在 1 的左侧，只有很少一部分（2%左右）落在 1 的右侧（存在较少的高报现象）。在 1 的左侧，虚线明显偏右，说明政策规定的缴费工资与职工总工资的比例明显高于职工实际缴费工资与其总工资的比例。这表明，参保职工的实际缴费工资被其所在企业低报的现象较为严重。

综上，从图 3-5（a）至（c）的情况来看，不论参保职工的总工资低于当地平均工资的 60%、位于当地平均工资的 60%～300%之间还是高于当地平均工资的 3 倍，都普遍存在个人实际缴费工资低于政策规定缴费工资的情况。这表明，参保职工的缴费工资普遍地被所在企业低报。

根据式（3-4），我们可以从参保职工个人角度计算出低报程度（$diff_i$），即参保职工缴费工资与其总工资比例的政策规定值（$ratio_i^p$）与实际值（$ratio_i^r$）之差。如果低报程度为正，即 $ratio_i^p > ratio_i^r$，说明存在低报现象。如果低报程度为一较大正数，说明低报较多。计算低报程度的一个好处是可以在不同工资水平的参保职工之间进行比较。[①]

① 由于不同工资水平职工所适用的政策规定的缴费工资不同，我们不能简单比较他们的实际缴费工资与总工资的比例。例如，对于一个工资水平低于当地平均工资 60%的职工，他的实际缴费工资与其总工资的比例可能高于 1；而对于一个工资水平在当地平均工资的 60%~300%之间的职工，他的实际缴费工资与其总工资的比例可能小于 1。我们无法通过直接比较这两个职工的实际缴费工资与个人总工资的比例来比较低报程度。并不是后者的实际缴费工资与总工资的比例低，就是后者的缴费工资被所在企业低报更多。对低报程度（diff）的计算，使我们可以比较这两个职工的实际缴费工资与个人总工资的比例与政策规定值之间的差距。差距较大的职工，其缴费工资被所在企业低报较多。

表 3-17 从不同工资水平的参保职工层面来看参保职工个人缴费工资被所在企业低报的程度（以下简称参保职工低报程度）。可以看出，大部分参保职工（71.4%）的工资水平都位于当地平均工资的 60%～300% 之间，只有极少数职工（1.3%）的工资水平超过了当地平均工资的 3 倍；无论参保职工工资水平较高还是较低，低报程度都显著为正。

表 3-17 　　　　　　 参保职工低报程度（按工资水平分组）

个人总工资与当地平均工资的比例	职工观测数	缴费工资与总工资的比例		低报程度（均值）	t值
		政策规定值（均值）	实际值（均值）		
<0.6	12 517	1.47	0.95	0.52	122.57***
[0.6，3]	32 716	1.00	0.68	0.32	177.51***
>3	608	0.82	0.43	0.39	37.29***

注：t 值是检验"低报程度=0"得到的。***表示在 1% 显著性水平下显著。

下面将不同工资水平的参保职工聚集在一起，来看缴费工资被低报的程度（表 3-18）。在 2002—2009 年间，低报程度的均值为 0.38，即参保职工个人实际缴费工资低于政策规定缴费工资的幅度约为个人总工资的 38%。另外，从平均水平来看，低报程度呈下降趋势。2002 年，低报程度的均值为 0.41；2009 年，低报程度的均值为 0.36，下降了 5 个百分点。①

表 3-19 展示了各省（市）参保职工低报程度。可以看出，从平均水平来看，不同省（市）的低报程度，差异较大。具体而言，浙江的低报程度较高，低报幅度为个人总工资的 43%；辽宁的低报程度较低，低报幅度为个人总工资的 28%。

表 3-20 展示了不同特征参保职工的低报程度。对职工进行分组的方法，与上文的表 3-15 相同。从表 3-20 可以看出，不同特征的参保职工，其缴费工资被所在企业低报的程度有所不同。从平均水平来看，女性的低报程度（0.42）略高于男性（0.35）；年轻职工的低报程度（0.40）

---

① 低报程度的最小值为负，是因为有少量高报缴费工资的现象（15%左右）。低报程度的最大值超过 1，出现在工资水平低于当地平均工资 60% 的参保职工身上。工资水平高于当地平均工资 60% 的职工（包括在 60%~300% 之间和高于 300%），低报程度小于 1。

表 3-18   参保职工低报程度

年份	职工观测数	均值	标准差	最小值	最大值
总体	45 841	0.38	0.38	−0.39	1.82
2002	4 788	0.41	0.37	−0.39	1.82
2003	5 104	0.37	0.37	−0.39	1.79
2004	6 122	0.37	0.37	−0.39	1.80
2005	6 172	0.37	0.38	−0.39	1.81
2006	6 273	0.36	0.39	−0.39	1.81
2007	6 488	0.40	0.42	−0.39	1.82
2008	5 430	0.41	0.40	−0.39	1.82
2009	5 464	0.36	0.39	−0.39	1.82

表 3-19   各省（市）参保职工低报程度

省（市）	职工观测数	均值	标准差	最小值	最大值
北京	8 070	0.42	0.45	−0.39	1.82
辽宁	5 992	0.28	0.37	−0.39	1.79
浙江	5 477	0.43	0.35	−0.39	1.78
安徽	6 714	0.40	0.34	−0.39	1.81
湖北	4 997	0.39	0.36	−0.39	1.82
广东	4 914	0.36	0.33	−0.39	1.79
四川	3 543	0.33	0.37	−0.39	1.79
陕西	4 555	0.35	0.37	−0.39	1.82
甘肃	1 579	0.41	0.38	−0.39	1.75

高于年长职工（0.36）；无配偶职工的低报程度（0.42）高于有配偶职工（0.37）；教育水平提高，低报程度也提高，中等教育水平职工和教育水平较高职工的低报程度均比教育水平较低职工高 2 个百分点；专业技术人员的低报程度（0.38）高于蓝领和企业负责人（均为 0.36）；国有企业职工的低报程度较低，分别比城镇集体企业职工、民营企业和外资企

业职工低 13 个百分点和 3 个百分点；第一产业职工和第三产业职工的
低报程度（分别为 0.39 和 0.41）高于第二产业职工（0.32）。

表 3-20　　　　　　　　　**不同特征参保职工的低报程度**

职工特征	分组	职工观测数	均值	标准差	最小值	最大值
性别	男	27 563	0.35	0.37	−0.39	1.82
	女	18 278	0.42	0.40	−0.39	1.82
年龄	年轻：[16, 40]	20 479	0.40	0.38	−0.39	1.82
	年长：[41, 60]	25 362	0.36	0.39	−0.39	1.82
婚姻状态	无配偶	4 963	0.42	0.41	−0.39	1.82
	有配偶	40 878	0.37	0.38	−0.39	1.82
教育水平	较低	9 297	0.36	0.42	−0.39	1.82
	中等	18 039	0.38	0.39	−0.39	1.82
	较高	18 505	0.38	0.36	−0.39	1.81
职业	蓝领	18 603	0.36	0.41	−0.39	1.82
	专业技术人员	6 896	0.38	0.35	−0.39	1.82
	企业负责人	4 606	0.36	0.36	−0.39	1.76
所在企业的所有制性质	国有企业	31 745	0.36	0.38	−0.39	1.82
	城镇集体企业	3 857	0.49	0.41	−0.38	1.82
	民营企业和外资企业	10 239	0.39	0.39	−0.39	1.82
所属产业	第一产业	589	0.39	0.36	−0.39	1.57
	第二产业	22 284	0.32	0.38	−0.39	1.81
	第三产业	13 276	0.41	0.40	−0.39	1.82

　　图 3-6 和图 3-7 进一步展示了不同特征参保职工低报程度的核密
度函数。图 3-6（a）是低报程度的总体分布。图 3-6（b）显示，女性
的低报程度分布略微偏右，说明女性的低报程度略高。图 3-6（c）显
示，年轻职工的低报程度分布偏右，说明年轻职工的低报程度较高。图
3-6（d）显示，无配偶职工的低报程度分布略微偏右，但与有配偶职

工相差不大。图 3-7（a）显示，教育水平中等和较高的职工，其低报程度的分布偏右，说明教育水平越高，缴费工资被企业低报的程度也越高。图 3-7（b）显示，专业技术人员和企业负责人的低报程度分布位于蓝领的右侧，说明专业技术人员和企业负责人的低报程度较高。图 3-7（c）显示，城镇集体企业、民营企业和外资企业职工的低报程度分布偏右，说明这些企业为参保职工低报更多。图 3-7（d）显示，第一产业和第三产业的低报程度分布位于第二产业的右侧，说明第一产业和第三产业职工的低报程度较高。上述对低报程度分布的分析结果，与对表 3-20 中均值进行分析的结果，较为一致。

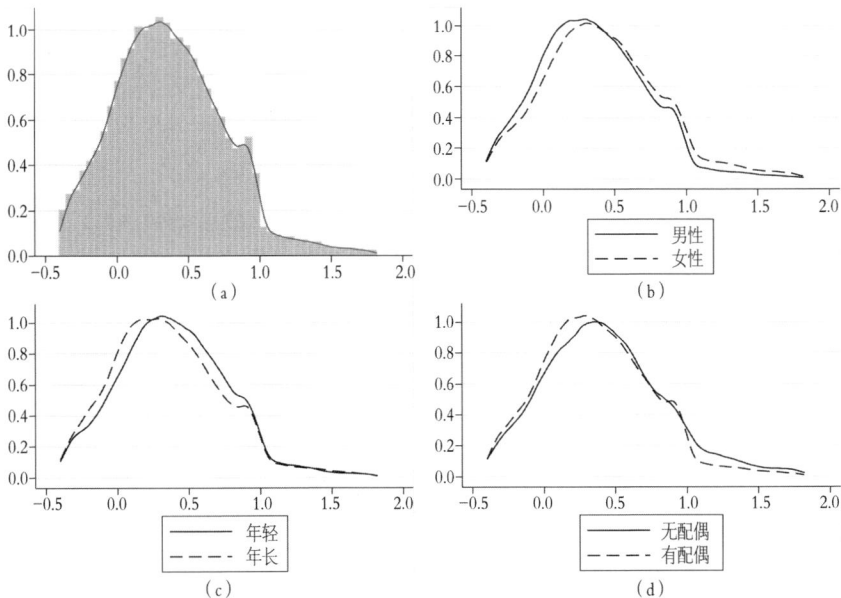

图 3-6　不同特征参保职工低报程度的核密度函数（diff_i）（一）

此外，根据式（3-6），我们可以近似计算参保企业内部的参保率，即企业为多少职工参保。在企业样本期间（2004—2007 年），参保企业实际缴费工资与工资总额比例（ratio_i^f）的均值为 0.38；参保职工实际缴费工资与其总工资比例（ratio_i^l）的均值为 0.76（包括不同工资水平的职工）。据此可以估算，参保企业内部的职工参保率约为 50%。

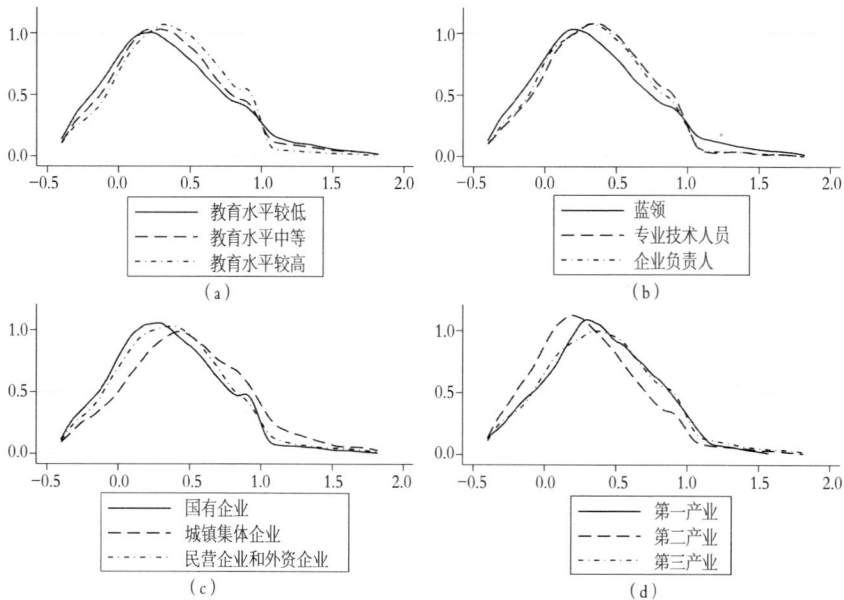

图 3-7　不同特征参保职工低报程度的核密度函数（diff_i）（二）

由此可见，参保企业中不是所有职工都参保，而且企业内部的参保率还明显低于我们从职工数据中观察到的参保率（2004—2007 年间为 73%）。这是因为职工数据中的职工构成可能与企业数据中企业内部的职工构成存在差异。在职工数据中，98% 的职工都有本市非农户口；而工业企业可能会雇用一些外地户口的职工（如农民工），这些职工的参保率往往较低，但我们无法在职工数据中观察到他们的情况。

3.6　小结

本章首先从逃避缴费方式的角度构建了度量缴费遵从度的指标，然后使用 2004—2007 年的中国工业企业数据库和 2002—2009 年的中国城镇住户调查数据来测算我国企业和职工的缴费遵从度。

在我国，企业逃避缴费的主要方式是拒绝参保和参保后低报缴费工资，职工逃避缴费的主要方式是拒绝参保。虽然低报缴费工资主要是企业行为，但仍有必要从职工层面来度量个人缴费工资被低报的程度。这是因为：从企业数据中只能计算出企业低报整体缴费工资的程度，观察不到企业为内部每个参保职工低报了多少，而使用职工数据可以度量每个参保职工的缴费工资被所在企业低报的程度；同时，从职工层面度量低报程度也有助于揭示参保企业内部是否所有职工都参保。

根据逃避缴费的方式，本章使用两个指标来度量企业和职工的缴费遵从度。第一个指标为是否参保。第二个指标为参保后低报缴费工资的程度，包括参保企业整体缴费工资的低报程度和参保职工个人缴费工资被所在企业低报的程度。

本章测算的缴费遵从度的主要结果如下：

（1）全国规模以上工业企业的参保率为60.70%。不同省份（自治区、直辖市）的企业参保率存在较大差异。其中，浙江、福建和广东等地的企业参保率较高，在80%左右；而江西和河南等地的企业参保率较低，在25%左右。如果将企业样本和职工样本限制在相同地区[①]，企业参保率为70.09%，高于全国平均水平。

（2）利用搜集的社会保险法定缴费率数据，计算参保企业的实际缴费工资和低报程度，发现62%左右的企业工资总额未被汇报为企业的缴费工资，即低报程度约为62%。样本中不同地区的参保企业，其低报程度有所不同。其中，浙江的低报程度较高，约为71%；甘肃的低报程度较低，约为35%。

（3）不同特征的企业，其参保率和低报程度存在差异。第一，从企业所有制性质来看，与民营企业和外资企业相比，国有企业的参保率较高，参保后的低报程度较低，即缴费遵从度较高。第二，从从业年限来看，从业年限较短的企业，其参保率相对较低，参保后低报程度相对较高，即缴费遵从度相对较低。第三，从主营业务收入来看，收入较低的企业，其参保率相对较低，参保后低报程度相对较高，即缴费遵从度相对较低。第四，从行业门类来看，与制造业和采矿业相

---

① 北京、辽宁、浙江、安徽、湖北、广东、四川、陕西和甘肃。

比，电力、燃气及水的生产和供应业企业的参保率较高，参保后低报程度较低，即缴费遵从度较高。第五，从行业的劳动密集程度来看，劳动密集程度较高行业的企业，其参保率相对较高，但参保后低报程度也相对较高。第六，从行业的人力资本水平来看，人力资本水平较高行业的企业，其参保率相对较高，参保后低报程度相对较低，即缴费遵从度相对较高。

（4）职工的参保率为 74.85%[①]，其中，养老保险参保率为 66.51%，医疗保险参保率为 59.82%，失业保险参保率为 42.70%。样本中不同地区的职工，其参保率有所差别。其中，广东的职工参保率较高，在 81% 左右；陕西的职工参保率较低，在 68% 左右。

（5）利用搜集的社会保险法定缴费率数据，计算参保职工个人的实际缴费工资和低报程度，发现参保职工实际缴费工资低于政策规定缴费工资的幅度约为个人总工资的 38%，即低报程度约为 38%。样本中不同地区的参保职工低报程度存在差异。其中，浙江的低报程度较高，在 43% 左右；辽宁的低报程度较低，在 28% 左右。

（6）不同特征的职工，其参保率和参保后的低报程度存在差异。第一，从性别来看，男性职工的参保率较高，参保后低报程度较低，即缴费遵从度较高。第二，从年龄来看，年长职工的参保率较高，参保后低报程度较低，即缴费遵从度较高。第三，从婚姻状态来看，有配偶职工的参保率较高，参保后低报程度较低，即缴费遵从度较高。第四，从教育水平来看，职工的教育水平越高，参保率越高，但参保后低报程度也越高。第五，从职业来看，与蓝领相比，企业负责人和专业技术人员的参保率较高，但参保后低报程度也较高。第六，从所在企业的所有制性质来看，与城镇集体企业职工、民营企业和外资企业职工相比，国有企业职工的参保率较高，参保后低报程度较低，即缴费遵从度较高。第七，从所在行业来看，与第一产业职工和第三产业职工相比，第二产业职工的参保率较高，参保后低报程度较低，即缴费遵从度较高。

---

① 这里和下文提到的职工参保率均指总参保率，即如果职工至少参加养老、医疗和失业保险中的一项，就认为其参保。

（7）参保企业的内部参保率约为 50%。也就是说，在参保企业中，只有一半的职工参保。参保企业内部的参保率低于我们从职工数据中观察到的职工参保率，是因为参保企业可能会雇用外地户口职工，而职工数据中的职工基本都有本市非农户口。

第4章 社会保险制度设计影响缴费遵从度的理论框架

4.1 本章导论

第 2 章介绍了我国城镇职工社会保险制度的主要特征，并定性地分析了这些特征与缴费遵从度之间的联系。同时，第 3 章描述了我国城镇企业和职工的缴费遵从度现状，发现我国存在较为严重的不遵从缴费的现象。那么，社会保险制度设计是否是导致逃避缴费现象的重要因素？是否有相关的理论依据？

本章构建了社会保险制度设计影响缴费遵从度的理论框架，基于理论模型讨论社会保险制度设计因素如何影响企业和职工的缴费遵从度。由于一般性税收遵从度的相关研究起步较早、数量较多，本章首先对税收遵从度的理论模型进行简要介绍，并从中得到一些结论和启示。在此基础上，考虑税收遵从度与缴费遵从度的相通之处和不同之处，建立社会保险缴费遵从度的理论模型。

本章剩余部分安排如下：4.2 节简要介绍税收遵从度的理论模型，

主要是最早研究逃避税问题的 Allingham-Sandmo 模型，并且说明了该模型存在的一些问题以及后续研究的改进与扩展；4.3 节在已有研究的基础上，构建社会保险缴费遵从度的理论模型，包括基本模型的设置、求解和比较静态分析等部分；4.4 节对本章内容进行总结和讨论。

4.2　税收遵从度的理论模型

Allingham & Sandmo（1972）最先建立了分析税收遵从度的理论模型，讨论了个体如何选择报告的收入来逃避缴纳个人所得税以使个体效用最大化。此后，与逃避税相关的理论模型均以此模型为基础并加以扩展。

首先，我们介绍最基本的 Allingham-Sandmo 模型。个体的效用最大化问题为：

$$\max_{\overline{w}} E(u) = (1-p) \times u(w-\tau\overline{w}) + p \times u(w-\tau\overline{w}-(w-\overline{w})\delta) \tag{4-1}$$

其中：u（·）是个体的效用函数；w 是个体的真实收入；$\overline{w}$ 是其报告的收入；τ 是税率；p 是审计概率；δ 是惩罚因子。

个体选择 $\overline{w}$ 使其期望效用最大化，一阶条件为：

$$-\tau(1-p)u'(c^{NoAudit}) - (\tau-\delta)pu'(c^{Audit}) = 0 \tag{4-2}$$

其中：$c^{NoAudit}$ 是个体没有被审计时的消费；c^{Audit} 是个体被审计时的消费。

二阶条件为：

$$\tau^2(1-p)u''(c^{NoAudit}) + p(\tau-\delta)^2 u''(c^{Audit}) < 0 \tag{4-3}$$

所以，边际预期效用随 $\overline{w}$ 递减。如果效用最大化问题存在内点解，即 $0 < \overline{w}^* < w$，则须有以下关系式成立：

$$\frac{dE(u)}{d\overline{w}}\bigg|_{\overline{w}=0} = -\tau(1-p)u'(w) - (\tau-\delta)pu'(w-\delta w) > 0 \tag{4-4}$$

$$\frac{dE(u)}{d\overline{w}}\bigg|_{\overline{w}=w} = -\tau(1-p)u'(w-\tau w) - (\tau-\delta)pu'(w-\tau w) < 0 \tag{4-5}$$

式（4-4）和式（4-5）可以进一步简化为：

$$p\delta > \tau\left(p + (1-p)\frac{u'(w)}{u'(w - \delta w)}\right) \qquad (4-6)$$

$$p\delta < \tau \qquad (4-7)$$

由于 $0 < p + (1-p)\dfrac{u'(w)}{u'(w - \delta w)} < 1$[①]，所以，存在内点解（即个体会低报收入但又不会完全不报）的条件为：

$$\tau\left(p + (1-p)\frac{u'(w)}{u'(w - \delta w)}\right) < p\delta < \tau$$

将一阶条件式（4-2）分别对 p 和 δ 求导，可得：$\dfrac{d\overline{w}}{dp} > 0$，$\dfrac{d\overline{w}}{d\delta} > 0$，即被审计的概率提高时，或者惩罚加重时，个体报告的收入增加，低报程度下降。这是 Allingham-Sandmo 模型的主要结论。

在上述模型设定的基础上，Allingham & Sandmo（1972）进一步将逃避税被发现给个体带来的负效用（名誉受损等）纳入模型，也将审计概率（p）视为报告收入（$\overline{w}$）的函数[②]，发现模型的主要结论并没有改变。

需要说明的是，对于税率（τ）与报告收入（$\overline{w}$）之间的关系，Allingham-Sandmo 模型并没有得到明确的结论。一方面，提高税率会产生收入效应，这会使报告的收入增加。个体的风险厌恶程度往往随收入的减少而提高，也就是说，提高税率使个体变得更穷，个体因此更加厌恶风险，也就会减少低报程度。另一方面，提高税率也有替代效应，这会使报告的收入减少，低报程度提高。因此，提高税率究竟使个体低报更多还是更少，取决于收入效应和替代效应的相对大小。如果替代效应大于收入效应，那么提高税率会使个体低报更多。这与实证研究的发现相一致（Slemrod & Yitzhaki，2002）。[③]

---

① 边际效用递减，所以 u'(w) < u'(w - δw)。

② 税务机关虽然不知道个体的真实收入，但是知道个体的职业，也对该职业的正常平均收入有所了解。那么，相对而言，报告的收入低于正常平均收入的个体，更容易被审计。

③ Yitzhaki（1974）认为，Allingham-Sandmo 模型没有得到税率与低报程度的明确关系，是因为模型假设惩罚基于少报的收入（真实的收入减去报告的收入）。如果假设惩罚基于少报的税收（少报的收入乘以税率），那么提高税率就不会有替代效应，只会有收入效应，因此，提高税率会提高报告的收入、降低低报程度。Yitzhaki（1974）的分析虽然明确了税率与低报程度的关系，但其结论与已有实证研究不一致，也与经济学的直觉不符。Sandmo（2005）指出，这是因为 Yitzhaki（1974）假设惩罚与税率是同步变动的，而实际上惩罚的变化率可能低于税率的变化率，即税率提高时，惩罚与税率之差是下降的，这就产生了替代效应，使得个体的低报程度提高。

Allingham-Sandmo 模型的一个问题是：根据式（4-7），个体低报工资（$\overline{w} < w$）的条件为预期惩罚率低于税率，由于现实中的审计概率（p）较低，这一条件在很多时候都成立，那么，根据模型预测，此时会出现几乎所有个体都低报工资的现象，然而，现实并非如此。对此，Sandmo（2005）作出的一个解释是：p 是个体主观上感知的审计概率，并不一定等于现实中真正的审计概率。一些实证研究也发现，个体往往倾向于高估审计概率，这会抑制他们低报工资的行为（Andreoni et al.，1998）。另外，Sandmo（2005）也指出，在 Allingham-Sandmo 模型中加入逃避税的负效用（名誉受损或内疚等），会使个体低报工资的条件更为严格、更不易达到。

Allingham-Sandmo 模型的另一个问题是：在假定个体的工资收入不变的条件下分析个体的逃避税行为，没有考虑个体的劳动力供给行为。Slemrod & Yitzhaki（2002）和 Sandmo（2005）在 Allingham-Sandmo 模型的基础上引入了劳动力供给，并且分析了地下经济。他们认为，逃避税与个体的就业选择相关，个体并不是在填报税表时才有要逃避税的想法，而是会早作安排：个体为了逃避税，会向"地下经济"提供劳动力。

另外，Allingham-Sandmo 模型是对个体逃避个人所得税的分析，后续的一些研究将其扩展到对企业逃避税的分析。例如，Marrelli（1984）构建了企业逃避间接税的模型，Crocker & Slemrod（2005）构建了企业逃避企业所得税的模型。此外，Yaniv（1992）分析了企业和职工在逃避税过程中的共谋。Kleven 等（2009）分析了企业在征税过程中所起的中介作用。

上述分析介绍了 Allingham-Sandmo 模型的基本设置、主要结论、存在的问题及后续研究的改进和扩展。由于本章的重点是分析社会保险逃避缴费的理论模型，所以本节只对逃避税的理论模型进行简要介绍，不作过多分析。对于逃避税的理论模型，本节主要有以下 5 点结论：（1）审计概率和惩罚水平越高，逃避税程度越低；（2）对于个体而言，审计概率是内生的，即较高的逃避税程度容易触发审计；（3）当税率提高时，如果替代效应大于收入效应，逃避税程度提高；（4）分析个体的逃避税问题时，需要考虑劳动力供给的变化；（5）企业和个人都有逃避税的动机（即利润最大化和效用最大化），两者在逃避税的过程中存在互动。上述结论对后续的逃避缴费模型的分析有启发性作用。

4.3 缴费遵从度的理论模型

4.3.1 基本思路

与一般性税收遵从度不同，在分析社会保险缴费遵从度时，需将社会保险收益纳入模型的分析框架。基于近期的税收遵从度（逃避税）的理论模型（Yaniv，1992；Kopczuk & Slemrod，2006；Kleven et al.，2009；Besley & Persson，2013），Kumler 等（2013）建立了社会保险缴费遵从度（逃避缴费）的理论模型。

我们在 Kumler 等（2013）的基础上作了以下 3 点扩展：

第一，调整了模型中工资变量的口径，使其与我国征缴社会保险费时所用的工资口径相同，并且也与我国企业和职工调查数据中的工资统计口径一致。在 Kumler 等（2013）的模型中，工资这个变量是指企业雇用一个职工的总成本（既包括了我国定义的工资总额，也包括了企业缴纳的社会保险费），并将此视为缴费工资。然而，在我国，缴费工资是企业的工资总额或者职工个人的总工资，包括职工的社会保险缴费（企业代扣），但是不包括企业缴纳的社会保险费。[①]也就是说，如果假设职工个人总工资为 w，并且暂时不考虑低报，那么，企业缴纳的社会保险费应为 wT_f，企业雇用这个职工的总成本是 $w + wT_f$；职工个人的社会保险缴费应为 wT_i，职工到手的净工资是 $w - wT_i$。其中，T_f 是企业缴费率，T_i 是职工缴费率。由此可见，w 中包含 wT_i，但是不包含 wT_f。Kumler 等（2013）将企业雇用一个职工的总成本认为是缴费工资，使得企业社会保险缴费 wT_f 也被作为缴费基数，出现了重复

---

① 1990 年国家统计局颁发《关于工资总额组成的规定》，之后又颁发了一系列规定来界定工资总额的范围，具体可见《关于规范社会保险缴费基数有关问题的通知》（劳社险中心函〔2006〕60 号）。

计费的问题。另外，在我国企业和职工的调查数据中，工资的统计口径均为企业的工资总额或者职工个人的总工资 w，而不是企业雇用一个职工的总成本 $w + wT_f$，也不是职工到手的净工资 $w - wT_i$。①因此，我们在模型中以职工个人的总工资为基准的工资变量，其他工资变量（企业为职工报告的缴费工资和职工到手的净工资等）均以此为基础和参照。我们这种做法也与已有文献一致（Gruber，1997；Saez et al.，2012）。

第二，基于我国城镇职工社会保险制度的设计，建立社会保险收益（待遇）与社会保险缴费之间的联系。在 Kumler 等（2013）的模型中，他们假设社会保险收益只与报告的缴费工资相关，并且收益是报告的缴费工资的固定倍数。这一假设与我国现实不符。在我国城镇职工社会保险制度中，社会保险收益既来自个人账户，也来自统筹账户；个人账户主要由个人缴费额构成，统筹账户主要由企业缴费额构成。因此，社会保险收益与缴费额（报告的缴费工资乘以缴费率）相关，而不仅仅与报告的缴费工资相关。由于缴费率是变化的，所以，社会保险收益与报告的缴费工资的相关系数并不是一个常数。同时，社会保险收益并不等于缴费额，收益与缴费之间的关系取决于制度的设计（将多少比例的缴费发还给个人）。另外，由于大部分社会保险收益（主要是养老金）会在未来发放，所以，收益与缴费之间的关系也和个人的主观评价有关（未来不确定性的大小、贴现期的长短和当期流动性约束的松紧等）。综合上述分析，将社会保险收益视为是报告的缴费工资与常数的乘积，是不准确的。我们将基于我国实际情况来设定社会保险收益这个变量。

第三，将职工的消费决策与企业面临的产品需求对应起来。在 Kumler 等（2013）的模型中，职工的消费决策与企业的产品需求是相互独立的。具体而言，他们在求解职工的效用最大化问题时，将消费视为基准计价商品，将其价格标准化为 1；在求解企业的利润最大化问题时，又直接给出了代表性消费者对产品的需求价格函数。这种做法是不合适的。在产品市场上，职工是需求者，职工的消费决策应是职工对产

① 在规模以上工业企业普查数据中，"应付工资"这一项是企业的工资总额；在城镇住户调查数据中，"工资及补贴收入"这一项是职工的总工资，根据调查手册的说明，这一项包括企业代扣的应由个人承担的养老保险和医疗保险等，但不包括企业出资缴纳的各项社会保险费。

品的需求。所以，在构建模型时，我们将职工的消费与产品需求相对应。

为了简化分析，与 Kumler 等（2013）相似，我们假设劳动力市场是完全竞争的，并且职工是同质的，但会考虑企业的异质性。下面，我们会分析职工的效用最大化问题、企业的利润最大化问题和劳动力市场的均衡条件，最后进行比较静态分析，讨论社会保险制度设计对缴费遵从度的影响。

4.3.2　职工的效用最大化问题

假设职工个人的总工资为 w，职工实际的缴费工资为 $\overline{w}$，职工个人的社会保险缴费为 $T_i\overline{w}$（企业代扣），企业缴纳的社会保险费为 $T_f\overline{w}$。[①]

假设 V_i 是职工对其个人缴费所带来的收益的评价，即职工社会保险收益中来自个人缴费的部分为 $B_i=V_iT_i\overline{w}$。假设 V_f 是职工对企业缴费所带来的收益的评价，即职工社会保险收益中来自企业缴费的部分为 $B_f=V_fT_f\overline{w}$。B_i 和 B_f 均为贴现值。

职工参加工作的回报可以表示为：

$$w_e = w - T_i\overline{w}+B_i+B_f = w + (V_iT_i + V_fT_f - T_i)\overline{w} \tag{4-8}$$

Kumler 等（2013）将 w_e 称为有效工资，因为它既包括了职工当期拿到的净工资（$w-T_i\overline{w}$），也包括了职工未来社会保险收益的贴现值（B_i+B_f）。w_e 决定了职工的劳动力供给[②]。由于我们假设劳动力市场是完全竞争的，并且职工是同质的，所以，对于每一个职工而言，w_e 都是给定的。

需要说明的是，V_i 和 V_f 包含了贴现因子，所以，它们与职工的风险厌恶程度、对时间的偏好（是否短视）及未来的不确定性等因素有

---

① 为简化分析，这里我们不对缴费工资的3种情况（总工资与当地平均工资的比例低于60%、位于60%～300%之间、高于300%）加以区分，而是假设职工理应以总工资为缴费工资（即总工资与当地平均工资的比例位于60%～300%之间）。根据第3章的分析，大多数职工都适用于这种情况，所以该假设是较为合理的。
② 根据上文分析，职工对自己的参保状况是知情的。所以，职工知道自己的实际缴费工资和缴费额，同时也知道企业为其发放的总工资。因此，职工知道 w_e 是多少，并据此提供劳动力。

关。由于我们这里假设职工是同质的，所以，职工的贴现因子相同[①]。

另外，V_i 和 V_f 也与社会保险制度设计有关。具体而言，在我国城镇职工社会保险制度中，养老保险和医疗保险是部分积累制，所有的个人缴费划入个人账户，大部分的企业缴费划入统筹账户；个人账户的资金归个人所有，但资金回报率较低，所以，在制度设计上，V_i 比较接近于 1，即个人缴费所带来的收益基本与个人缴费相抵；统筹账户的资金只有一部分发放给职工，对于养老保险，不论企业为其缴费多少，职工在退休后都可以从统筹账户中获得大致相等的养老金[②]。对于医疗保险，职工只有在生病住院费用达到起付标准以后才能从统筹账户中获得收益，所以，在制度设计上，V_f 较小，远远低于 1，即企业缴费为职工带来的收益低于企业缴费。此外，失业保险、工伤保险和生育保险均为现收现付制。其中，失业保险需要企业和职工共同缴费，而工伤保险和生育保险只要求企业缴费，所有缴费全部进入统筹账户。如果职工不发生失业、工伤或生育的情况，就不能从统筹账户中获得相应收益。基于此，我们认为，对于这三项保险而言，V_i 和 V_f 都非常小，有些职工的 V_i 和 V_f 几乎为零。综合上述分析，有以下两个关系式成立：

$$V_i T_i + V_f T_f - T < 0 \tag{4-9}$$
$$V_i T_i + V_f T_f - T_i \geq 0 \tag{4-10}$$

其中：$T = T_i + T_f$。式（4-9）和式（4-10）表明，职工的社会保险收益低于企业和职工的总缴费成本，但至少等于职工的缴费成本。

对于低报缴费工资，假设职工不会受到惩罚，其名誉也不会受损，即不会给职工带来负效用[③]。所以，职工的效用最大化问题可以表示为[④]：

$$\max_{\substack{q(\omega),\ L \\ \omega \in \Omega}} U = \left(\int_{\omega \in \Omega} q(\omega)^{\frac{\sigma-1}{\sigma}} d\omega \right)^{\frac{\sigma}{\sigma-1}} - u(L)$$

① 在后续的扩展分析中，我们会讨论职工贴现因子的异质性。
② 2006年之前，所有参加养老保险的职工在退休后都会从统筹账户中获得完全相同的养老金（当地上年职工月平均工资的20%）。2006年及以后，统筹账户的养老金与个人缴费年限和缴费工资相关，不过这只适用于"新人"。
③ 这一假设符合我国实际情况。对社会保险的审计，一般以企业为单位进行，如果发现有低报缴费工资的现象，也是要求企业补缴欠费并罚款，对职工没有具体惩罚措施。
④ 需要说明的是，这里对于职工的效用最大化问题，我们并未考虑多期模型，是因为：第一，我们所关心的低报程度主要是企业的决策；第二，w_e 包含 V_i 和 V_f，已经反映了对未来时期的社会保险待遇的贴现。

s.t. $PQ = w_e L$

其中：$U(\cdot)$ 是职工的总效用函数；ω 表示一种差异化产品；Ω 是产品市场上所有差异化产品的集合，根据 Dixit & Stiglitz（1977），职工对所有产品的总消费需求可以加总表示为 $Q \equiv \left(\int_{\omega \in \Omega} q(\omega)^{\frac{\sigma-1}{\sigma}} d\omega \right)^{\frac{\sigma}{\sigma-1}}$，面临的总价格水平可以加总表示为 $P \equiv \left(\int_{\omega \in \Omega} p(\omega)^{1-\sigma} d\omega \right)^{\frac{1}{1-\sigma}}$；$q(\omega)$ 是对产品 ω 的消费需求；$p(\omega)$ 是产品 ω 的价格；σ 是不同产品的替代弹性，$\sigma > 1$；根据 Dixit & Stiglitz（1977），职工消费所带来的效用可以用职工对所有产品的总消费量 Q 来表示；L 是劳动力供给，$-u(L)$ 表示劳动带来的负效用。

对于职工而言，$p(\omega)$ 和 P 都是给定的，职工选择对每种产品的消费 $q(\omega)$ 和劳动力供给 L 来使效用最大化。

对效用最大化问题进行求解，可以得到 L 的一阶条件为：

$$u'(L) = \frac{w_e}{P} \tag{4-11}$$

进一步地，有：

$$L^* = L^*(w_e, P) \tag{4-12}$$

即劳动力供给与 w_e 和 P 有关。

根据 Dixit & Stiglitz（1977）和 Melitz（2003），效用实现最大化时，职工对每种产品 ω 的消费需求为：

$$q(\omega) = Q \left(\frac{p(\omega)}{P} \right)^{-\sigma} \tag{4-13}$$

其中：$Q = \frac{w_e L^*}{P} = Q(w_e, P)$。

4.3.3 企业的利润最大化问题

假设产品市场中存在垄断竞争的异质性企业。对于单个企业而言，Q 和 P 都是给定的。

借鉴 Melitz（2003），假设异质性企业的生产力 φ 是不同的，φ 的

密度函数为 $g(\varphi)$，取值区间为 $[\varphi^{min}, \varphi^{max}]$，其中 $\varphi^{min} > 0$。

与 Chaney（2008）的做法相似，这里为了简化分析，我们不考虑企业的进入和退出，也就是说，产品市场上的企业数目和生产力水平是给定的。另外，我们在这个模型中也不考虑国际贸易。

我们假设每个企业只生产一种差异化产品。所以，φ 也代表了产品的类型 ω。因此，下面将 $q(\omega)$ 简记为 q，将 $p(\omega)$ 简记为 p。根据 Melitz（2003），假设每个企业的生产函数为：

$q = \varphi L$

其中：L 是劳动力投入，等价地，$L = \dfrac{q}{\varphi}$。

假设企业逃避社会保险缴费的成本为 $C(w_u, q) = qc(w_u)$。其中，$w_u = w - \overline{w}$，是企业少报的缴费工资。另外，我们假设逃避缴费成本随 w_u 和 q 递增。这是基于以下两方面考虑：

（1）q 可以反映企业的规模，而规模越大的企业越容易被相关机构审计（Besley & Persson，2013）。同时，在规模较大的企业中，企业和职工对逃避缴费的共谋也更难以维持（Kleven et al.，2009）。所以，企业的规模扩大时，企业逃避缴费的预期惩罚增加（被审计的概率提高），企业为实施逃避缴费所花费的努力也增加，这都增加了企业逃避缴费的成本。

（2）对于每单位产出的逃避缴费成本 $c(w_u)$ 而言，$c(0) = 0$，$c'(w_u) > 0$，$c''(w_u) > 0$，如图 4-1 所示。也就是说，当低报程度 w_u 提高时，成本 $c(w_u)$ 增加，同时边际成本 $c'(w_u)$ 也增加。这是因为企业低报的越多，被发现的概率越大，同时惩罚率也越高（Slemrod，2001）。

根据式（4-8），可以将工资总额（w）表示为如下形式：

$$w = \frac{w_e + (V_i T_i + V_f T_f - T_i)w_u}{1 + V_i T_i + V_f T_f - T_i} \tag{4-14}$$

由于劳动力市场是完全竞争的，并且职工根据有效工资（w_e）来决定提供多少劳动，所以，在劳动力市场上，企业是有效工资的价格接受者。企业可以选择低报多少缴费工资（w_u），从而确定为职工发放多少

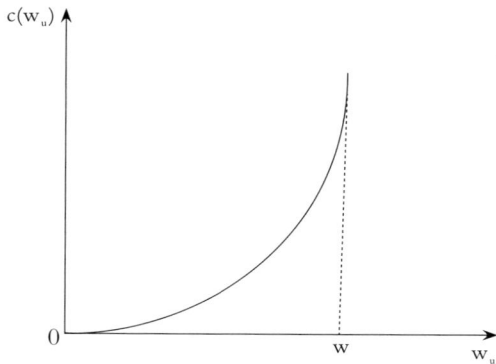

图 4-1　企业逃避缴费的成本函数 $c(w_u)$

工资（w）。

基于式（4-14），企业雇用一个职工的总成本可以表示为：

$$w + \overline{w}\,T_f = w + (w - w_u)T_f = \frac{w_e + (V_iT_i + V_fT_f - T_i)w_u}{1 + V_iT_i + V_fT_f - T_i} \times (1 + T_f) - w_uT_f$$

另外，假设企业有一个固定的经营成本 f。那么，企业的利润最大化问题可以表示为：

$$\max_{w_u, p} \pi(w_u,\ p;\ \varphi,\ w_e) = pq - \left(\frac{w_e + (V_iT_i + V_fT_f - T_i)w_u}{1 + V_iT_i + V_fT_f - T_i} \times (1 + T_f) - w_uT_f \right) \times \frac{q}{\varphi} - c(w_u)q - f$$

也就是说，企业选择低报程度 w_u 和产品价格 p 来使利润最大化。

对 w_u 求导，一阶条件为：

$$\frac{d\pi}{dw_u} = -\left(\frac{V_iT_i + V_fT_f - T_i}{1 + V_iT_i + V_fT_f - T_i} \times (1 + T_f) - T_f \right) \times \frac{q}{\varphi} - c'(w_u)q = 0 \tag{4-15}$$

进一步地，将式（4-15）整理化简为：

$$c'(w_u^*) = \frac{1}{\varphi} \times \frac{T - V_iT_i - V_fT_f}{1 + V_iT_i + V_fT_f - T_i} \tag{4-16}$$

根据式（4-9）和式（4-10），可知 $c'(w_u^*) > 0$。那么，根据 $c(w_u)$ 的性质（图 4-1），可知 $w_u^* > 0$。因此，在我国城镇职工社会保险制度设计下[①]，无论企业的生产力（φ）是高是低，企业的低报程度都为正，也就是说，以利润最大化为目标的企业都会低报缴费工资。

---

① 根据上文讨论，我国城镇职工社会保险制度设计在很大程度上决定了式（4-9）和式（4-10）的成立，进而决定了式（4-16）为正。

再来看产品价格 p 的一阶条件：

$$\frac{d\pi}{dp} = QP^{\sigma}(1-\sigma)p^{-\sigma} - \left(\frac{w_e + (V_i T_i + V_f T_f - T_i)w_u}{1 + V_i T_i + V_f T_f - T_i} \times (1+T_f) - w_u T_f\right)\frac{1}{\varphi}QP^{\sigma}(-\sigma)p^{-\sigma-1} -$$

$$c(w_u)QP^{\sigma}(-\sigma)p^{-\sigma-1}$$

$$= 0$$

进一步整理化简得到：

$$p^* = \frac{\sigma}{\sigma-1} \times \left(\left(\frac{w_e + (V_i T_i + V_f T_f - T_i)w_u^*}{1 + V_i T_i + V_f T_f - T_i} \times (1+T_f) - T_f w_u^*\right)\frac{1}{\varphi} + c(w_u^*)\right) \qquad (4-17)$$

在企业实现利润最大化时，根据式（4-16），企业低报工资的幅度可以表示为：$w_u^* = w_u^*(\varphi, T_i, T_f, V_i, V_f)$。

根据式（4-17），企业的产品价格可以表示为：

$$p^* = p^*(w_e, \varphi, T_i, T_f, V_i, V_f, \sigma)$$

根据式（4-13），企业的产出可以表示为：

$$q^* = QP^{\sigma}p^*(w_e, \varphi, T_i, T_f, V_i, V_f, \sigma)^{-\sigma}$$

因此，企业的劳动力需求为：

$$L^* = \frac{q^*}{\varphi} = \frac{QP^{\sigma}p^*(w_e, \varphi, T_i, T_f, V_i, V_f, \sigma)^{-\sigma}}{\varphi} \qquad (4-18)$$

4.3.4 劳动力市场的均衡

根据式（4-18），可知劳动力市场的总需求为：

$$L^D = \int_{\varphi^{min}}^{\varphi^{max}} \frac{QP^{\sigma}p^*(w_e, \varphi, T_i, T_f, V_i, V_f, \sigma)^{-\sigma}}{\varphi}g(\varphi)d\varphi \qquad (4-19)$$

在劳动力市场达到均衡时，劳动力总供给等于劳动力总需求，即 $L^S = L^D$。根据式（4-12）和式（4-19），有：

$$L^*(w_e, P) = \int_{\varphi^{min}}^{\varphi^{max}} \frac{QP^{\sigma}p^*(w_e, \varphi, T_i, T_f, V_i, V_f, \sigma)^{-\sigma}}{\varphi}g(\varphi)d\varphi \qquad (4-20)$$

其中：$Q = Q(w_e, P)$，$P = \left(\int_{\varphi^{min}}^{\varphi^{max}}(p^*)^{1-\sigma}g(\varphi)d\varphi\right)^{\frac{1}{1-\sigma}}$。根据式（4-20），可确定均衡时的有效工资水平（w_e），进而可知职工的总工资（w）和企业的工资总额（wL^*）。

4.3.5 比较静态分析

4.3.5.1 社会保险缴费率对低报工资的影响

将式（4-16）对社会保险缴费率（T）求导，得到：

$$c''(w_u^*)\frac{dw_u^*}{dT} = \frac{1}{\varphi} \times \frac{\left(1 - V_i\frac{dT_i}{dT} - V_f\frac{dT_f}{dT}\right) \times (1 + V_iT_i + V_fT_f - T_i) - (T - V_iT_i - V_fT_f) \times \left(V_i\frac{dT_i}{dT} + V_f\frac{dT_f}{dT} - \frac{dT_i}{dT}\right)}{(1 + V_iT_i + V_fT_f - T)^2}$$

将上式整理化简得到：

$$\frac{dw_u^*}{dT} = \frac{1}{\varphi} \times \frac{\left(1 - \frac{dT_i}{dT}\right) \times (V_iT_i + V_fT_f - T_i) + \left(1 - V_i\frac{dT_i}{dT} - V_f\frac{dT_f}{dT}\right) - T_f\left(V_i\frac{dT_i}{dT} + V_f\frac{dT_f}{dT} - \frac{dT_i}{dT}\right)}{c''(w_u^*)(1 + V_iT_i + V_fT_f - T)^2}$$

$$(4-21)$$

根据上文分析，V_i 较为接近于 1（$V_i \approx 1$），并且 $dT = dT_i + dT_f$，据此将式（4-21）近似表示为如下形式：

$$\frac{dw_u^*}{dT} \approx \frac{1}{\varphi} \times \frac{(1 - V_f) \times \frac{dT_f}{dT}}{c''(w_u^*)(1 + V_iT_i + V_fT_f - T)^2} > 0 \qquad (4-22)$$

需要说明的是，这里为简化分析，我们借鉴 Kumler 等（2013）的做法，用报告的缴费工资与真实工资的差距来衡量低报程度，即 $w_u = w - \overline{w}$。

在第 3 章的分析中，为比较不同工资水平的企业和不同工资水平的职工的低报程度，我们将 w_u 标准化，即使用 $\frac{w_u}{w}$ 来度量低报程度。根据式（4-14），$\frac{w_u}{w}$ 可表示为如下形式：

$$\frac{w_u}{w} = \frac{1 + V_iT_i + V_fT_f - T_i}{\frac{w_e}{w_u} + (V_iT_i + V_fT_f - T_i)} \qquad (4-23)$$

从式（4-23）可以看出，$\frac{w_u}{w}$ 与 w_u 正相关。所以，不论我们使用 w_u 还是 $\frac{w_u}{w}$ 来衡量低报程度，都会得到如下结论：

结论 4.1：当社会保险缴费率提高时，缴费工资的低报程度提高。

4.3.5.2　社会保险缴费与收益的联系对低报工资的影响

V_i 反映了职工个人缴费与其收益的联系，将式（4-16）对 V_i 求导，得到：

$$c''(w_u^*)\frac{dw_u^*}{dV_i} = \frac{1}{\varphi} \times \frac{-T_i(1 + V_iT_i + V_fT_f - T_i) - (T - V_iT_i - V_fT_f)T_i}{(1 + V_iT_i + V_fT_f - T_i)^2}$$

将上式整理化简得到：

$$\frac{dw_u^*}{dV_i} = \frac{1}{\varphi} \times \frac{-T_i(1 + T_f)}{c''(w_u^*)(1 + V_iT_i + V_fT_f - T_i)^2} < 0 \tag{4-24}$$

由式（4-24）可知，当职工个人缴费与其收益之间的联系加强时，低报程度下降。

相似地，我们将式（4-16）对 V_f 求导，得到：

$$\frac{dw_u^*}{dV_f} = \frac{1}{\varphi} \times \frac{-T_f(1 + T_f)}{c''(w_u^*)(1 + V_iT_i + V_fT_f - T_i)^2} < 0 \tag{4-25}$$

由式（4-25）可知，当企业缴费与职工社会保险收益的相关度提高时，低报程度下降。

因此，我们得到如下结论：

结论 4.2：加强社会保险缴费与收益之间的联系[①]，可以降低缴费工资的低报程度。

4.3.5.3　企业的生产力对低报工资的影响

将式（4-16）对企业的生产力（φ）求导，得到：

$$\frac{dw_u^*}{d\varphi} = -\frac{1}{\varphi^2} \times \frac{T - V_iT_i - V_fT_f}{c''(w_u^*)(1 + V_iT_i + V_fT_f - T_i)} < 0 \tag{4-26}$$

从式（4-26）可以看出，企业的生产力处于较低水平时，低报较多；企业的生产力处于较高水平时，低报较少。

因此，我们得到如下结论：

结论 4.3：企业的生产力提高，缴费工资的低报程度下降。

进一步地，根据式（4-16），如果 $\varphi^{min} \to 0$，那么，对于 $\varphi = \varphi^{min}$ 的企业，$c'(w_u^*) \to +\infty$。根据 $c(w_u)$ 的性质（图4-1），可知此时 $w_u^* = w$，也就是说，企业完全低报（$\overline{w} = 0$），企业没有参保。

---

　　①　V_i 和 V_f 不仅反映在制度设计上社会保险缴费与收益的联系，也反映了职工对社会保险收益的评价。但由于模型中假设职工是同质的，所以职工的评价是相同的。

如果 $\varphi^{max} \to +\infty$ ，那么，对于 $\varphi = \varphi^{max}$ 的企业， $c'(w_u^*) \to 0$ 。由图 4-1 可知，此时， $w_u^* \to 0$ ，也就是说，企业没有低报。

另外，将式（4-22）对 φ 求导，可知 $\dfrac{d\left(\dfrac{dw_u^*}{dT}\right)}{d\varphi} < 0$ 。

因此，我们得到如下结论：

结论 4.4：对于生产力较高的企业，社会保险缴费率对缴费工资低报程度的正向影响较小。

4.3.6　扩展分析——职工的异质性

这部分主要对职工的异质性展开讨论。在上述分析中，我们没有考虑职工的异质性。那么，这是否意味着企业为每个职工低报缴费工资的程度不存在差异？也就是说，所有职工低报的数额相同？

根据第 3 章的分析，答案显然是否定的。第 3 章描述了不同特征职工的缴费工资被所在企业低报的程度，发现存在明显差异。结合上文的理论模型，主要可以从以下 4 方面进行解释：

第一，正如 Kumler 等（2013）指出，企业不一定会为内部所有职工选择相同的低报程度。在模型中，为了简化分析，我们假设职工是同质的。所以，对于每个职工，企业为其低报的幅度 w_u 相同。但是，在现实中，职工的特征存在较大差异（如年龄、教育水平和职业等），而这些差异使得不同职工对社会保险收益的评价是不同的，即对于不同职工而言， V_i 和 V_f 不同。根据式（4-24）和式（4-25），对于对社会保险收益有较低评价的职工，即 V_i 和 V_f 较低的职工，企业可以为其低报更多（ w_u 更大）。例如，对于较为年轻的职工，由于其距离退休的年限较长，所以其养老金收益的贴现期较长， V_i 和 V_f 较低，企业会更多地低报年轻职工的缴费工资。

第二，在模型中，我们假设在异质性企业中工作的职工是同质的。然而，在现实中，不同生产力的企业，其职工特征往往存在差异。生产力较高的职工一般会与生产力较高的企业相匹配。根据式（4-26），生产力较高的企业，低报较少，那么，相应地，从职工的角度来看，生产

力较高的职工，低报也较少。由于职工特征与企业特征存在一定联系
（不同职工会进入不同企业工作），所以，企业的异质性实际上也反映了
职工的异质性。

第三，现实中，不同特征职工的工资水平存在差异。即使在一个企
业内部，职工的工资水平也不完全相同。对于工资水平较低的职工，企
业为其低报工资的空间较小。根据已有研究（Allingham & Sandmo，
1972；Slemrod & Yitzhaki，2002），当报告的工资极低时，容易引起税
务机关或社保部门的注意，进而提高企业被审计的概率。基于此，企业
不会过多地低报工资水平本来就比较低的职工的工资。而职工的工资水
平是由职工的特征决定的。例如，教育水平较低的职工，其工资水平也
往往较低，所以，企业为了避免被审计，不会大幅低报这些职工的
工资。

第四，第3章提到，只有少数职工才有和企业讨价还价的能力。那
么，对于这些职工，如果他们有较强的逃避缴费激励，企业会为他们低
报更多。例如，对于企业负责人而言，他对自己的实际缴费工资有很大
的决策权，如果他不愿缴纳社会保险费而想要将收入更多地投入到资本
市场（如购买证券等资产），他就会更多地低报（甚至完全不报告）自
己的缴费工资。[①]Bailey & Turner（2001）也指出，对于有逃避缴费激
励的职工，能够为他们提供逃避缴费条件、同意逃避缴费请求的企业在
劳动力市场上更有竞争力。在此情形下，如果专业技能水平较高的职工
有逃避缴费意愿，那么企业就会为其低报更多，以吸引其就业。

上述分析说明，不同的职工，低报缴费工资的程度不同。那么，不
同的职工，其参保状态是否相同？第3章的描述性统计显示，不同职工
的参保率存在较大差异。在模型中，我们没有讨论职工的参保决策。这
是因为：我们假设职工是同质的，那么职工对于是否参保的选择也是相
同的，即所有职工全部参保或者全部不参保，我们无法讨论职工选择参
保的临界值。

但是，我们发现，如果企业的生产力极低，趋向于零，企业不会参

---

① Pestieau & Possen（1991）指出，与普通职工相比，企业负责人有更多的逃避税的
机会。

保，那么在这些企业中工作的职工自然也就不参保。而生产力较低的职工（如专业技能水平较低的职工）更可能在这些企业中工作，进而成为不参保职工。

根据第 3 章的分析，人力资源和社会保障部社会保障研究所等单位实施的调查研究显示，职工不参保主要有 3 种情况：（1）职工个人不愿参保；（2）企业不给参保；（3）职工与企业协商不参保，并由企业多发工资。其中，第 1 种情况的比例较大，超过了 50%（白天亮和郝静，2013）。由此可见，职工不参保的原因更多地来自于个人层面。

那么，何种类型的职工不愿参保？Galiani & Weinschelbaum（2012）分析了异质性职工的参保行为。他们将缴纳社会保险费的职工定义为正式职工（即我们定义的参保职工），将没有缴纳社会保险费的职工定义为非正式职工。在他们的模型中，职工的人力资本水平是异质性的。通过对职工的效用最大化问题进行求解，他们发现，人力资本水平高于临界值的职工，会成为参保职工；人力资本水平低于临界值的职工，会成为不参保。临界值与参保的成本和收益、参保和不参保状态下的工资以及被审计的概率有关。当社会保险缴费率提高时，职工参保的临界值会提高，因此，不参保职工的比例增加。

需要说明的是，与企业异质性相比，职工的异质性更为复杂。Galiani & Weinschelbaum（2012）分析了职工在人力资本水平（教育水平）上的异质性。然而，职工在其他方面的异质性也会影响其参保意愿，如年龄、性别和职业等。具体而言，这些方面的异质性使职工对社会保险的偏好及了解程度、风险厌恶程度和当期流动性约束的松紧程度有所不同，也使职工与企业讨价还价的能力及逃避缴费的可操作性[1]存在差异。基于此，在模型中考虑职工的异质性，会使模型的构建和求解十分复杂。为了简化分析，本章不考虑职工的异质性[2]。在未来的研究中，我们会在理论模型里同时纳入职工的异质性和企业的异质性。

---

[1] 例如，不同职业的职工，其逃避缴费的可操作性不同。企业负责人更易逃避缴费；工资水平较低的蓝领（普通工人）不易逃避缴费。

[2] 值得一提的是，我们在本章所作的理论假设（如职工是同质的等）并没有被引入后续的实证研究。也就是说，实证研究中并未施加任何先验假设。

4.4　小结

本章首先介绍了一般性的税收遵从度模型，在此基础上，根据我国城镇职工社会保险制度的特点，构建了社会保险缴费遵从度的模型。通过对职工效用最大化问题和企业利润最大化问题的求解，我们讨论了社会保险制度设计因素与缴费遵从度的联系。

具体而言，我们发现：提高社会保险缴费率会提高企业低报缴费工资的程度；加强社会保险缴费与收益之间的联系，可以减少企业对缴费工资的低报幅度；生产力较高的企业，对缴费工资的低报较少，并且其低报程度受社会保险缴费率的正向影响较小。

需要说明的是，我们没有对企业的参保决策单独展开讨论。这是因为：在模型设定中，我们允许企业出现完全不报缴费工资的情况。[①]那么，当社会保险缴费率过高时，或者社会保险缴费与收益之间的相关度过低时，企业可能会选择完全不报缴费工资（即低报幅度的最大值）；生产力极低的企业，会出现完全不报的情况，成为不参保企业。

我们认为，低报缴费工资主要是企业的决策。但这并不意味着所有职工的低报程度相同。一方面，对于在同一个企业工作的职工而言，不同职工对社会保险收益的评价可能不同，企业会据此为不同职工选择不同的低报幅度。对于评价较低（不重视社会保险收益）的职工，企业会为其低报较多的缴费工资。另一方面，对于在不同企业工作的职工而言，由于企业的生产力存在差异，这些职工的生产力也有所不同，而生产力较高的职工更有可能在生产力较高的企业工作。所以，生产力较高的职工会呈现出相对较低的低报程度。此外，不同职工的工资水平和逃避缴费的可操作性也存在差异，这些因素综合在一起会使不同职工的低报程度不同。

此外，根据已有的调查研究，职工在参保决策上有一定的自主性。但是，为了简化分析，我们没有在模型中纳入职工的异质性，也就没有

---

① 即 $w_u = w$。

研究：何种类型的职工会成为参保职工，何种类型的职工会成为不参保职工。已有研究（Galiani & Weinschelbaum，2012）发现，职工的参保决策与其人力资本水平相关：人力资本水平高于临界值的职工会选择参保；低于临界值的职工会选择不参保；临界值与社会保险制度设计因素（参保的成本和收益等）相关；提高社会保险缴费率会提高临界值，进而减少参保职工的比例。我们认为，除了人力资本水平之外，职工在其他方面的异质性也会影响其参保决策，这是我们下一步研究的方向。

第5章　社会保险缴费率对我国缴费遵从度的影响

5.1　本章导论

　　本章分别从企业层面和职工层面出发，实证分析社会保险缴费率对缴费遵从度的影响。在理论上，如果缴费与收益有较好的关联，那么社会保险缴费率既可以反映参加社会保险的成本，也可以反映从社会保险中获得的收益。然而，根据第 2 章的分析，我国城镇职工社会保险制度的缴费与待遇的关联并不紧密，这使得缴费率更多地反映了成本，而非收益；同时，我国城镇职工社会保险制度的缴费率较高。在这样的制度设计下，根据成本-收益分析，企业和职工会产生逃避缴费的激励。第 3 章的度量结果显示，我国的逃避缴费现象较为严重，企业和职工的缴费遵从度较低，这是否与我国城镇职工社会保险制度设计因素有关？第 4 章的理论模型得到预期：在我国城镇职工社会保险制度的设计下，提高社会保险缴费率会使遵从度降低。这是否能得到实证支持？进一步地，社会保险缴费率对缴费遵从度的影响幅度有多大？这种影响在不同特征的企业和不同特征的职工之间是否存在差异？提高社会保险缴费率是否已经导致社会保险缴费收入不升反降？本章将对这些问题进行实证检验。

本章剩余部分安排如下：5.2 节对相关文献进行梳理；5.3 节介绍所用的计量模型和方法；5.4 节是数据说明与描述性统计；5.5 节和 5.6 节分别使用企业数据和职工数据实证分析了社会保险缴费率对缴费遵从度的影响，报告了基准回归、异质性分析和稳健性检验的结果；5.7 节对企业样本的回归结果和职工样本的回归结果进行比较；5.8 节讨论了社会保险缴费率对社会保险缴费收入的影响；5.9 节对本章内容进行小结。

5.2 文献综述

本章与研究高税率如何导致逃避税的文献相关。20 世纪 70 年代，拉弗曲线揭示了税收收入与税率之间的倒 U 形关系，即税收收入并不是随着税率的提高而不断增加，当税率提高到一定值之后，税收收入不仅不会增加，反而会不断减少。对此，拉弗曲线的提出者 Arthur Laffer 提供的解释是：过高的税率会削弱企业和工人的生产积极性，使企业和工人的收入减少，从而使税基萎缩，最终导致税收收入减少。

然而，Feldstein（1995）认为，高税率对税基的影响机制不仅包括减少工人的劳动供给，也涉及一些逃避税行为，如企业调整工人的报酬结构以减少其中的应税部分。进一步地，Feldstein（1999）指出，传统的分析框架都忽略了高税率对逃避税行为的激励。此后，关于高税率导致逃避税的研究，层出不穷。

从个人相关税收来看，Slemrod & Yitzhaki（2002）梳理了个人所得税方面的相关研究。Gorodnichenko 等（2009）研究了俄罗斯 2001 年实行单一税率个人所得税改革的影响，这项改革将边际税率减少为 13%。他们发现，改革后个体对所得税的遵从度提高，逃避税的程度大幅下降，个人所得税税收收入显著增加。

从企业相关税收来看，Fisman & Wei（2001）发现，我国企业存在对关税和增值税的逃避税行为，税率每提高 1%，逃避税的程度会增加

3%；当税率较高时，进一步提高税率对逃避税的影响更大。Mishra 等（2007）在印度也有类似的发现：当关税的税率提高时，企业逃避税的程度也会提高。Desai 等（2007）发现，提高企业所得税税率，会加强经理层的逃避税激励，经理层会将企业收入转移到自己手中，进而减少企业缴纳的所得税。此外，Hines（1999）和 Gravelle（2009）等研究发现，一些低税率国家成为跨国企业的避税天堂（tax havens）。

与本章直接相关的是研究社会保险缴费率与逃避缴费行为的文献。此类文献相对较少。Bailey & Turner（2001）指出，较高的社会保险缴费率是导致逃避缴费问题的一个重要因素。赵耀辉和徐建国（2001）和 Feldstein（2003）等研究认为，我国社会保险缴费率过高，使企业和职工产生逃避缴费的激励。然而，这些研究均为定性分析，没有提供经验证据。

近期关于社会保险逃避缴费影响因素的实证研究大多关注社会保险制度的其他特征，而没有考虑缴费率的影响。例如，Calderon-Mejia & Marinescu（2011）发现，哥伦比亚统一养老保险和医疗保险的改革，提高了这两种保险的参保率。Almeida & Carneiro（2012）研究巴西的情况，发现更频繁的企业审查会提高社会保险遵从度，并促使个体在正规部门就业。Kumler 等（2013）研究了 1997 年墨西哥的养老保险制度改革，这项改革在职工获得的养老金和企业报告的缴费工资之间建立了更紧密的联系，这使职工有更强的激励去监督企业准确汇报其缴费工资。他们证实，这项改革显著减少了企业低报工资的行为，进而减少了逃避缴费。

另外，近期还有一些研究实证分析了其他政策规定对社会保险逃避缴费的影响。例如，Tonin（2011）分析了匈牙利最低工资的提高对个体社会保险逃避缴费程度的影响。Madzharova（2013）使用保加利亚的数据，分析了企业所得税税率的变动对企业社会保险逃避缴费程度的影响。

白重恩等（2012）指出，国外学者的研究之所以较少讨论社会保险缴费率的影响，主要是因为国外的缴费率大多是全国统一的，很难有外生变异，这使得实证研究不大可行；然而，我国并不存在这样的问题，我国各地缴费率差异较大，并且也随时间变化。

综上，关于社会保险缴费率如何影响企业和职工的缴费遵从度，目前鲜有文献进行深入的实证研究。本章的特点（或贡献）体现在以下 3 方面：（1）实证分析了我国社会保险缴费率对企业和职工缴费遵从度的影响，提供了来自大量微观数据的证据。（2）同时使用企业数据和职工数据，并且从两组数据中得到了一致的结论，这使本章的研究结果更为可信。已有的关于社会保险逃避缴费的实证研究，或仅使用企业数据（Madzharova，2013），或仅使用职工数据（Tonin，2011；Calderon-Mejia & Marinescu，2011；Almeida & Carneiro，2012；Kumler et al.，2013），鲜有研究同时使用两组数据。根据第 3 章的分析，我们有必要同时使用企业数据和职工数据，这是因为：从企业数据中仅能观察到企业整体的参保状态和企业整体低报缴费工资的程度，而职工数据可以使我们了解职工个人的参保状态和个人的缴费工资被所在企业低报的程度。（3）研究结果的政策意义具体、明确。研究结果表明，适当降低我国当前较高的社会保险缴费率，可以提高企业和职工参保的积极性，也会激励参保企业如实汇报缴费工资。

5.3　计量模型与计量方法

5.3.1　基准回归

本章使用的计量模型如下：

$$Y_{ijt} = \beta_1 + \beta_2 T_{jt} + \beta_3 X_{jt} + \beta_4 Z_{jt} + I_t + \varepsilon_{ijt} \qquad (5-1)$$

其中：i 代表企业或职工；j 代表企业或职工所在的城市；t 代表年份。

模型的被解释变量 Y 为企业或职工的缴费遵从度。根据第 3 章的分析，Y 有以下两种形式。第一，企业或职工的参保状态。如果企业或职工参保，Y 取值为 1，否则取值为 0。此时模型为 Probit 模型。第二，参保企业低报企业整体缴费工资的程度（以下简称参保企业低报程度），或参保职工个人的缴费工资被所在企业低报的程度（以下简称参保职工低报程度）。根据第 3 章的分析，低报程度可以用政策规定的缴费工资与实际缴费工资的差值再与企业工资总额或职工个人总工资的比例来度量。该比例越大，说明低报越多。此时模型为普通线性模型。

T 为城市的社会保险法定缴费率，是主要的解释变量。β_2 是我们关心的系数，反映了社会保险缴费率对缴费遵从度的影响。我们预期该影响为负。具体而言，当 Y 为企业或职工的参保状态时，我们预期 $\beta_2 < 0$，即当其他因素保持不变时，提高社会保险缴费率，会降低企业或职工的参保概率。当 Y 为参保企业或参保职工的低报程度时，我们预期 $\beta_2 > 0$，即当其他因素保持不变时，提高社会保险缴费率，会加剧低报程度。

X 是反映企业特征或职工特征的控制变量。具体而言，企业特征包括企业的所有制性质、从业年限、主营业务收入、所在行业的劳动密集程度和人力资本水平。职工特征包括职工的性别、婚姻状态、年龄、教育水平、职业、所在企业的所有制性质和所在行业。

为了确保误差项（ε）与解释变量（T）不相关，进而保证 β_2 的估计结果是无偏的，我们控制了年份固定效应 I_t，以控制社会保险缴费率与缴费遵从度随时间的共同变动。

我们还控制了反映省市特征的变量，用 Z 表示。对于单个企业或单个职工而言，城市的社会保险法定缴费率是外生的。进一步地，为了避免因遗漏变量而可能导致的内生性问题，我们在 Z 中包括了可能同时影响社会保险缴费率和缴费遵从度的因素。具体有以下一些变量：

（1）省份固定效应。控制可能同时与社会保险缴费率及缴费遵从度相关的不可观测的固定因素。在一些省份，城市的社会保险缴费率由省级政府设定；同时，不同省份对社会保险缴费的重视程度和监管力度有所不同，缴费遵从度可能因此存在差异[①]。

（2）城市的产业结构是否以第二产业为主。[②]老工业城市的国有企业下岗职工较多，因而社会保险的历史债务较多。[③]地方政府可能会设

[①] 例如，辽宁是做实个人账户的试点省，对社会保险缴费的监管可能相对较强，这会影响省内企业和职工的缴费遵从度。
[②] 即第二产业的增加值占当地 GDP 的比例是否超过了第一产业和第三产业。
[③] 受到数据可得性的限制，我们无法获知城市的国有企业下岗职工规模，只能用城市的产业结构作为代理指标。

定较高的社会保险缴费率来筹集资金，并且加强对社会保险缴费的监管，进而提高缴费遵从度。同时，这些城市的困难企业可能较多，缴费能力较差，因而缴费激励不强。因此，与其他城市相比，以第二产业为主的城市，缴费遵从度较高还是较低，是不确定的。

（3）城市老年人口（65 岁及以上年龄人口）占总人口的比例。这反映了城市的人口老龄化程度。一方面，老龄化程度越高，地方政府的养老负担越重，因此可能设定较高的社会保险缴费率，同时加强对社会保险缴费的监管，以征集更多收入；另一方面，老龄化程度越高，职工所在家庭的养老负担越重，而且职工当期的社会保险缴费主要用于补贴老年人口当期的消费，这会减弱职工参保缴费的激励。因此，老龄化程度对缴费遵从度的影响方向，是不明确的。

（4）城市财政收入占当地 GDP 的比例。[①]一方面，这反映了地方政府的财力。如果地方政府的财力较强，可能会设定较低的社会保险缴费率，同时对社会保险缴费的监管力度可能较弱。另一方面，这反映了当地的实际税负水平。城市财政收入与当地 GDP 的比例越高，意味着当地企业和职工的税负越重，因而可能越不愿遵从社会保险缴费。综合两方面来看，城市财政收入占当地 GDP 的比例对缴费遵从度有负向影响。

另外，我们还控制了城市职工的平均工资，这反映了当地的经济发展水平和职工收入水平。平均工资越高，说明企业和职工的参保缴费能力越强，因而缴费遵从度越高。

我们也控制了企业或职工所在省份的社会保险费征收机构。我国规定，社会保险费的征收机构由省级政府确定，可以为地方税务机关（以下简称地税），也可以为社会保险经办机构。[②]根据人社部社保中心的统计，从企业职工养老保险方面来看，2016 年，河北、内蒙古、辽宁、黑龙江、江苏、浙江、安徽、福建、湖北、广东、海南、重庆、云南、

---

① 财政收入不包括社会保险基金收入，因而财政收入所反映的负担中不包括社会保险缴费负担。直至 2013 年，提请全国人大审议的财政预算报告才首次将社会保险基金预算纳入。资料来源：何雨欣，王敏，傅勇涛．两会权威解读：社保预算首次接受最高权力机关监督 [EB/OL]．（2013-03-06）[2017-09-22]．http://www.mof.gov.cn/zhuantihuigu/2013czysbgjd/2013ysmtbd/201303/t20130306_756363.html.
② 资料来源：《社会保险费征缴暂行条例》（国务院令〔第 259 号〕）。

陕西、甘肃、青海和宁夏等省（直辖市、自治区）由地税征收养老保险费，而北京、天津、山西、吉林、上海、山东和四川等其他地区由社会保险经办机构征收。已有研究讨论了不同征收机构的作用和效率，但尚无定论。一些研究认为，地税征收社会保险费更有利于扩大社会保险的覆盖面，并促进基金收入增长（刘军强，2011）；相反地，另一些研究发现，社会保险经办机构征收社会保险费更有效率（杨立雄和何洪静，2007）。我们在回归中引入社会保险费征收机构这个变量，以控制征费机构的设置对缴费遵从度的影响，并检验何种机构征费更有助于提高遵从度。

此外，我们认为，基于式（5-1）的回归分析并不存在较为严重的反向因果问题。这是因为：地方政府审计社会保险缴费的概率较低[①]，而企业低报缴费工资的行为又较为隐蔽，地方政府并不完全掌握企业低报的情况，也就不会据此来调整城市的社会保险法定缴费率。也就是说，企业的低报程度不大可能影响政府对缴费率的设定。

5.3.2 异质性分析

在使用企业全样本和职工全样本进行回归的基础上，我们也将企业和职工根据不同特征划分为子样本进行分组回归，并检验不同组的社会保险缴费率的回归系数（ $\hat{\beta}_2$ ）是否存在显著差异，以研究不同特征的企业和不同特征的职工对社会保险缴费率的反应是否存在异质性。异质性分析有助于揭示具体的政策含义。例如，今后应针对何种类型的企业和职工加强监管力度。

具体而言，用于分组的企业特征包括企业的所有制性质、从业年限、主营业务收入、所在行业的劳动密集程度和人力资本水平；用于分组的职工特征包括年龄、教育水平、职业、所在企业的所有制性质和所属产业。之所以考虑上述特征，是因为：第3章的度量结果显示，具有不同的上述特征的企业和职工，其缴费遵从度本来就迥然不同，社会保

[①] 正如第2章所分析的，这主要是因为：社会保险基金的欠债主要由中央财政来补充；地方官员的绩效考核机制以经济增长为主导，社会保险相关指标的权重较低；一些地方官员表示缺乏足够的人力和财力来对企业展开大规模审计。所以，关于企业究竟低报了多少，企业和地方政府之间存在一定程度的信息不对称。

险缴费率对其缴费遵从度的影响也可能因此存在差异。根据上述特征将企业和职工分组的具体方法与第3章相同。

需要说明的是，这里我们没有采用将企业特征或职工特征与社会保险缴费率进行交叉的方法来开展异质性分析。如果在模型中引入交叉项，那么可以根据交叉项的回归系数来识别异质性。但是，这种方法的一个隐含假设是：除社会保险缴费率之外的其他变量对缴费遵从度的影响不存在异质性。而这个假设是需要验证的，并不必然成立。我们采用分组回归的方法，实际上是允许模型中所有解释变量和控制变量的回归系数在不同组之间存在差异，没有对回归施加任何约束。

我们借鉴 Clogg 等（1995）的方法，来检验不同组的社会保险缴费率的回归系数（$\hat{\beta}_2$）是否有显著差异。以国有企业和民营企业的比较为例，具体做法为：对国有企业样本使用式（5-1）回归，得到回归系数 $\hat{\beta}_2^g$；对民营企业样本也使用式（5-1）回归，得到回归系数 $\hat{\beta}_2^m$。Clogg 等（1995）指出，如果使用同样的回归方程，并且不同组的样本是相互独立的（没有重叠），那么可以使用下面的 z 统计量来检验两组的系数是否相等（即 H_0：$\hat{\beta}_2^g = \hat{\beta}_2^m$）：

$$z = \frac{\hat{\beta}_2^g - \hat{\beta}_2^m}{\sqrt{se^2(\hat{\beta}_2^g) + se^2(\hat{\beta}_2^m)}} \qquad (5-2)$$

z 统计量服从标准正态分布。其中，se^2 表示标准差的平方。在计算出 z 统计量之后，查标准正态分布表，将 z 统计量的绝对值分别与10%显著性水平的临界值（1.645）、5%显著性水平的临界值（1.96）和1%显著性水平的临界值（2.575）进行比较；如果大于临界值，则拒绝原假设，说明国有企业和民营企业的回归系数存在显著差异。

5.3.3 稳健性检验

我们实施了一系列的稳健性检验，以验证回归结果的可靠性。具体方法如下：

第一，对于企业数据和职工数据，改变回归的样本期间，对2006

年之前的样本和 2006 年及之后的样本分别回归。这样做是因为 2006 年国家对城镇职工养老保险制度进行了改革。①根据第 2 章的分析,这项改革影响了社会保险待遇与缴费之间的联系,但影响方向是不确定的。我们分别对改革前和改革后的样本进行回归,以避免改革对结果的干扰,同时检验缴费遵从度对社会保险缴费率的反应在改革前后是否有所不同。

第二,对于企业数据,对 2007 年的样本进行截面回归。这样做是因为 2007 年国家对规模以上工业企业的统计标准发生改变。②所以,2007 年企业样本的主营业务收入水平和所有制构成,与之前年份存在差异。为检验统计标准改变所导致的样本变化对结果的影响,我们单独针对 2007 年的企业样本进行回归。

第三,对于职工数据,我们自行构建面板数据,并使用固定效应模型进行回归,以控制职工个体固定效应对缴费遵从度的影响。③

第四,对于企业数据和职工数据,都使用 Tobit 模型进行回归。此时,被解释变量是企业或职工的实际缴费工资与企业工资总额或职工个人总工资的比例。如果企业或职工不参保,那么该比例为 0;如果参保,那么该比例大于 0。此时,我们将样本视为删失数据(censored data),左删失点是 0。

第五,构建城市层面的面板数据,将城市企业参保率、城市参保企业平均低报程度、城市职工参保率和城市参保职工平均低报程度作为被解释变量,将城市社会保险法定缴费率作为解释变量,将城市及省份特征作为控制变量(包括职工平均工资和人口老龄化程度等)。由于在回归中上述被解释变量所对应的解释变量和控制变量相同,不同被解释变量的回归方程间的残差项可能是相关的,所以我们采用似无相关回归方法(seemingly unrelated regression,SUR)进行回归。另外,考虑到城市当年的缴费遵从度可能与上一年相关,我们在回归中引入被解释变量

① 2005 年 12 月 3 日,国务院颁布《关于完善企业职工基本养老保险制度的决定》(国发〔2005〕38 号),并从 2006 年 1 月 1 日开始调整统筹账户及个人账户的规模和养老金的计发办法。
② 2007 年之前,规模以上工业企业包括所有的国有工业企业和年主营业务收入达到 500 万元及以上的非国有工业企业。2007 年开始,规模以上工业企业不再包括年主营业务收入在 500 万元以下的国有工业企业。
③ 具体做法见后续的数据说明部分。

的一阶滞后项，并采用动态面板数据模型的广义矩估计方法（GMM）进行回归。GMM 估计包括差分 GMM 估计和系统 GMM 估计，而系统 GMM 估计具有较好的小样本性质（Arellano & Bond，1991；Arellano & Bover，1995；Blundell & Bond，1998）。所以，我们采用系统 GMM 估计，将上一年的城市缴费遵从度视为内生变量[1]。具体做法是同时估计水平方程和差分方程，分别将内生变量的一阶差分项的滞后项和水平项的滞后项作为两个方程的工具变量。

5.4　数据说明与描述性统计

本章所用企业数据来自中国国家统计局的中国工业企业数据库（规模以上工业企业普查数据），数据期间为 2004—2007 年，是非平衡面板数据，共有 34 万多次观测。

本章所用职工数据来自中国国家统计局的中国城镇住户调查，数据期间为 2002—2009 年。在抽样设计上，城镇住户调查数据是一个轮换面板数据，每年轮换 1/3 的家庭。然而，数据中没有提供充分的信息来识别不同年份的同一户家庭。因此，在基准回归中，我们使用重复截面数据，共有 7 万多次观测。在稳健性检验中，我们通过匹配家庭的基本信息（包括家庭代码、家庭规模与每个家庭成员的年龄、性别和民族）来构建面板数据。[2]

为了使实证结果具有可比性，本章使用的企业数据和职工数据覆盖相同的省市，即北京、辽宁、浙江、安徽、湖北、广东、四川、陕西和甘肃。企业样本和职工样本的基本特征及缴费遵从度的信息，在第 3 章中已详细介绍，这里不再赘述。

本章所用城市社会保险法定缴费率的数据，来源于地方政府的政策文件、各地人力资源和社会保障局网站以及一些劳动保障的专业网站（中国劳动咨询网等）。第 3 章介绍了各项保险的企业法定缴费率和职工法定缴费率（表 3-7）。

---

[1]　另外，我们将城市职工平均工资和城市财政收入占当地 GDP 的比例视为前定变量。
[2]　需要说明的是，由于构建职工面板数据本身存在难以克服的误差，而且构成面板数据后观察次数大幅度减少，因此我们在基准回归中没有使用面板数据。

　　需要说明的是，本章使用的是 5 项保险企业法定缴费率与职工法定缴费率的总和，将这一总的法定缴费率（T）作为回归模型的解释变量。[①]T 的数据来源于北大法宝的法律法规库、各地人力资源和社会保障局网站以及劳动保障专业网站（如中国劳动人事网）。样本中，T 的均值为 0.402，中位数为 0.417，标准差为 0.051，取值区间为 [0.224，0.464]。[②]图 5-1 展示了 T 的分布。可以看出，T 有较大的变异。这是我们进行实证分析的基础。[③]

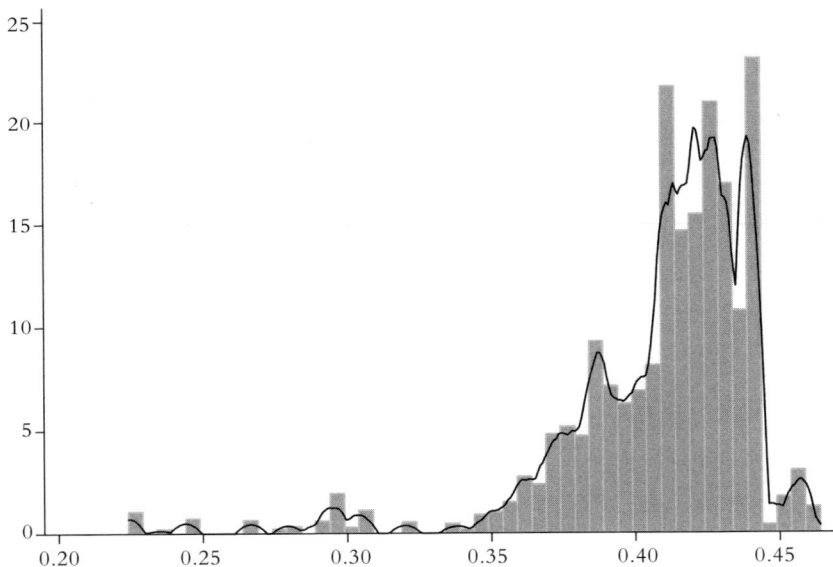

图 5-1　社会保险缴费率

　　除了城市层面的社会保险缴费率之外，本章的实证分析所用的其他城市变量数据均来自加州大学伯克利分校的 China Data Online 数据库，变量包括城市老年人口、城市总人口、城市职工平均工资、城市财政收入、城市 GDP 和城市三大产业的增加值。在样本中，在 2002—2009 年间，64.3%的城市以第二产业为主，34.7%的城市以第三产业为

---

　　①　这样做是因为：企业和职工是对总缴费率作出反应，而不是单独对某一项保险的缴费率作出反应；我们在企业数据中只能观察到企业参加养老保险和医疗保险这两种保险的情况，不能区分开来；我们对职工参保的定义，是职工至少参加了一项社会保险；社会保险的缴费负担会在企业和职工之间分摊，所以，影响企业和职工逃避缴费程度的并不仅仅是各自面临的缴费率，而是两者的总缴费率。
　　②　0<T<1，在回归中没有将%作为 T 的单位。
　　③　白重恩等（2012）详细讨论了我国养老保险缴费率在城市之间和年份之间的变异。

主，只有 1.0%的城市以第一产业为主；城市老年人口占总人口比例的均值为 0.10，标准差为 0.01；城市财政收入占当地 GDP 比例的均值为 0.07，标准差为 0.04；城市职工平均工资的均值为 20.9（千元），标准差为 9.5（千元）；76.3%的城市的社会保险费由地税征收。

5.5　企业层面的实证结果及分析

5.5.1　基准回归

采用式（5-1）对企业的全样本进行回归，被解释变量为企业参保状态的回归结果（见表 5-1）。需要说明，所有估计值均已调整为边际效应，即估计值反映了解释变量和控制变量的单位变化对企业参保概率的影响。

表 5-1　　社会保险缴费率对企业参保概率的影响

Y：企业是否参保	（1）	（2）	（3）	（4）	（5）
城市社会保险法定缴费率	−0.489*** （0.014）	−0.332*** （0.015）	−0.392*** （0.015）	−0.113*** （0.019）	−0.174*** （0.021）
民营企业		−0.109*** （0.004）	−0.116*** （0.003）	−0.162*** （0.004）	−0.153*** （0.003）
外资企业		−0.018*** （0.004）	−0.030*** （0.004）	−0.066*** （0.005）	−0.057*** （0.004）
从业年限		0.006*** （0.0001）	0.006*** （0.0001）	0.006*** （0.0001）	0.006*** （0.0001）
主营业务收入较高		0.088*** （0.002）	0.082*** （0.002）	0.084*** （0.002）	0.077*** （0.002）
劳动密集程度较高			0.052*** （0.002）	0.007*** （0.002）	0.028*** （0.002）
人力资本水平较高			0.042*** （0.002）	0.051*** （0.002）	0.039*** （0.002）

续表

Y：企业是否参保	（1）	（2）	（3）	（4）	（5）
城市以第二产业为主					0.035*** （0.003）
城市老年人口占总人口比例					−0.133* （0.080）
城市财政收入占 GDP 比例					−2.616*** （0.061）
城市职工平均工资					0.020*** （0.0002）
由地税征收社会保险费					0.035*** （0.003）
两位数行业	否	是	否	否	否
年份固定效应	否	否	否	是	是
省份固定效应	否	否	否	是	否
观测数	349 357	349 212	349 212	349 212	349 212
虚拟 R^2（Pseudo R^2）①	0.009	0.062	0.055	0.110	0.083

注：表 5-1 为 Probit 模型的估计结果。所有估计值均为边际效应。括号内为估计值的异方差稳健标准差。*、**、***分别表示 10%、5% 和 1% 的显著性水平。企业所有制性质的对照组是国有企业。主营业务收入较高企业的对照组是主营业务收入较低企业。所在行业劳动密集程度较高和人力资本水平较高的对照组分别是劳动密集程度较低和人力资本水平较低。第二产业为主城市的对照组是第一产业和第三产业为主的城市。由地税征收社会保险费的对照组是由社会保险经办机构征收。

表 5-1 中，第 1 列没有加入控制变量，社会保险缴费率的估计值为 −0.489，且在 1% 显著性水平下显著；第 2 列加入了企业特征作为控制变量，包括企业所有制性质、从业年限、主营业务收入水平和两位数行业虚拟变量，社会保险缴费率的估计值仍然显著为负；在第 2 列的基

---

① 一般而言，微观调查数据的观测数较多时，回归结果的 R^2 较小。例如，聂辉华等（2009）也使用了中国工业企业数据库，他们的样本观测数在 48 万～73 万之间，实证结果的 R^2 基本在 0.01 左右，最小为 0.001。在我们的回归结果中，表 5-1 第 5 列的观测数接近 35 万，R^2 为 0.08；表 5-2 第 5 列的观测数超过了 24 万，R^2 接近 0.03。所以，与已有文献相比，考虑到我们的样本规模，回归结果的 R^2 并不小。

础上，第 3 列不控制两位数行业虚拟变量，而控制行业的劳动密集程度和人力资本水平[1]，社会保险缴费率的估计值没有显著变化；第 4 列进一步加入了年份固定效应和省份固定效应，社会保险缴费率的估计值显著为负，但其绝对值明显变小，这说明时间趋势和省份特征同时影响社会保险缴费率和企业参保概率，如果不在回归中加以控制，会高估社会保险缴费率对企业参保概率的负向影响；在第 4 列的基础上，第 5 列不控制省份固定效应，而控制一些省市特征变量，包括城市产业结构、城市人口老龄化程度、城市财力（实际税负）、城市职工平均工资和省份社会保险费征收机构[2]，社会保险缴费率的估计值与第 4 列没有显著差异。

表 5-1 的结果表明，社会保险缴费率对企业的参保概率有显著的负向影响。由于第 5 列加入了企业特征（包括我们感兴趣的行业特征）和省市特征，也控制了年份固定效应，我们主要考察这一列的结果。第 5 列显示，当其他因素保持不变时，如果将社会保险缴费率提高 10 个百分点，企业的参保概率将下降 1.74 个百分点。虽然从数值上看 1.74 个百分点的变动并不是很大，但需要指出的是：企业样本全部是规模以上的工业企业，根据政策规定，这些企业理应全部参保，并且也有参保缴费的能力，而实证结果表明，当社会保险缴费率提高时，这些企业可以采取某些办法不参保，这就非常值得注意了。

从企业特征（行业特征）来看，表 5-1 的第 5 列显示，民营企业和外资企业的参保概率显著低于国有企业；从业年限较长的企业，其参保概率较高；主营业务收入较高的企业，其参保概率较高；如果所在行业的劳动密集程度较高、人力资本水平较高，企业的参保概率也较高。这与第 3 章的结果一致。

此外，省市特征的系数也符合预期。表 5-1 的第 5 列显示，以第二产业为主的城市，企业的参保概率较高，说明这些城市对社会保险缴费的监管相对较严；老龄化程度较高的城市，企业的参保概率较低，说

---

[1] 在回归中，行业的劳动密集程度和人力资本水平均为 0-1 虚拟变量（程度或水平较低，取值为 0；程度或水平较高，取值为 1）。所以，为了避免共线性，控制这两个行业特征变量时，不再控制两位数行业的虚拟变量。

[2] 其中，社会保险费征收机构这一变量是省份的固定特征（地税取值为 1，社会保险经办机构取值为 0），在样本期间不随时间变化。所以，为了避免共线性，在回归中控制社会保险费征收机构时，不再控制省份固定效应。城市特征，如城市职工平均工资，均是随时间变化的变量。

明在当期缴费主要用于补贴当期老年人口消费的情况下，企业及其职工不愿参保缴费；实际税负较重的城市，企业的参保概率较低；职工平均工资较高的城市，企业的参保概率较高；由地税征收社会保险费的省份，企业的参保概率较高，这支持已有研究关于地税征费更有利于扩大社会保险覆盖面的观点。

表5-2报告了被解释变量为参保企业低报程度的回归结果。此时，回归样本为参保企业。根据 Hausman 检验的结果，我们使用面板数据的固定效应模型，控制企业固定效应对低报程度的影响。①在表5-2中，第1列没有加入控制变量，社会保险缴费率的系数为0.528，且在1%显著性水平下显著。与表5-1相似，表5-2的第2列加入了企业特征（包括两位数行业虚拟变量），第3列将两位数行业虚拟变量替换为行业的劳动密集程度和人力资本水平，第4列进一步加入了年份固定效应，第5列进一步加入省市特征变量。②表5-2的第2列至第5列的结果显示：在第2列和第3列，社会保险缴费率的系数几乎相同；在第4列和第5列，社会保险缴费率的系数显著高于第2列和第3列，这说明，不控制时间趋势和城市特征对社会保险缴费率和参保企业低报程度的共同影响，会低估社会保险缴费率对参保企业低报程度的促进效应。

表5-2　　社会保险缴费率对参保企业低报程度的影响

Y：参保企业低报程度	（1）	（2）	（3）	（4）	（5）
城市社会保险法定缴费率	0.528*** (0.016)	0.688*** (0.016)	0.665*** (0.016)	0.736*** (0.017)	0.782*** (0.018)
民营企业		0.004 (0.009)	0.004 (0.009)	−0.0004 (0.009)	−0.002 (0.009)
外资企业		0.011 (0.013)	0.012 (0.013)	0.009 (0.013)	0.010 (0.013)
从业年限		−0.006*** (0.0005)	−0.006*** (0.0005)	−0.0004 (0.0005)	−0.0004 (0.0005)

①　Hausman 检验得到的卡方统计量为26.12，对应的 p 值为0.00。
②　在样本期间，企业基本没有改变地理位置，所以，在面板数据的固定效应模型中，控制了企业的固定效应其实也就控制了省份固定效应。因此，回归分析中没有得到社会保险费征收机构这个省级固定特征变量的估计值。

续表

Y：参保企业低报程度	（1）	（2）	（3）	（4）	（5）
主营业务收入较高		0.002 （0.002）	0.002 （0.002）	0.017*** （0.002）	0.017*** （0.002）
劳动密集程度较高			0.006 （0.008）	0.006 （0.008）	0.005 （0.008）
人力资本水平较高			−0.005 （0.012）	−0.001 （0.012）	−0.001 （0.012）
城市以第二产业为主					0.038*** （0.007）
城市老年人口占总人口比例					−0.176 （0.154）
城市财政收入占 GDP 比例					0.340*** （0.104）
城市职工平均工资					−0.002*** （0.0005）
由地税征收社会保险费					—
两位数行业	否	是	否	否	否
年份固定效应	否	否	否	是	是
观测数	245 560	245 464	245 464	245 464	245 464
R^2	0.013	0.017	0.017	0.026	0.026

注：本表汇报的是组内（within）R^2。括号内为估计值的异方差稳健标准差。*、**、***分别表示 10%、5%和 1%的显著性水平。回归中对照组的设置与表 5-1 相同。

表 5-2 的结果表明，社会保险缴费率对参保企业的低报程度有显著的正向影响。这与第 4 章的理论分析结论一致。与表 5-1 相似，对于表 5-2，我们也主要考察第 5 列的结果。第 5 列显示，当其他因素保持不变时，如果社会保险缴费率提高 10 个百分点，参保企业的低报程

度会提高 7.82 个百分点。样本期间，参保企业低报程度的均值为 61.75%，因此，7.82 个百分点的变动是比较大的反应。

在样本中，由于绝大多数企业的所有制性质和所属行业等特征是固定不变的，所以，固定效应模型没有估计出这些企业特征对低报程度的影响。具体而言，在样本期间，只有 3.0% 左右的企业改变了企业所有制性质；3.5% 的企业改变了所属的两位数行业①；25.3% 的企业所属主营业务收入组别（较高和较低）发生了变动。

此外，城市特征的系数与预期相符。表 5-2 的第 5 列显示，以第二产业为主的城市，参保企业的低报程度较高，这说明，这些城市的企业参保率虽然较高（表 5-1），但企业在参保后低报较多，这可能是因为这些城市的困难企业较多，同时，企业在参保后的低报行为较难监测；城市的老龄化程度对参保企业低报程度的影响并不显著；实际税负较重的城市，参保企业的低报程度较高；职工平均工资较高的城市，参保企业的低报程度较低。

5.5.2　异质性分析

对所有企业的分组样本进行回归，被解释变量为企业参保状态的回归结果（见表 5-3）。所有估计值均为边际效应。表 5-3 的结果显示，对于民营企业、从业年限较短企业、主营业务收入较低企业、所在行业的劳动密集程度较低和人力资本水平较低的企业，社会保险缴费率的估计值（绝对值）更大。不过，将企业按照从业年限、主营业务收入和劳动密集程度分组时，不同组企业的社会保险缴费率的估计值差异并不显著。具体分析如下：

第一，比较不同所有制性质企业的回归结果。表 5-3 显示，对于国有企业和外资企业，社会保险缴费率对其参保概率没有显著影响；对于民营企业，如果将社会保险缴费率提高 10 个百分点，其参保概率将显著降低 3.99 个百分点。

---

①　尽管这些企业的所属行业发生了变化，但是其中只有少数企业所属的行业劳动密集程度组别（较高和较低）与行业人力资本水平组别（较高和较低）发生了变化。在样本期间，1.7% 的企业所属的行业劳动密集程度组别发生改变；0.89% 的企业所属的行业人力资本水平组别发生改变。

表 5-3　　社会保险缴费率对不同特征企业参保概率的影响

Y：企业是否参保	所有制性质			从业年限		主营业务收入		劳动密集程度		人力资本水平	
	国有企业	民营企业	外资企业	较短	较长	较低	较高	较低	较高	较低	较高
城市社会保险法定缴费率	-0.059 (0.074)	-0.399*** (0.029)	-0.039 (0.033)	-0.165*** (0.033)	-0.160*** (0.027)	-0.200*** (0.031)	-0.140*** (0.028)	-0.167*** (0.030)	-0.105*** (0.029)	-0.370*** (0.034)	-0.026 (0.026)
民营企业	—	—	—	-0.247*** (0.007)	-0.129*** (0.004)	-0.136*** (0.005)	-0.165*** (0.004)	-0.166*** (0.004)	-0.126*** (0.007)	-0.164*** (0.008)	-0.140*** (0.004)
外资企业	—	—	—	-0.154*** (0.010)	-0.044*** (0.005)	-0.032*** (0.007)	-0.075*** (0.006)	-0.062*** (0.006)	-0.036*** (0.008)	-0.060*** (0.009)	-0.051*** (0.005)
从业年限	0.002*** (0.0001)	0.007*** (0.0001)	0.006*** (0.0003)	0.034*** (0.0008)	0.003*** (0.0001)	0.007*** (0.0002)	0.005*** (0.0001)	0.006*** (0.0001)	0.006*** (0.0002)	0.006*** (0.0002)	0.006*** (0.0001)
主营业务收入较高	0.122*** (0.005)	0.078*** (0.002)	0.055*** (0.003)	0.078*** (0.002)	0.067*** (0.002)	0.007*** (0.0002)	0.005*** (0.0001)	0.083*** (0.002)	0.070*** (0.002)	0.071*** (0.003)	0.080*** (0.002)
劳动密集程度较高	-0.005 (0.006)	0.032*** (0.002)	0.015*** (0.003)	0.030*** (0.003)	0.025*** (0.002)	0.028*** (0.002)	0.027*** (0.002)	—	—	0.036*** (0.003)	0.020*** (0.002)
人力资本水平较高	0.044*** (0.007)	0.047*** (0.002)	0.014*** (0.003)	0.032*** (0.003)	0.042*** (0.002)	0.038*** (0.002)	0.038*** (0.002)	0.048*** (0.002)	0.029*** (0.002)	—	—
省市控制变量	是	是	是	是	是	是	是	是	是	是	是
年份固定效应	是	是	是	是	是	是	是	是	是	是	是
观测数	21 465	241 979	85 768	163 653	185 559	179 038	170 174	179 452	169 760	143 610	205 602
虚拟 R²	0.071	0.078	0.037	0.085	0.070	0.077	0.069	0.102	0.063	0.087	0.081

注：表 5-3 为 Probit 模型的估计结果。所有估计值均为边际效应。括号内为估计值的异方差稳健标准误。*、**、***分别表示 10%、5%和 1%的显著性水平。回归中对照组的设置及在回归中加入的省市控制变量均与表 5-1 相同。

第二，比较从业年限较短企业和从业年限较长企业的回归结果。表5-3显示，如果将社会保险缴费率提高10个百分点，从业年限较短企业的参保概率将降低1.65个百分点，从业年限较长企业的参保概率将降低1.60个百分点。不过，两组企业的社会保险缴费率的估计值差异并不显著（z统计量为0.12）。

第三，比较主营业务收入较低企业和主营业务收入较高企业的回归结果。表5-3显示，如果将社会保险缴费率提高10个百分点，主营业务收入较低企业的参保概率将下降2.00个百分点，主营业务收入较高企业的参保概率将下降1.40个百分点。不过，两组企业的社会保险缴费率的估计值差异并不显著（z统计量为1.44）。

第四，比较劳动密集程度较低企业和劳动密集程度较高企业的回归结果。表5-3显示，如果将社会保险缴费率提高10个百分点，劳动密集程度较低企业的参保概率将下降1.67个百分点，劳动密集程度较高企业的参保概率将下降1.05个百分点。不过，两组企业的社会保险缴费率的估计值差异并不显著（z统计量为1.49）。

第五，比较人力资本水平较低企业和人力资本水平较高企业的回归结果。表5-3显示，对于人力资本水平较高的企业，社会保险缴费率对其参保概率没有显著影响；对于人力资本水平较低的企业，如果将社会保险缴费率提高10个百分点，其参保概率将下降3.70个百分点。

上述结果表明，所有制性质不同的企业和人力资本水平不同的企业，其参保概率对社会保险缴费率的反应存在显著差异；从业年限不同的企业、主营业务收入不同的企业以及劳动密集程度不同的企业，其参保概率受社会保险缴费率的影响没有显著不同。

下面对参保企业的分组样本进行回归，被解释变量为参保企业的低报程度，回归结果见表5-4。表5-4的结果显示，在参保企业中，对于民营企业、外资企业、从业年限较长企业、主营业务收入较低企业、劳动密集程度较低企业和人力资本水平较低企业，社会保险缴费率的估计值更大。不过，根据从业年限和劳动密集程度将企业分组时，不同组企业的社会保险缴费率的估计值差异并不显著。具体分析如下：

表 5-4

社会保险缴费率对不同特征保企业低报程度的影响

Y：参保企业低报程度	所有制性质			从业年限		主营业务收入		劳动密集程度		人力资本水平	
	国有企业	民营企业	外资企业	较短	较长	较低	较高	较低	较高	较低	较高
城市社会保险法定缴费率	0.136 (0.119)	0.673*** (0.026)	0.942*** (0.029)	0.760*** (0.025)	0.814*** (0.026)	0.813*** (0.027)	0.712*** (0.025)	0.776*** (0.027)	0.767*** (0.025)	0.923*** (0.028)	0.708*** (0.024)
民营企业	—	—	—	0.008 (0.015)	-0.007 (0.012)	-0.010 (0.017)	0.001 (0.011)	-0.007 (0.011)	0.014 (0.018)	0.028 (0.020)	-0.010 (0.010)
外资企业	—	—	—	0.019 (0.022)	0.015 (0.017)	-0.013 (0.024)	0.016 (0.015)	0.006 (0.016)	0.025 (0.021)	0.018 (0.024)	0.010 (0.015)
从业年限	-0.0006 (0.001)	0.0001 (0.0007)	-0.003 (0.002)	0.0006 (0.004)	0.0001 (0.0007)	-0.0003 (0.0009)	-0.0003 (0.0006)	-0.001 (0.0007)	0.0004 (0.0008)	-0.0007 (0.001)	-0.0003 (0.0006)
主营业务收入	0.009 (0.016)	0.020*** (0.003)	0.020*** (0.004)	0.014*** (0.004)	0.028*** (0.004)	—	—	0.016*** (0.004)	0.019*** (0.003)	0.024*** (0.004)	0.012*** (0.003)
劳动密集程度	-0.017 (0.036)	0.004 (0.010)	0.007 (0.012)	0.014 (0.013)	0.003 (0.011)	-0.014 (0.013)	0.015 (0.010)	—	—	0.015 (0.021)	0.010 (0.009)
人力资本水平	-0.036 (0.054)	0.007 (0.016)	-0.006 (0.020)	0.017 (0.020)	-0.008 (0.018)	0.032 (0.023)	-0.008 (0.016)	0.006 (0.018)	-0.028 (0.026)	—	—
城市控制变量	是	是	是	是	是	是	是	是	是	是	是
年份固定效应	是	是	是	是	是	是	是	是	是	是	是
观测数	17 326	157 927	70 211	106 238	139 226	116 292	129 172	122 819	122 645	97 711	147 753
R^2	0.004	0.030	0.043	0.037	0.023	0.032	0.022	0.022	0.034	0.038	0.021

注：括号内为估计值的异方差稳健标准差。*、**、***分别表示10%、5%和1%的显著性水平。回归中对照组的设置及在回归中加入的城市控制变量均与表5-1相同。

　　首先，比较不同所有制性质企业的回归结果。表5-4显示，对于国有企业，社会保险缴费率对其低报程度没有显著影响；对于民营企业，如果将社会保险缴费率提高10个百分点，其低报程度将提高6.73个百分点；对于外资企业，如果将社会保险缴费率提高10个百分点，其低报程度将提高9.42个百分点。民营企业和外资企业的低报程度对社会保险缴费率的反应存在显著差异（z统计量为6.91）。因此，当社会保险缴费率提高时，外资企业低报最多，民营企业次之，而国有企业的低报程度基本不变。

　　其次，比较从业年限不同的企业的回归结果。表5-4显示，如果将社会保险缴费率提高10个百分点，从业年限较短企业的低报程度将提高7.60个百分点，而从业年限较长企业的低报程度将提高8.14个百分点。不过，两组企业的社会保险缴费率的估计值差异并不显著（z统计量为1.50）。

　　再次，比较主营业务收入不同的企业的回归结果。表5-4显示，如果将社会保险缴费率提高10个百分点，主营业务收入较低企业的低报程度将提高8.13个百分点，而主营业务收入较高企业的低报程度将提高7.12个百分点。两组企业的社会保险缴费率的估计值差异是显著的（z统计量为2.74）。也就是说，当社会保险缴费率提高时，主营业务收入较低企业的反应更大、低报更多。

　　然后，比较劳动密集程度不同的企业的回归结果。表5-4显示，如果将社会保险缴费率提高10个百分点，劳动密集程度较低企业和较高企业的低报程度将分别提高7.76个百分点和7.67个百分点。两组企业的社会保险缴费率的估计值差异并不显著（z统计量为0.24）。

　　最后，比较人力资本水平不同的企业的回归结果。表5-4显示，如果将社会保险缴费率提高10个百分点，人力资本水平较低企业的低报程度将提高9.23个百分点，而人力资本水平较高企业的低报程度将提高7.08个百分点。两组企业的社会保险缴费率的估计值差异是显著的（z统计量为5.83）。也就是说，当社会保险缴费率提高时，人力资本水平较低的企业反应更大、低报更多。

　　上述结果表明，所有制性质不同的企业、主营业务收入不同的企业和人力资本水平不同的企业，其低报程度对社会保险缴费率的反应存在显著差异；从业年限不同的企业和劳动密集程度不同的企业，其低报程度受社会保险缴费率的影响没有显著不同。

将被解释变量分别为企业参保状态和参保企业低报程度的异质性分析结果结合起来，有以下 5 点发现：

（1）对于国有企业，社会保险缴费率对其参保概率和参保后的低报程度均无显著影响；对于民营企业，社会保险缴费率对其参保概率和参保后的低报程度的影响都比较强；对于外资企业，社会保险缴费率对其参保概率没有显著影响，但对其参保后的低报程度的影响非常强。

这主要有以下 3 方面原因：其一，国有企业受到的监管往往较严，参保和报告缴费工资的行为较规范。[①]此外，国有企业有一定的行业垄断地位，有较多的留存利润，倾向于为职工提供较高水平的工资与福利（叶林祥等，2011a、2011b）。所以，国有企业的缴费遵从度主要与监管力度、企业特征和所在行业的特征有关，受社会保险缴费率的影响较小。其二，与国有企业相比，民营企业的融资渠道较窄，容易受到信贷约束，利润水平较低并且受劳动力成本的影响较大。外资企业往往将我国相对较低的劳动力成本视为其在国际市场上的一个竞争优势，因而会尽量控制劳动力成本。因此，当社会保险缴费率提高进而使得劳动力成本上升时，与国有企业相比，民营企业和外资企业的反应更大。其三，当社会保险缴费率提高时，虽然民营企业和外资企业都不愿遵从缴费，但两者的表现形式有些差异。具体而言，外资企业在登记注册和新建项目等方面会受到当地政府的严格审查，如果不参保，很容易被发现，所以外资企业的参保率较高且基本不受社会保险缴费率的影响。然而，外资企业参保后调整缴费工资的空间相对较大，可以更为灵活地使用劳务派遣等方式来低报缴费工资。所以，当社会保险缴费率提高时，外资企业的反应主要是参保后低报缴费工资，而不是直接地拒绝参保。而民营企业受到的监管相对较弱，当社会保险缴费率提高时，民营企业的参保行为和参保后报告缴费工资的行为均有较大变化。

---

① 第 3 章的分析显示，与民营企业和外资企业相比，国有企业的参保率较高，并且在参保后低报缴费工资的程度较低。

（2）无论是参保概率还是参保后的低报程度，从业年限不同的企业对社会保险缴费率的反应都不存在异质性。

（3）从是否参保的角度来看，主营业务收入不同的企业对社会保险缴费率的反应没有明显差异；但是，从参保后低报程度的角度来看，主营业务收入较低企业对社会保险缴费率的反应更强。这是因为：主营业务收入较低的企业，其参保缴费能力较差，当社会保险缴费率提高时，这些企业会更不愿参保，也倾向于在参保后更多地低报缴费工资。然而，参保行为较为明显，易于被相关部门察觉，所以，当社会保险缴费率提高时，主营业务收入较低企业的不愿遵从更多地体现在参保后低报缴费工资方面。

（4）无论是参保概率还是参保后的低报程度，劳动密集程度不同的企业对社会保险缴费率的反应都不存在异质性。

（5）对于人力资本水平较低的企业，其参保概率和参保后的低报程度受社会保险缴费率的影响都更强。这主要有以下两种可能的解释。一种解释是：人力资本水平较低的企业中，职工的教育水平较低，对社会保险制度缺乏深入了解，更关注当期的成本和收益（较为短视），当社会保险缴费率提高时，这些职工会不愿参保，甚至可能出现第3章中提到的"职工以集体辞职为要挟要求企业不参保"的情况。另一种解释是：在人力资本水平较低的企业，劳动合同往往并不规范，企业操纵职工参保状态和参保职工缴费工资的空间较大；与人力资本水平较高的企业相比，人力资本水平较低的企业所面临的竞争更为激烈，而且竞争往往针对成本，而不是技术。所以，当社会保险缴费率提高时，人力资本水平较低的企业为减少成本，会加剧逃避缴费程度，而职工为保住工作、至少获得工资收入，会接受企业的安排。此外，人力资本水平较高的企业往往是生产力较高的企业。因此，这里的实证结果与第4章的理论分析结论一致：生产力较高的企业，社会保险缴费率对其低报程度的影响较小。

5.5.3 稳健性检验

为验证回归结果的可靠性，我们进行了一系列的稳健性检验，结果见表5-5。表5-5显示：

表 5—5

稳健性检验（企业）

项　目	Y：企业是否参保 2004—2005	Y：企业是否参保 2006—2007	Y：参保企业低报程度 2004—2005	Y：参保企业低报程度 2006—2007	Y：企业是否参保 2007	Y：参保企业低报程度 2007	Y：企业实际缴费工资总额之比 Tobit	Y：城市企业参保率 SUR	Y：城市参保企业平均低报程度 SUR	Y：城市企业参保率 系统GMM	Y：城市参保企业平均低报程度 系统GMM
城市社会保险法定缴费率	-0.137*** (0.025)	-0.190*** (0.033)	0.796*** (0.021)	0.717*** (0.030)	-0.264*** (0.089)	0.754*** (0.084)	-0.266*** (0.009)	-0.228 (0.247)	0.120 (0.211)	-0.479* (0.246)	0.640 (0.449)
城市上一年企业参保率	—	—	—	—	—	—	—	—	—	0.849*** (0.098)	—
城市上一年参保企业平均低报程度	—	—	—	—	—	—	—	—	—	—	0.588*** (0.139)
民营企业	-0.157*** (0.005)	-0.141*** (0.005)	0.038 (0.024)	-0.008 (0.019)	-0.147*** (0.007)	0.198*** (0.008)	-0.138*** (0.002)	—	—	—	—
外资企业	-0.054*** (0.006)	-0.041*** (0.007)	0.049 (0.033)	0.018 (0.023)	-0.048*** (0.010)	0.178*** (0.009)	-0.101*** (0.002)	—	—	—	—
从业年限	0.006*** (0.0002)	0.005*** (0.0002)	0.0007 (0.0008)	-0.0018 (0.0012)	0.005*** (0.0002)	-0.007*** (0.0002)	0.005*** (0.0001)	—	—	—	—
主营业务收入	0.099*** (0.002)	0.054*** (0.002)	0.021*** (0.004)	0.011*** (0.005)	0.058*** (0.003)	0.007*** (0.003)	0.026*** (0.001)	—	—	—	—
劳动密集程度	0.020*** (0.002)	0.033*** (0.002)	-0.017 (0.013)	0.012 (0.017)	0.001 (0.003)	0.036*** (0.003)	-0.006*** (0.001)	—	—	—	—
人力资本水平	0.038*** (0.002)	0.045*** (0.002)	-0.023 (0.019)	0.046 (0.032)	0.038*** (0.004)	-0.043*** (0.003)	0.029*** (0.001)	—	—	—	—
观测数	157 320	191 892	110 582	134 882	101 271	71 823	346 727	257	257	177	177
R^2	0.077	0.099	0.046	0.043	0.202	0.117	0.083	0.458	0.192		
Hansen检验p值										0.162	0.434

注：括号内为估计值的标准差。对于 SUR，报告的是 Bootstrap 标准差。其他各列回归，报告的是异方差稳健标准差。*、**、***分别表示 10%、5% 和 1% 的显著性水平。所有回归均加入了年份固定效应和城市控制变量。

（1）将企业样本划分为 2004—2005 年和 2006—2007 年两个时段并分别对每个时段的样本进行回归，得到的结果与基准回归十分一致：社会保险缴费率对企业的参保概率有显著的负向影响，对参保企业的低报程度有显著的正向影响。

（2）对 2007 年的样本进行横截面回归，发现规模以上工业企业统计标准的调整并未改变我们的基本结论：提高社会保险缴费率会显著降低企业的参保概率并使参保企业更多地低报缴费工资。①

（3）将被解释变量设置为企业实际缴费工资与工资总额之比。该变量既反映了企业的参保状态，也反映了参保企业如实汇报缴费工资的程度。使用 Tobit 模型进行回归的结果显示：社会保险缴费率的系数显著为负。②这说明，提高社会保险缴费率会降低企业的实际缴费工资占工资总额的比例，即低企业的缴费遵从度。这与基准回归的结果相符。

（4）构建城市层面的面板数据，使用似无相关回归方法（SUR）的回归结果显示：当被解释变量为城市企业参保率时，社会保险缴费率的系数为负；当被解释变量为城市参保企业的平均低报程度时，社会保险缴费率的系数为正。这与基准回归结果一致。

（5）构建城市层面的面板数据，在回归中引入被解释变量的一阶滞后项，并使用系统 GMM 估计方法，回归结果显示：社会保险缴费率对城市企业参保率有负向影响，对城市参保企业的平均低报程度有正向影响。③这与基准回归结果一致。需要说明的是，在使用城市面板数据时，社会保险缴费率的系数的显著性不强。这可能与城市面板数据的观测数较少有关。

上述稳健性检验的结果表明，无论使用不同时段的样本、使用

① 当被解释变量为企业参保状态时，与其他年份相比，2007 年企业的参保概率受社会保险缴费率的负向影响更强。这可能是因为：2007 年，年主营业务收入在 500 万元以下的国有工业企业退出样本，这使样本的企业所有制构成发生变化。具体而言，2004—2006 年，在样本中，国有企业占比为 6.49%，民营企业占比为 69.52%，外资企业占比为 23.99%；2007 年，国有企业占比为 4.51%，民营企业占比为 72.53%，外资企业占比为 22.96%。上文的异质性分析结果显示，民营企业的参保概率对社会保险缴费率的反应更大，所以，民营企业占比提高会使整体对社会保险缴费率的反应也更大。虽然 2007 年统计标准的变化也改变了企业样本的主营业务收入水平，但根据上文的异质性分析，对于主营业务收入水平不同的企业，其参保概率对社会保险缴费率的反应不存在异质性。当被解释变量为参保企业低报程度时，2007 年企业样本的社会保险缴费率的估计值与其他年份的差异不大。
② Tobit 模型的估计值均已转化为边际效应。
③ Hansen 检验的结果表明，工具变量是有效的。

Tobit 模型（将样本作为删失数据处理）还是从城市层面进行回归，社会保险缴费率的系数符号均与基准回归结果一致。这说明，基准回归的结果较为可靠。

5.6 职工层面的实证结果及分析

5.6.1 基准回归

采用式（5-1）对职工的全样本进行回归，被解释变量为职工参保状态的回归结果见表 5-6。需要说明，所有估计值均已调整为边际效应，即估计值反映了解释变量和控制变量的单位变化对职工参保概率的影响。

表 5-6 　　　　　　　　社会保险缴费率对职工参保概率的影响

Y：职工是否参保	（1）	（2）	（3）	（4）
城市社会保险法定缴费率	−0.481*** (0.035)	−0.423*** (0.035)	−0.427*** (0.037)	−0.448*** (0.047)
女性		0.001 (0.003)	0.001 (0.003)	0.002 (0.003)
有配偶		0.062*** (0.006)	0.060*** (0.006)	0.073*** (0.006)
年龄		0.003*** (0.0002)	0.003*** (0.0002)	0.003*** (0.0002)
中等教育水平		0.044*** (0.004)	0.045*** (0.004)	0.047*** (0.004)
较高教育水平		0.082*** (0.005)	0.078*** (0.005)	0.077*** (0.005)
专业技术人员		0.025*** (0.005)	0.032*** (0.005)	0.030*** (0.005)
企业负责人		0.058*** (0.006)	0.040*** (0.006)	0.032*** (0.006)
国有企业		0.047*** (0.004)	0.051*** (0.004)	0.075*** (0.004)

续表

Y：职工是否参保	（1）	（2）	（3）	（4）
城镇集体企业		−0.048*** （0.006）	−0.045*** （0.006）	−0.030*** （0.006）
第二产业		0.128*** （0.013）	0.134*** （0.013）	0.129*** （0.013）
第三产业		0.060*** （0.013）	0.063*** （0.013）	0.049*** （0.013）
城市以第二产业为主				0.051*** （0.004）
城市老年人口占总人口比例				0.103 （0.158）
城市财政收入占 GDP 比例				−0.213** （0.094）
城市职工平均工资				0.008*** （0.0004）
由地税征收社会保险费				0.028*** （0.005）
年份固定效应	否	否	是	是
省份固定效应	否	否	是	否
观测数	70 769	70 769	70 769	70 769
虚拟 R^2（Pseudo R^2）①	0.020	0.035	0.043	0.057

注：表 5-6 是 Probit 模型的估计结果。所有估计值均为边际效应。括号内为估计值的异方差稳健标准差。*、**、***分别表示 10%、5%和 1%的显著性水平。女性的对照组为男性。有配偶的对照组为无配偶。教育水平的对照组为较低教育水平。职业类型的对照组为蓝领。所在企业所有制性质的对照组是民营企业和外资企业。所属产业的对照组是第一产业。第二产业为主城市的对照组是第一产业和第三产业为主的城市。由地税征收社会保险费的对照组是由社会保险经办机构征收。

表 5-6 中，第 1 列没有加入控制变量，社会保险缴费率的估计值为−0.481，且在 1%显著性水平下显著；第 2 列加入了职工特征，包括性别、婚姻状态、年龄和教育水平等，社会保险缴费率的估计值仍然显

① 一般而言，微观调查数据的观测数较多时，回归结果的 R^2 较小。例如，邢春冰与李实（2011）使用个体层面的微观数据进行实证研究，当观测数大约为 2.7 万时，R^2 在 0.06 左右。在我们的回归结果中，表 5-6 的第 4 列有 7 万次观测，R^2 约为 0.06；表 5-7 的第 4 列有4.6 万次观测，R^2 在 0.05 左右。所以，与已有文献相比，考虑到我们的样本规模，回归结果的 R^2 并不低。

著为负;第 3 列进一步加入了年份固定效应和省份固定效应,社会保险缴费率的估计值基本不变;第 4 列将省份固定效应替换为一些省市特征变量,包括城市的产业结构、城市人口老龄化程度、城市财政收入占当地 GDP 的比例、城市职工平均工资和省份社会保险费征收机构,社会保险缴费率的估计值与第 3 列没有显著差异。

表 5-6 的结果表明,社会保险缴费率对职工的参保概率有显著的负向影响。由于第 4 列同时加入了职工特征、省市特征和年份固定效应,我们主要考察这一列的结果。第 4 列显示,当其他因素保持不变时,将社会保险缴费率提高 10 个百分点,职工的参保概率会下降 4.48 个百分点。在样本中,职工参保率为 74.85%,与此相比,4.48 个百分点的变动并不是很大。但需要指出的是,样本基本都是本市非农户口的职工,他们理应全部参保,而实证结果表明,当社会保险缴费率提高时,他们可以找到一些办法来不参保,这就非常值得注意了。

从职工特征来看,不同性别职工的参保概率没有显著差异;有配偶职工的参保概率较高;年龄较大职工的参保概率较高;职工的教育水平越高,参保概率也越高;专业技术人员和企业负责人的参保概率高于蓝领;与民营企业和外资企业职工相比,国有企业职工的参保概率较高,而城镇集体企业职工的参保概率较低;第二产业和第三产业职工的参保概率高于第一产业职工。这与第 3 章的结果一致。

此外,省市特征变量的系数也符合预期。表 5-6 的第 4 列显示,以第二产业为主的城市,职工的参保概率较高;老龄化程度对职工的参保概率没有显著影响;实际税负较重的城市,职工的参保概率较低;职工平均工资较高的城市,职工的参保概率较高;由地税征收社会保险费的省份,职工的参保概率较高,这支持已有研究关于地税征费更有利于扩大社会保险覆盖面的结论。

表 5-7 报告了被解释变量是参保职工低报程度的回归结果。此时,回归样本为参保职工。表 5-7 中,第 1 列没有加入控制变量,社会保险缴费率的系数为 0.312,且在 1% 显著性水平下显著。与表 5-6 相似,表 5-7 的第 2 列加入了职工特征,第 3 列进一步加入了年份固定效应和省份固定效应,第 4 列将省份固定效应替换为省市特征变量。

表 5-7　　　　　社会保险缴费率对参保职工低报程度的影响

Y：参保职工低报程度	（1）	（2）	（3）	（4）
城市社会保险法定缴费率	0.312*** (0.041)	0.236*** (0.041)	0.295*** (0.044)	0.154*** (0.050)
女性		0.036*** (0.004)	0.035*** (0.004)	0.035*** (0.004)
有配偶		0.003 (0.007)	0.003 (0.007)	0.007 (0.007)
年龄		−0.003*** (0.0002)	−0.003*** (0.0002)	−0.003*** (0.0002)
中等教育水平		−0.010* (0.005)	−0.007 (0.005)	−0.008 (0.005)
较高教育水平		0.033*** (0.006)	0.027*** (0.006)	0.028*** (0.006)
专业技术人员		−0.001 (0.006)	−0.003 (0.006)	−0.004 (0.006)
企业负责人		0.029*** (0.007)	0.026*** (0.007)	0.027*** (0.007)
国有企业		−0.042*** (0.005)	−0.049*** (0.005)	−0.049*** (0.005)
城镇集体企业		0.089*** (0.008)	0.083*** (0.008)	0.083*** (0.008)
第二产业		−0.089*** (0.015)	−0.090*** (0.015)	−0.091*** (0.015)
第三产业		−0.015 (0.016)	−0.019 (0.016)	−0.022 (0.016)
城市以第二产业为主				−0.019*** (0.005)
城市老年人口占总人口比例				0.104 (0.171)
城市财政收入占GDP比例				−0.162 (0.106)
城市职工平均工资				0.0008* (0.0004)
由地税征收社会保险费				−0.012** (0.006)
年份固定效应	否	否	是	是
省份固定效应	否	否	是	否
观测数	45 841	45 841	45 841	45 841
调整后R²	0.010	0.042	0.047	0.048

　　注：括号内为估计值的异方差稳健标准差。*、**、***分别表示10%、5%和1%的显著性水平。回归中对照组的设置与表5-6相同。

从表5-7可以看出，社会保险缴费率对参保职工的低报程度有显著的正向影响。与表5-6相似，在表5-7中，我们也主要考察第4列的结果。表5-7的第4列显示，当其他因素保持不变时，如果将社会保险缴费率提高10个百分点，参保职工的低报程度会提高1.54个百分点，即参保职工所在企业为其报告的个人缴费工资进一步下降，降幅为参保职工个人总工资的1.54%。

从职工特征来看，在参保职工中，女性职工的低报程度较高；有配偶职工的低报程度与无配偶职工没有显著差异；年龄较大的职工，其低报程度较低；教育水平较高的职工，其低报程度高于教育水平中等及以下的职工；企业负责人的低报程度相对较高；与民营企业和外资企业职工相比，国有企业职工的低报程度较低，而城镇集体企业职工的低报程度较高；第一产业职工和第三产业职工，其低报程度没有显著差异，而第二产业职工的低报程度相对较低。这与第3章的结果一致。

从省市特征来看，以第二产业为主的城市，参保职工的低报程度较低[①]；老龄化程度和实际税负水平对参保职工的低报程度没有显著影响；职工平均工资较高的城市，参保职工的低报程度较高[②]；由地税征收社会保险费的省份，参保职工的低报程度较低，这支持已有研究关于地税征费更有效率的观点[③]。

[①] 表5-6和表5-7的结果显示，以第二产业为主的城市，本市非农户口职工的参保率高，并且参保后个人缴费工资被所在企业低报的程度较低。这说明，雇用本市非农户口职工的企业，整体低报程度较低（根据第3章的分析，企业整体低报程度与企业内部参保率有关，也与每个参保职工的低报程度有关）。而表5-2的结果显示，在第二产业为主的城市，规模以上工业企业的低报程度较高。这是因为：（1）规模以上工业企业可能会雇用较多的外地户口职工，而职工数据的结果只是反映了本市非农户口职工的情况。（2）职工样本覆盖三大产业，也就是说，职工不一定在工业企业工作，另外，职工也可能在规模较小的企业工作。所以，城市产业结构（是否以第二产业为主）这个变量，企业回归结果和职工回归结果的含义略有差异，这主要源于企业样本构成和职工样本构成的差异，并不能说明企业样本和职工样本的结果不一致。

[②] 这是因为：在职工工资水平较高的城市，企业低报参保职工缴费工资的空间较大。表5-6的结果显示，在职工工资水平较高的城市，职工参保率较高。所以，从职工数据的回归结果来看，在职工工资水平较高的城市，缴费遵从度较高还是较低，是不确定的。然而，表5-2的结果显示，在职工工资水平较高的城市，规模以上工业企业的低报程度较低。如果暂时不考虑企业样本和职工样本在构成上的差异，上述结果意味着职工工资水平（经济发展水平）对职工参保率的影响超过了对参保职工低报程度的影响，因而对缴费遵从度有正向作用。

[③] 综合企业数据和职工数据的回归结果，可以发现：从缴费遵从度的角度来看，地税征费要优于社会保险经办机构征费。

5.6.2 异质性分析

对所有职工的分组样本进行回归，被解释变量是职工参保状态的回归结果（见表 5-8）。从表 5-8 可以看出，年轻职工、教育水平位于两端（较低和较高）的职工、企业负责人、国有企业职工、城镇集体企业职工及第一产业职工，其参保概率受社会保险缴费率的负向影响更强，并且与其他职工的差异是显著的。具体分析如下：

第一，比较不同年龄职工的回归结果。表 5-8 显示，如果将社会保险缴费率提高 10 个百分点，年轻职工的参保概率将下降 5.11 个百分点，而年长职工的参保概率将下降 3.30 个百分点。两组职工的社会保险缴费率的估计值差异是显著的（z 统计量为 1.92）。也就是说，当社会保险缴费率提高时，年轻职工的反应更大、参保概率下降更多。

第二，比较不同教育水平职工的回归结果。表 5-8 显示，如果将社会保险缴费率提高 10 个百分点，教育水平较低、中等和较高职工的参保概率将分别下降 5.99 个百分点、2.76 个百分点和 5.32 个百分点。其中，教育水平较低职工的社会保险缴费率估计值和教育水平较高职工没有显著差异（z 统计量为 0.53），而中等教育水平职工的估计值与教育水平较低和较高职工的差异是显著的（z 统计量分别为 2.56 和 2.41）。这说明，教育水平位于两端（较低和较高）的职工，社会保险缴费率对其参保概率的负向影响更强。

第三，比较不同职业职工的回归结果。表 5-8 显示，如果将社会保险缴费率提高 10 个百分点，蓝领、专业技术人员和企业负责人的参保概率将分别降低 3.10 个百分点、4.66 个百分点和 8.57 个百分点。其中，蓝领的社会保险缴费率估计值和专业技术人员没有显著差异（z 统计量为 1.07），而企业负责人的估计值（绝对值）显著高于蓝领（z 统计量为 3.06），也显著高于专业技术人员（z 统计量为 1.90）。这说明，当社会保险缴费率提高时，与蓝领和专业技术人员相比，企业负责人的参保概率下降更多。

表 5-8 社会保险缴费率对不同特征职工参保概率的影响

Y：职工是否参保	年龄 年轻	年长	教育水平 较低	中等	较高	职业 蓝领	专业技术人员	企业负责人	所在企业所有制性质 国有企业	城镇集体企业	民营和外资企业	所在产业 第一产业	第二产业	第三产业
城市社会保险法定缴费率	-0.511*** (0.064)	-0.330*** (0.069)	-0.599*** (0.102)	-0.276*** (0.074)	-0.532*** (0.076)	-0.310*** (0.074)	-0.466*** (0.125)	-0.857*** (0.163)	-0.693*** (0.059)	-0.654*** (0.156)	0.070 (0.093)	-1.813*** (0.493)	-0.232*** (0.064)	-0.180** (0.085)
女性	0.016*** (0.005)	-0.020*** (0.005)	-0.049*** (0.008)	0.003 (0.005)	0.029*** (0.005)	-0.022*** (0.005)	0.025*** (0.008)	0.014 (0.011)	-0.003 (0.004)	0.040*** (0.012)	0.005 (0.007)	0.028 (0.032)	-0.012** (0.005)	-0.005 (0.006)
有配偶	0.031*** (0.008)	0.060*** (0.016)	0.098*** (0.020)	0.080*** (0.010)	0.069*** (0.009)	0.087*** (0.010)	0.079*** (0.016)	0.028 (0.018)	0.068*** (0.008)	0.066*** (0.022)	0.084*** (0.011)	0.276*** (0.075)	0.086*** (0.010)	0.075*** (0.010)
年龄	0.009*** (0.0006)	-0.001*** (0.0005)	0.003*** (0.0005)	0.003*** (0.0004)	0.002*** (0.0004)	0.003*** (0.0004)	0.002*** (0.0006)	0.003*** (0.0006)	0.002*** (0.0003)	0.005*** (0.0008)	0.004*** (0.0005)	0.000 (0.002)	0.002*** (0.0003)	0.005*** (0.0004)
中等教育水平	0.084*** (0.007)	0.030*** (0.005)	—	—	—	0.045*** (0.006)	0.055*** (0.015)	0.038** (0.018)	0.033*** (0.005)	0.053*** (0.013)	0.074*** (0.009)	0.053 (0.041)	0.037*** (0.005)	0.064*** (0.008)
较高教育水平	0.131*** (0.008)	0.039*** (0.006)	—	—	—	0.071*** (0.007)	0.076*** (0.016)	0.082*** (0.021)	0.051*** (0.006)	0.118*** (0.016)	0.123*** (0.010)	0.102** (0.042)	0.064*** (0.006)	0.114*** (0.009)
专业技术人员	0.035*** (0.008)	0.028*** (0.007)	0.008 (0.016)	0.044*** (0.008)	0.033*** (0.008)	—	—	—	0.023*** (0.006)	0.048** (0.020)	0.051*** (0.010)	-0.110** (0.048)	0.003 (0.007)	0.040*** (0.010)
企业负责人	0.041*** (0.010)	0.027*** (0.008)	-0.013 (0.023)	0.006 (0.012)	0.057*** (0.008)	—	—	—	0.028*** (0.007)	0.040 (0.028)	0.041*** (0.014)	-0.111* (0.062)	-0.012 (0.010)	0.040*** (0.012)

续表

Y: 职工是否参保	年龄		教育水平			职业			所在企业所有制性质			所在产业		
	年轻	年长	较低	中等	较高	蓝领	专业技术人员	企业负责人	国有企业	城镇集体企业	民营和外资企业	第一产业	第二产业	第三产业
国有企业	0.079*** (0.006)	0.072*** (0.006)	0.103*** (0.009)	0.080*** (0.007)	0.047*** (0.007)	0.089*** (0.006)	0.040*** (0.011)	0.033** (0.014)	—	—	—	0.175*** (0.062)	0.057*** (0.006)	0.098*** (0.007)
城镇集体企业	-0.030*** (0.009)	-0.033*** (0.008)	-0.022* (0.011)	-0.029*** (0.009)	-0.020* (0.012)	-0.022*** (0.008)	-0.039*** (0.019)	-0.026 (0.023)	—	—	—	-0.024 (0.075)	-0.061*** (0.009)	-0.0004 (0.009)
第二产业	0.132*** (0.020)	0.123*** (0.016)	0.120*** (0.030)	0.136*** (0.021)	0.125*** (0.017)	0.093*** (0.026)	0.128*** (0.024)	0.117*** (0.029)	0.108*** (0.013)	0.221*** (0.052)	0.212*** (0.042)	—	—	—
第三产业	0.034 (0.021)	0.057*** (0.015)	0.019 (0.029)	0.043** (0.020)	0.069*** (0.019)	-0.020 (0.026)	0.068*** (0.024)	0.093*** (0.028)	0.034** (0.013)	0.164*** (0.057)	0.115** (0.048)	—	—	—
省市控制变量	是	是	是	是	是	是	是	是	是	是	是	是	是	是
年份固定效应	是	是	是	是	是	是	是	是	是	是	是	是	是	是
观测数	32 665	38 104	14 856	28 090	27 823	29 383	10 120	6 560	46 397	7 160	17 212	932	30 995	22 812
虚拟 R²	0.072	0.045	0.069	0.064	0.058	0.068	0.046	0.063	0.052	0.058	0.068	0.091	0.043	0.074

注：表 5-8 是 Probit 模型的估计结果。所有估计值均为边际效应。括号内为估计值的异方差稳健标准差。*、**、*** 分别表示 10%、5% 和 1% 的显著性水平。回归中对照组的设置及加入的省市控制变量与表 5-6 相同。对于汇报的职业类型和所在产业信息模糊不清的职工，没有单独进行回归。

第四，比较在不同所有制企业中工作的职工的回归结果。表 5-8 显示，如果将社会保险缴费率提高 10 个百分点，国有企业职工和城镇集体企业职工的参保概率将分别下降 6.93 个百分点和 6.54 个百分点，而民营企业和外资企业职工的参保概率没有显著变化。另外，国有企业职工和城镇集体企业职工的社会保险缴费率的估计值差异并不显著（z 统计量为 0.23）。

第五，比较在不同产业中工作的职工的回归结果。表 5-8 显示，如果将社会保险缴费率提高 10 个百分点，第一产业职工、第二产业职工和第三产业职工的参保概率将分别下降 18.13 个百分点、2.32 个百分点和 1.80 个百分点。可以看出，第一产业职工的参保概率受社会保险缴费率的负向影响更强，不过，这可能与第一产业职工的观测太少有关（占三次产业职工的比例不到 2%）。第二产业职工和第三产业职工的社会保险缴费率估计值没有显著差异（z 统计量为 0.49）。

上述结果表明，不同年龄职工、不同教育水平职工、不同职业职工、在不同所有制企业和不同产业中工作的职工，其参保概率受社会保险缴费率的影响存在显著差异。

接下来，我们对参保职工的分组样本进行回归，被解释变量是参保职工的低报程度，回归结果见表 5-9。从表 5-9 可以看出，在参保职工中，年轻职工、教育水平较高职工、专业技术人员、国有企业职工和第二产业职工，其低报程度受社会保险缴费率的正向影响更强，而其他职工的低报程度没有受到社会保险缴费率的显著影响。具体分析如下：

第一，比较不同年龄职工的回归结果。表 5-9 显示，对于年长职工，社会保险缴费率对其低报程度没有显著影响；对于年轻职工，如果将社会保险缴费率提高 10 个百分点，低报程度将提高 1.89 个百分点。

第二，比较不同教育水平职工的回归结果。表 5-9 显示，对于教育水平中等及以下的职工，社会保险缴费率对其低报程度没有显著影响；对于教育水平较高的职工，如果将社会保险缴费率提高 10 个百分点，低报程度将提高 2.18 个百分点。

表5-9

社会保险缴费率对不同特征参保职工低报程度的影响

Y:参保职工低报程度	年龄		教育水平			职业			所在企业所有制性质			所在产业		
	年轻	年长	较低	中等	较高	蓝领	专业技术人员	企业负责人	国有企业	城镇集体企业	民营和外资企业	第一产业	第二产业	第三产业
城市社会保险法定缴费率	0.189***	0.107	0.068	0.097	0.218***	0.032	0.378***	0.190	0.277***	0.265	0.031	0.366	0.132*	-0.046
	(0.073)	(0.070)	(0.124)	(0.082)	(0.074)	(0.088)	(0.123)	(0.157)	(0.059)	(0.177)	(0.102)	(0.439)	(0.071)	(0.092)
女性	0.018***	0.055***	0.098***	0.053***	-0.002	0.072***	-0.012	0.002	0.041***	0.069***	0.012	-0.017	0.046***	0.033***
	(0.005)	(0.006)	(0.010)	(0.006)	(0.006)	(0.007)	(0.009)	(0.012)	(0.005)	(0.014)	(0.008)	(0.034)	(0.006)	(0.007)
有配偶	0.019**	0.040**	-0.023	-0.007	0.014	-0.017	-0.038**	0.029	0.002	0.007	0.010	-0.040	-0.025**	0.023**
	(0.009)	(0.020)	(0.027)	(0.012)	(0.009)	(0.012)	(0.017)	(0.021)	(0.009)	(0.026)	(0.013)	(0.084)	(0.011)	(0.011)
年龄	-0.006***	-0.002***	-0.001*	-0.003***	-0.003***	-0.002***	-0.003***	-0.003***	-0.003***	-0.0004	-0.003***	-0.003	-0.002***	-0.004***
	(0.0007)	(0.0005)	(0.0006)	(0.0004)	(0.0004)	(0.0004)	(0.0006)	(0.0007)	(0.0003)	(0.001)	(0.0005)	(0.002)	(0.0003)	(0.0005)
中等教育水平	-0.015	-0.008	—	—	—	-0.008	-0.025	-0.047*	-0.011**	-0.014	-0.005	0.033	-0.016**	-0.012
	(0.010)	(0.006)				(0.007)	(0.018)	(0.026)	(0.006)	(0.017)	(0.011)	(0.045)	(0.007)	(0.011)
较高教育水平	0.041***	0.018**	—	—	—	0.047***	0.016	0.069***	0.027***	0.038*	0.054***	0.032	-0.039***	0.055***
	(0.010)	(0.007)				(0.010)	(0.017)	(0.025)	(0.007)	(0.021)	(0.013)	(0.049)	(0.008)	(0.012)
专业技术人员	0.013	-0.018**	0.008	-0.022**	0.003	—	—	—	-0.009	-0.035	0.036***	-0.009	0.027***	-0.022*
	(0.008)	(0.008)	(0.017)	(0.009)	(0.010)				(0.007)	(0.022)	(0.012)	(0.044)	(0.008)	(0.011)
企业负责人	0.028**	0.025***	0.012	0.028**	0.022**	—	—	—	0.019**	0.118***	0.014	0.063	0.010	0.073***
	(0.011)	(0.009)	(0.025)	(0.012)	(0.010)				(0.008)	(0.026)	(0.014)	(0.057)	(0.010)	(0.013)

续表

Y: 参保职工低报程度	年龄		教育水平			职业			所在企业所有制性质			所在产业		
	年轻	年长	较低	中等	较高	蓝领	专业技术人员	企业负责人	国有企业	城镇集体企业	民营和外资企业	第一产业	第二产业	第三产业
国有企业	-0.045*** (0.007)	-0.053*** (0.007)	-0.030*** (0.011)	-0.053*** (0.007)	-0.055*** (0.007)	-0.039*** (0.007)	-0.066*** (0.012)	-0.070*** (0.014)	—	—	—	0.011 (0.051)	-0.053*** (0.006)	-0.057*** (0.008)
城镇集体企业	0.060*** (0.011)	0.099*** (0.011)	0.113*** (0.015)	0.073*** (0.012)	0.057*** (0.014)	0.106*** (0.012)	0.051** (0.021)	0.008 (0.025)	—	—	—	0.036 (0.092)	0.111*** (0.011)	0.059*** (0.012)
第二产业	-0.079*** (0.025)	-0.098*** (0.019)	-0.027 (0.037)	-0.102*** (0.025)	-0.110*** (0.022)	-0.074** (0.030)	-0.080*** (0.028)	-0.170*** (0.045)	-0.104*** (0.016)	0.042 (0.080)	-0.045 (0.043)	—	—	—
第三产业	-0.002 (0.025)	-0.037* (0.020)	0.047 (0.038)	-0.028 (0.025)	-0.052** (0.022)	0.021 (0.030)	-0.027 (0.029)	-0.135*** (0.046)	-0.030* (0.017)	0.072 (0.080)	0.036 (0.043)	—	—	—
省市控制变量	是	是	是	是	是	是	是	是	是	是	是	是	是	是
年份固定效应	是	是	是	是	是	是	是	是	是	是	是	是	是	是
观测数	20 479	25 362	9 297	18 039	18 505	18 603	6 896	4 606	31 745	3 857	10 239	589	22 284	13 276
调整后 R^2	0.045	0.051	0.054	0.052	0.055	0.054	0.055	0.048	0.046	0.026	0.025	0.033	0.029	0.033

注：括号内为估计值的异方差稳健标准差。*、**、***分别表示 10%、5% 和 1% 的显著性水平。回归中对照组的设置及加入的省市控制变量与表 5-6 相同。对于汇报的职业类型和所在产业信息模糊不清的职工，没有单独进行回归。

第三，比较不同职业职工的回归结果。表 5-9 显示，对于蓝领和企业负责人，社会保险缴费率对其低报程度没有显著影响；对于专业技术人员，如果将社会保险缴费率提高 10 个百分点，低报程度将提高 3.78 个百分点。

第四，比较在不同所有制企业中工作的职工的回归结果。表 5-9 显示，对于城镇集体企业职工、民营企业和外资企业职工，社会保险缴费率对其低报程度没有显著影响；对于国有企业职工，如果社会保险缴费率提高 10 个百分点，其低报程度将提高 2.77 个百分点。

第五，比较在不同产业中工作的职工的回归结果。表 5-9 显示，对于第一产业职工和第三产业职工，社会保险缴费率对其低报程度没有显著影响；对于第二产业职工，社会保险缴费率提高 10 个百分点，会使其低报程度提高 1.32 个百分点。

上述结果表明，在参保职工中，不同年龄职工、不同教育水平职工、不同职业职工、在不同所有制企业和不同产业中工作的职工，其低报程度受社会保险缴费率的影响存在显著差异。

综合被解释变量分别为职工参保状态和参保职工低报程度的回归结果，有以下发现：

（1）与年长职工相比，社会保险缴费率对年轻职工的参保概率和参保后低报程度的影响都更强。这主要有 3 方面原因。其一，年轻职工的工作年限较短，积累的资产较少，更易受到流动性约束，当社会保险缴费率提高导致当期可支配收入减少时，与年长职工相比，年轻职工会更抵触参保；其二，从养老保险来看，虽然政策规定缴费满 15 年才能在退休后领取养老金，但年轻职工还没有真正地受到这一规定的约束[①]，当社会保险缴费率提高时，年轻职工可能会推迟参保；其三，年轻职工距离退休的年限较长，当期缴费对未来养老金的贴现值的贡献较小（贴现期较长），即 V_i 和 V_f 较小，根据第 4 章的分析，当社会保险缴费率提高时，企业会为年轻的参保职工低报更多。

（2）从是否参保的角度来看，教育水平位于两端（较低和较高）的

---

① 根据第 3 章的定义，年轻职工的年龄不超过 40 岁，与法定退休年龄的距离大于 15 年。

职工受社会保险缴费率的影响较强；从参保后低报程度的角度来看，教育水平较高的职工受社会保险缴费率的影响较强。这主要有3方面原因。其一，教育水平较低（初中及以下）的职工可能对社会保险制度了解不足，而且其工资水平往往较低，这使得他们更重视当期可支配收入，当社会保险缴费率提高时，他们会不愿参保；同时，教育水平较低的职工往往缺乏与企业讨价还价的能力，当社会保险缴费率提高时，企业会倾向于不为这些职工参保以减少用工成本。其二，当社会保险缴费率提高时，教育水平较高（大专及以上）的职工可能利用相关知识、通过其他方式来为自己提供未来的养老和医疗等保障，如将资金用于购买股票和商业保险等，而不将资金投入到社会保险，即参保积极性减弱。其三，教育水平较高的职工，其工资水平也往往较高①，根据第4章的分析，对于这些参保职工，企业低报其缴费工资的空间相对较大，所以其低报程度对社会保险缴费率的反应相对较强。

（3）从是否参保的角度来看，企业负责人受社会保险缴费率的影响最强；从参保后低报程度的角度来看，专业技术人员受社会保险缴费率的影响最强。这主要有两方面原因。一方面，企业负责人对整个企业以及自己是否参保有较大的话语权和决策权，当社会保险缴费率提高时，企业负责人的反应可能是直接不参保而不是在参保后想方设法低报自己的缴费工资；另一方面，专业技术人员的工资较高②，企业低报其缴费工资的空间相对较大，当社会保险缴费率提高时，企业会更多地提高这些职工的低报程度。

（4）从所在企业的所有制性质来看，对于国有企业职工，社会保险缴费率对其参保概率和参保后低报程度的影响均较强；对于民营企业和外资企业职工，社会保险缴费率对其参保概率和参保后低报程度均无显著影响。这一结果与企业样本的异质性分析结果不符（见表5-3和表5-4）。这主要有两方面原因。一方面，职工样本中的职工不仅在工业企业工作，也在其他行业的企业工作（如服务业等），而不同行

---

① 在样本中，对于参保职工，教育水平较低职工的平均工资约为14 860元，中等教育水平职工的平均工资约为16 990元，教育水平较高职工的平均工资约为23 975元。
② 在样本中，在参保职工中，蓝领的平均工资约为15 216元，专业技术人员的平均工资约为22 043元，企业负责人的平均工资约为26 113元。虽然企业负责人的工资较高，但根据正文中的分析，企业负责人更可能采用不参保的方式来逃避缴费。

业的不同所有制企业可能对社会保险缴费率有不同的反应。另一方面，职工自行报告的企业所有制性质与企业样本中定义的企业所有制性质可能存在差异。具体而言，在企业样本中，我们采用聂辉华等（2012）的建议，使用企业的注册类型和控股比例这两方面的信息来识别国有企业。而职工可能并不清楚自己所在企业的控股比例，职工汇报的企业所有制性质可能更多的是企业的注册类型。所以，职工汇报的国有企业与企业样本中定义的国有企业可能有所差别。例如，一家企业最初在工商局的登记注册类型是国有企业，但后来在经营过程中，国有资本的比例不断减少，最终低于50%，那么我们不认为该企业是真正的国有企业，但该企业的职工可能还是会将企业所有制性质汇报为国有企业。在职工样本中，大部分职工（76%左右）都报告自己在国有企业和城镇集体企业工作。[1]我们认为，按照真正的控股比例来看，目前国有企业职工和城镇集体企业职工占全部职工的比例不会如此之高。[2]

（5）从职工所在产业来看[3]，在是否参保方面，第二产业职工和第三产业职工对社会保险缴费率的反应没有明显差异；在参保后低报缴费工资方面，第二产业职工的低报程度受社会保险缴费率的影响更强。由于我们的企业样本不包括第三产业企业，所以，职工样本中的这一发现很有意义，为不同产业企业的缴费遵从度的比较提供了一些启发。具体而言，这意味着，相较于第三产业企业，当社会保险缴费率提高时，第二产业企业逃避缴费更多。基于此，我们以工业企业为样本开展分析是很有必要的，逃避缴费程度对社会保险缴费率更为敏感的企业理应是我们关注的重点。

5.6.3 稳健性检验

我们进行了一系列的稳健性检验，结果见表5-10。具体分析如下：

---

[1] 其余职工报告自己在民营企业或外资企业工作，但是没有明确地报告究竟是在民营企业还是在外资企业。

[2] 也就是说，如果从控股比例来看，一些职工所汇报的国有企业和城镇集体企业很可能已经是民营企业或外资企业。

[3] 由于第一产业职工占比较低，这里不对他们开展讨论。

表 5-10 稳健性检验（职工）

	Y：职工是否参保		Y：参保职工低报程度		Y：参保职工低报程度 面板数据固定效应模型	Y：职工实际缴费工资与总工资之比 Tobit	Y：城市职工参保率 SUR	Y：城市参保职工平均低报程度 SUR	Y：城市职工参保率 系统GMM	Y：城市参保职工平均低报程度 系统GMM
	2002—2005	2006—2009	2002—2005	2006—2009						
城市社会保险法定缴费率	-0.302*** (0.061)	-0.745*** (0.076)	0.121* (0.065)	0.166** (0.083)	0.396** (0.168)	-0.224*** (0.042)	-0.451** (0.200)	0.216* (0.127)	-0.309** (0.131)	0.404** (0.190)
城市上一年职工参保率	—	—	—	—	—	—	—	—	0.636*** (0.097)	—
城市上一年参保职工平均低报程度	—	—	—	—	—	—	—	—	—	0.358*** (0.090)
女性	-0.005 (0.004)	0.010** (0.005)	0.036*** (0.005)	0.036*** (0.006)	—	0.019*** (0.003)	—	—	—	—
有配偶	0.091*** (0.008)	0.051*** (0.009)	0.009 (0.009)	0.003 (0.010)	-0.004 (0.086)	0.030*** (0.005)	—	—	—	—
年龄	0.003*** (0.0003)	0.002*** (0.0003)	-0.003*** (0.0003)	-0.002*** (0.0004)	-0.016*** (0.004)	0.003*** (0.0002)	—	—	—	—
中等教育水平	0.043*** (0.005)	0.060*** (0.007)	-0.002 (0.006)	0.026*** (0.010)	0.106 (0.085)	0.024*** (0.004)	—	—	—	—
较高教育水平	0.084*** (0.006)	0.074*** (0.008)	-0.006 (0.007)	0.067*** (0.010)	0.050 (0.103)	0.023*** (0.005)	—	—	—	—
专业技术人员	0.031*** (0.006)	0.025*** (0.008)	-0.0001 (0.007)	-0.013 (0.010)	-0.029 (0.043)	-0.013*** (0.005)	—	—	—	—

续表

	Y: 职工是否参保	Y: 职工是否参保	Y: 参保职工低报程度	Y: 参保职工低报程度	Y: 参保职工低报程度	Y: 职工实际缴费工资与总工资之比	Y: 城市职工参保率	Y: 城市参保职工平均低报程度	Y: 城市职工参保率	Y: 城市参保职工平均低报程度
企业负责人	-0.016 (0.012)	0.046*** (0.008)	0.028** (0.011)	0.047*** (0.009)	-0.051 (0.054)	-0.015*** (0.006)	—	—	—	—
国有企业	0.086*** (0.006)	0.066*** (0.006)	-0.052*** (0.006)	-0.046*** (0.007)	0.005 (0.034)	0.080*** (0.004)	—	—	—	—
城镇集体企业	-0.029*** (0.008)	-0.024*** (0.009)	0.083*** (0.010)	0.081*** (0.013)	0.009 (0.045)	-0.030*** (0.005)	—	—	—	—
第二产业	0.116*** (0.017)	0.140*** (0.018)	-0.076*** (0.020)	-0.106*** (0.024)	0.002 (0.054)	0.135*** (0.012)	—	—	—	—
第三产业	0.023 (0.017)	0.078*** (0.018)	-0.011 (0.020)	-0.032 (0.025)	0.025 (0.056)	0.038*** (0.012)	—	—	—	—
观测数	34 250	36 519	22 186	23 655	15 932	61 830	453	453	355	355
R^2	0.058	0.064	0.045	0.059	0.011	0.049	0.128	0.037		
Arellano-Bond AR (1) 检验p值									0.000	0.000
Arellano-Bond AR (2) 检验p值									0.553	0.248
Hansen检验p值									1.000	1.000

注：括号内为估计值的标准差。对于SUR，报告的是Bootstrap标准差。其他各列回归，报告的是异方差稳健标准差。*、**、***分别表示10%、5%和1%的显著性水平。所有回归均加入了年份固定效应和省市省市控制变量。

（1）我们将职工样本划分为两个时段：2002—2005 年及 2006—2009 年[①]，并分别对每个时段的子样本进行回归，得到的结果与基准回归结果十分一致：社会保险缴费率对职工的参保概率有显著的负向影响，对参保职工的低报程度有显著的正向影响。

（2）使用构建的职工面板数据和固定效应模型进行回归，结果显示，社会保险缴费率对参保职工的低报程度有显著的正向影响，这与使用重复截面数据的基准回归结果相符。可以看出，面板数据回归的观测显著少于基准回归。这是因为：一方面，中国城镇住户调查数据中，2002—2006 年、2007 年和 2008—2009 年的家庭代码编号方法存在较大差异，我们只能对 2002—2006 年的职工样本构建面板数据；另一方面，从抽样设计上，每年都有 1/3 的样本被轮换掉，家庭成员的基本信息（性别、年龄和民族等）能够匹配起来的观测较少。

（3）综合考虑职工的参保状态和参保职工的低报程度，将被解释变量设置为职工实际缴费工资与总工资之比，Tobit 模型的回归结果显示：社会保险缴费率的估计值显著为负。[②]这说明，提高社会保险缴费率会降低职工实际缴费工资与其总工资的比例，即降低缴费遵从度。这与基准回归结果一致。

（4）构建城市层面的面板数据，似无相关回归的结果显示：社会保险缴费率对城市职工参保率有负向影响，对城市参保职工的平均低报程度有正向影响。这与基准回归结果相符。

（5）构建城市层面的面板数据，在回归中引入被解释变量的一阶滞后项，并使用系统 GMM 估计方法，回归结果显示：当被解释变量为城市职工参保率时，社会保险缴费率的系数为负；当被解释变量为城市参保职工的平均低报程度时，社会保险缴费率的系数为正。[③]这与基准回归结果一致。

上述稳健性检验的结果表明，无论将样本分时段回归、使用构建的面板数据和固定效应模型、使用 Tobit 模型（将样本作为删失数据处

---

① 之所以这样划分，是因为 2006 年国家改革了企业职工养老保险的账户划分办法和养老金计发办法。详见 5.3.3 部分的说明。
② Tobit 模型的估计值均已转化为边际效应。
③ 表 5-10 显示，在系统 GMM 估计中，Arellano-Bond AR（2）检验和 Hansen 检验均不显著，说明工具变量是有效的。

理）还是在城市层面回归，社会保险缴费率的系数符号均与基准回归结果一致。这说明，基准回归结果较为可靠。

5.7　企业层面实证结果与职工层面实证结果的比较

基于上文的实证结果，我们从企业数据和职工数据中有较为一致的发现：提高社会保险缴费率会降低缴费遵从度，即降低参保概率、提高参保后的低报程度。

为了将企业数据的回归结果和职工数据的回归结果进行比较，我们根据弹性的定义，分别计算企业数据中的缴费遵从度对社会保险缴费率的反应弹性和职工数据中的缴费遵从度对社会保险缴费率的反应弹性。计算式如下：

$$\text{elasticity} = \frac{d\ln Y}{d\ln T} = \frac{dY}{dT} \times \frac{T}{Y}$$

我们在样本均值处计算弹性。[①]企业数据的结果显示：企业的参保概率对社会保险缴费率的弹性为 -0.10，参保企业的低报程度对社会保险缴费率的弹性为 0.51。职工数据的结果显示：职工的参保概率对社会保险缴费率的弹性为 -0.24，参保职工的低报程度对社会保险缴费率的弹性为 0.16。[②]

也就是说，如果社会保险缴费率提高 1%，企业的参保概率将下降 0.10%，而职工的参保概率将下降 0.24%；参保企业的低报程度将提高 0.51%，而参保职工的低报程度将提高 0.16%。

由此可见，从是否参保的角度来看，职工对社会保险缴费率的反应更大；从参保后低报程度的角度来看，当社会保险缴费率变动时，企业对整体缴费工资的调整幅度大于企业对参保职工个人缴费工资的调整幅度。这可以从以下两方面来理解：

（1）当社会保险缴费率提高时，与企业相比，职工参保决策的调整更为灵活。职工既可以到不参保的企业工作，也可以在参保企业中工作

---

①　我们没有采用 lnY-lnT 的回归形式来直接估计弹性（lnT 的回归系数），是因为：（1）参保状态是 0-1 虚拟变量，不能对其取对数；（2）低报程度中存在负值（样本中有少量高报缴费工资的现象），也不能取对数。所以，我们无法计算 lnY。
②　以参保职工低报程度的弹性为例，来说明我们计算弹性的方法。由表 5-7 的回归结果可知，dY/dT=0.154。而 T 的均值为 0.403，Y（低报程度）的均值为 0.380。所以，弹性 =0.154×0.403/0.380≈0.16。

但不参保（不登记为正式职工或在不同企业间转换工作时断保退保）。而企业作为一个整体，其参保决策相对较难调整，一旦企业在社会保险经办机构或税务机关登记注册为参保企业，就很难退保转变为不参保企业。政府的监管主要针对企业，而非职工个人，这限制了企业改变整体参保状态的灵活性。[①]

（2）根据第 3 章式（3-6）的分析，当社会保险缴费率提高时，参保企业有两种方式来低报缴费工资：减少企业内部的参保职工人数；低报每个参保职工的缴费工资。所以，参保企业低报程度对社会保险缴费率的反应实际上由两部分组成：一部分是企业内部参保率[②]对社会保险缴费率的反应；另一部分是参保职工低报程度对社会保险缴费率的反应。因此，与职工数据相比，我们从企业数据中观察到的低报程度对社会保险缴费率的反应更大。

5.8　社会保险缴费率对社会保险缴费收入的影响

根据上文的分析，社会保险缴费率对缴费遵从度有负向影响，即提高社会保险缴费率会从逃避缴费的角度减少缴费基数（以下简称费基）。那么，费基的减幅是否超过了缴费率的增幅，进而导致社会保险缴费收入减少？下面对此问题进行研究。

5.8.1　企业缴费收入

首先，从企业层面来看，企业的总缴费收入可表示为如下形式：

企业的总缴费收入＝参保企业数×参保企业的平均缴费额

$$
= \left(\begin{matrix} 企业 \\ 总数 \end{matrix} \times \begin{matrix} 企业 \\ 参保率 \end{matrix} \right) \times \left(\begin{matrix} 参保企业的 \\ 平均缴费工资 \end{matrix} \times \begin{matrix} 企业 \\ 缴费率 \end{matrix} \right) \quad (5-3)
$$

$$
= \left(\begin{matrix} 企业 \\ 总数 \end{matrix} \times \begin{matrix} 企业 \\ 参保率 \end{matrix} \right) \times \frac{参保企业的}{平均缴费工资}{平均工资总额} \times \left(\begin{matrix} 参保企业的 \\ 平均工资总额 \end{matrix} \times \begin{matrix} 企业 \\ 缴费率 \end{matrix} \right)
$$

其中：参保企业的缴费工资，是指参保企业实际报告的缴费工资。

---

① 即政府主要观察企业整体是否参保，而不会严格审查企业内部每个职工是否参保。这就使得职工参保状态调整的灵活性高于企业。
② 即企业内部的参保职工人数与企业职工总人数之比。

进一步地，企业的总缴费对社会保险缴费率的弹性（以下简称弹性）可以表示为：

$$
\begin{array}{c}
\text{企业总} \\
\text{缴费的弹性}
\end{array} =
\begin{array}{c}
\text{企业总数} \\
\text{的弹性}
\end{array}
\begin{array}{c}
\text{企业参保} \\
\text{率的弹性}
\end{array}
\begin{array}{c}
\text{参保企业平均缴费工资} \\
\text{与工资总额比例的弹性}
\end{array}
\begin{array}{c}
\text{参保企业平均} \\
\text{工资总额的弹性}
\end{array}
\begin{array}{c}
\text{企业缴费} \\
\text{率的弹性}
\end{array}
\quad (5-4)
$$

我们假设企业总数不随社会保险缴费率的变化而变化[1]，即企业总数的弹性为 0。

同时，为简化分析，这里我们不考虑社会保险缴费率对参保企业工资总额的影响，即参保企业工资总额的弹性为 0。[2]

因此，企业总缴费的弹性公式可以简化为：

$$
\begin{array}{c}
\text{企业总缴} \\
\text{费的弹性}
\end{array} =
\begin{array}{c}
\text{企业参保} \\
\text{率的弹性}
\end{array} +
\begin{array}{c}
\text{参保企业缴费工资占} \\
\text{工资总额比例的弹性}
\end{array} +
\begin{array}{c}
\text{企业缴费} \\
\text{率的弹性}
\end{array}
\quad (5-5)
$$

其中：根据上文对弹性的计算，企业参保率的弹性为 -0.10。

根据低报程度的定义，参保企业缴费工资占工资总额的比例等于政策规定缴费工资与工资总额的比例减去低报程度，即 $ratio_f^r = 1 - diff_f$。

由于实证结果显示 $\dfrac{d(diff_f)}{dT} = 0.782$，所以，$\dfrac{dratio_f^r}{dT} = -0.782$。进一步地：

$$
\text{elasticity of } ratio_f^r = \frac{dratio_f^r}{dT} \times \frac{T}{ratio_f^r} \approx -0.82
$$

企业缴费率（T_f）的弹性是 T_f 的增长率与 T 的增长率之比。在样本期间，这一比例约为 1.30。

因此，根据式（5-5），企业总缴费的弹性约为 0.38。也就是说，社会保险缴费率提高 1%[3]，企业总缴费增加 0.38%。

进一步地，根据企业总缴费的弹性，我们可以计算企业总缴费的半弹性[4]，约为 0.94。也就是说，社会保险缴费率提高 1 个百分点[5]，企业总缴费增加 0.94%。

此外，有以下两点需要说明：

（1）受到数据可得性的限制，在上述计算中，我们只考虑了规模以

---

[1] 即假设社会保险缴费率不会改变企业进入市场或退出市场的决定。另外，这里提到的社会保险缴费率是 5 项保险的企业缴费率与职工缴费率之和（T）。

[2] 在第 7 章中，我们会讨论社会保险缴费的负担归宿，会将参保企业工资总额的弹性考虑进来。

[3] T 的均值为 0.403。所以，1% 的提高是从 0.403 增加到 0.407。

[4] 企业总缴费的半弹性=dln（企业总缴费）/dT=企业总缴费的弹性/T。

[5] T 的均值为 0.403。所以，1 个百分点的提高是从 0.403 增加到 0.413。

上工业企业的情况。如果将规模以下工业企业也考虑进来，企业总缴费的弹性会更低。也就是说，当社会保险缴费率提高时，企业总缴费的增幅更小。这是因为：根据企业样本异质性分析的结果，对于主营业务收入较低的企业，社会保险缴费率对其低报程度的影响更强，即 $ratio_i^r$ 的弹性（绝对值）更大。

（2）受到数据可得性的限制，在上述计算中，我们没有考虑其他行业的企业（第一产业企业、建筑业企业和第三产业企业）。职工样本异质性分析的结果显示，第二产业职工的参保率和第三产业职工的参保率对社会保险缴费率的反应无明显差异，但第二产业的参保职工的低报程度对社会保险缴费率的反应大于第三产业的参保职工。这意味着，第二产业参保企业的低报程度对社会保险缴费率的反应大于第三产业参保企业。[①]所以，如果将第三产业企业纳入分析，企业总缴费的弹性可能会变大，即当社会保险缴费率提高时，企业总缴费的增幅变大。由于职工样本中在第一产业和建筑业工作的职工较少，我们难以推测在包括第一产业企业和建筑业企业之后企业总缴费弹性的变化。

虽然我们不能得到所有企业（包括不同规模企业、不同行业企业）的总缴费的弹性[②]，但针对规模以上工业企业的计算至少可以表明，提高社会保险缴费率所导致的逃避缴费程度加剧确实侵蚀了企业缴费收入。

5.8.2　职工缴费收入

下面分析社会保险缴费率对职工总缴费收入的影响。职工总缴费可表示为如下形式：

职工的总缴费 = 参保职工人数 × 参保职工的人均缴费额

$$= \left(\begin{matrix} 职工 \\ 总人数 \end{matrix} \times \begin{matrix} 职工 \\ 参保率 \end{matrix} \right) \times \left(\begin{matrix} 参保职工的 \\ 人均缴费工资 \end{matrix} \times \begin{matrix} 职工 \\ 缴费率 \end{matrix} \right) \quad (5-6)$$

$$= \left(\begin{matrix} 职工 \\ 总人数 \end{matrix} \times \begin{matrix} 职工 \\ 参保率 \end{matrix} \right) \times \left(\begin{matrix} 参保职工的 \\ 人均缴费工资 \end{matrix} \Big/ \begin{matrix} 人均 \\ 总工资 \end{matrix} \right) \times \begin{matrix} 参保职工的 \\ 人均总工资 \end{matrix} \times \begin{matrix} 职工 \\ 缴费率 \end{matrix}$$

---

① 这是因为：低报缴费工资主要是企业的行为，参保职工的低报程度实际上反映了其所在企业的低报情况。

② 如果未来我们能够获得不同规模企业和不同行业企业的样本，我们可以计算所有企业总缴费收入对社会保险缴费率的弹性，这是我们下一步研究的方向。

其中：参保职工的人均缴费工资，是指企业为参保职工实际报告的缴费工资。

与企业总缴费相似，职工的总缴费对社会保险缴费率的弹性可以表示为：

$$\frac{\text{职工总缴}}{\text{费的弹性}}=\frac{\text{职工总人}}{\text{数的弹性}}+\frac{\text{职工参保}}{\text{率的弹性}}+\frac{\text{参保职工人均缴费工}}{\text{资与总工资比例的弹性}}+\frac{\text{参保职工人均}}{\text{总工资的弹性}}+\frac{\text{职工缴费}}{\text{率的弹性}} \quad (5-7)$$

与企业总缴费的分析相似，这里我们暂时不考虑参保职工人均总工资的弹性。另外，我们也暂时不考虑职工总人数的弹性。①

所以，职工总缴费的弹性可以进一步表示为：

$$\frac{\text{职工总}}{\text{缴费的弹性}}=\frac{\text{职工参保}}{\text{率的弹性}}+\frac{\text{参保职工人均缴费工资}}{\text{与总工资比例的弹性}}+\frac{\text{职工缴费}}{\text{率的弹性}} \quad (5-8)$$

其中：根据上文对弹性的计算，职工参保率的弹性为-0.24。

根据低报程度的定义，参保职工人均缴费工资与总工资的比例等于政策规定的缴费工资与总工资的比例减去低报程度，即$\text{ratio}_i^r=\text{ratio}_i^s-\text{diff}_i$。

所以，$\dfrac{\text{dratio}_i^r}{\text{dT}}=\dfrac{\text{dratio}_i^s}{\text{dT}}-\dfrac{\text{d}(\text{diff}_i)}{\text{dT}}$。这里不考虑 T 对职工个人总工资的影响，那么，$\dfrac{\text{dratio}_i^s}{\text{dT}}=0$②。根据上文的实证结果，可知$\dfrac{\text{dratio}_i^r}{\text{dT}}$

$=-\dfrac{\text{d}(\text{diff}_i)}{\text{dT}}=-0.154$。进一步地：

$$\text{elasticity of ratio}_i^r=\frac{\text{dratio}_i^r}{\text{dT}}\times\frac{T}{\text{ratio}_i^r}\approx-0.08$$

职工缴费率（T_i）的弹性是T_i的增长率与 T 的增长率之比。在样本中，这一比例为0.29。

因此，根据式（5-8），职工总缴费的弹性为-0.03。也就是说，社会保险缴费率提高1%③，职工总缴费不仅不增加，还会减少0.03%。

---

① 在第7章分析社会保险缴费的负担归宿时，我们会将参保职工总工资的弹性和职工总人数的弹性考虑进来，即考虑社会保险缴费率对参保职工总工资及职工人数的影响。
② 当职工的总工资在当地平均工资的 60%~300% 之间时，$\text{ratio}_i^s=1$，所以，$\dfrac{\text{dratio}_i^s}{\text{dT}}=0$；当职工的总工资低于当地平均工资的60%或高于300%时，ratio_i^s与职工的总工资相关，不再是常数，此时，假设 T 不影响职工总工资，就相当于是假设 T 不影响ratio_i^s。
③ 在均值处，1%的提高是从 0.403 增加到 0.407。

进一步地，我们可计算出职工总缴费的半弹性①，约为−0.07。也就是说，社会保险缴费率提高 1 个百分点②，职工总缴费减少 0.07%。

值得注意的是，由于中国城镇住户调查数据中的职工基本都有本市非农户口，上述计算所得到的职工总缴费弹性仅仅反映了社会保险缴费率对本市非农户口职工缴费收入的影响。如果将外地户口职工（特别是农民工）考虑进来，社会保险缴费率对职工缴费收入的负向影响可能更强。这是因为：社会保险制度在地区间存在分割，职工跨区转移社会保险关系存在障碍，这使得外地户口职工的逃避缴费激励更强，当社会保险缴费率提高时，他们的缴费遵从度下降更多。

5.9　小结

本章实证分析了社会保险缴费率对我国缴费遵从度的影响。主要结果为：（1）社会保险缴费率的提高，显著降低了企业和职工的参保概率，也加剧了参保企业低报缴费工资的程度，包括低报企业整体的缴费工资和低报参保职工个人的缴费工资。具体而言，企业的参保概率对社会保险缴费率的弹性为−0.10，职工的参保概率对社会保险缴费率的弹性为−0.24；参保企业低报企业整体缴费工资的程度（参保企业低报程度）对社会保险缴费率的弹性为 0.51，参保职工个人缴费工资被其所在企业低报的程度（参保职工低报程度）对社会保险缴费率的弹性为0.16。（2）不同特征的企业，缴费遵从度受社会保险缴费率的影响有所不同。从参保状态来看，民营企业和人力资本水平较低的企业，受社会保险缴费率的影响较强；从参保后低报企业整体缴费工资的程度来看，民营企业、外资企业、主营业务收入较低企业和人力资本水平较低企业，受社会保险缴费率的影响较强。（3）不同特征的职工，缴费遵从度受社会保险缴费率的影响也存在差异。从参保状态来看，年轻职工、教育水平位于两端（较低和较高）的职工、企业负责人、国有企业职工、城镇集体企业职工和第一产业职工，受社会保险缴费率的影响较强；从

---

① 职工总缴费的半弹性=dln（职工总缴费）/dT=职工总缴费的弹性/T。
② 在均值处，1 个百分点的提高是从 0.403 增加到 0.413。

参保后个人缴费工资被所在企业低报的程度来看，年轻职工、教育水平较高职工、专业技术人员、国有企业职工和第二产业职工，受社会保险缴费率的影响较强。此外，通过多维度的稳健性检验，包括将样本分段回归、使用 Tobit 模型回归以及使用城市层面的面板数据进行回归，我们发现本章的主要结果是可靠的。

本章的研究表明，适当降低当前较高的社会保险缴费率，可以促进企业和职工参保，也可以激励参保企业如实汇报缴费工资，提高社会保险体系的效率。白重恩（2011）认为，降低当前过高的社会保险缴费率非常必要。不过，他是从"不利于扩大就业""限制可支配收入的增长""抑制消费""缴费严重累退"等角度得出这一结论。本章的研究从缴费遵从度（社会保险体系自身运行效率）的角度，得出了同样的结论：应降低社会保险缴费率。

同时，本章的研究发现，降低社会保险缴费率所导致的社会保险缴费收入减少的问题并不严重。一方面，降低社会保险缴费率，企业缴费收入的降幅较小；另一方面，降低社会保险缴费率，职工的缴费收入非但不会减少，反而略有增加。另外，降低社会保险缴费率，可以减少职工就业选择的扭曲（即职工选择到不参保企业就业），也可以为企业节省低报的成本，进而提高效率。

此外，本章的研究还表明，政府在激励企业参保的同时，还应注意督促参保企业为其全部职工参保并如实汇报每个参保职工的缴费工资，另外应重点加强对民营企业、外资企业、主营业务收入较低企业和人力资本水平较低企业的监管力度。

第6章 社会保险制度分割对我国缴费遵从度的影响

6.1 本章导论

本章实证分析社会保险制度分割对我国缴费遵从度的影响。正如第2章所分析的，我国城镇职工社会保险制度既存在人群之间的分割，也存在地区之间的分割。

本章利用2008年实施的事业单位养老保险改革，来讨论制度在人群间的分割对缴费遵从度的影响。①这项改革是将养老保险"双轨制"部分并轨，即将事业单位养老保险与企业养老保险并轨。那么，改革减弱了制度在人群间的分割程度，这是否会影响职工的参保缴费激励？影响机制和影响幅度如何？这是本章所关心的问题。

---

① 本章选择2008年的事业单位养老保险改革，而没有选择最近的机关事业单位养老保险改革，主要是因为：一方面，职工调查数据期间是2002—2009年，2008年改革正好处于这个期间，而最近改革的数据尚不可得。另一方面，近期改革推进时间尚短，而且是全国推进，难以找到改革的对照组，因此目前较难检验近期改革的影响，具体见6.2.1部分的说明。

另外，本章也分析了制度在地区间的分割对缴费遵从度的影响。分析对象主要为流动人口，特别是农民工。这是因为：制度在地区间的分割，使社会保险关系跨区转移接续存在障碍，这主要会影响流动性较强、工作变动较为频繁的职工。那么，这些职工的参保现状如何？是否受到制度在地区间分割的影响？这是否会进一步影响企业的缴费遵从度？本章将对上述问题展开分析。

本章剩余部分安排如下：6.2 节借助事业单位养老保险改革这个"自然实验"，实证检验社会保险制度在人群间的分割对缴费遵从度的影响，包括研究背景、文献综述、影响机制的定性分析、计量模型设定、数据说明、描述性统计和实证结果分析等部分；6.3 节研究社会保险制度在地区间的分割对缴费遵从度的影响，分析流动人口的参保现状及其与企业缴费遵从度的联系；6.4 节总结本章研究结果，并对相关政策含义进行讨论。

6.2 制度在人群间的分割

6.2.1 研究背景

为了适应经济体制改革的需要，1991 年，国务院发布《关于企业职工养老保险制度改革的决定》（国发〔1991〕33 号），明确了由国家、企业和职工共同承担养老保险费用的改革方向，其中也规定机关事业单位的养老保险制度改革，由原人事部负责。1992 年，原人事部发布《关于机关、事业单位养老保险制度改革有关问题的通知》（人退发〔1992〕2 号），决定逐步改变退休金现收现付、全部由国家包办的做法。自 1994 年开始，云南、江苏和福建等地先后开展机关事业单位养老保险改革的试点工作。截至 1997 年，全国 28 个省（自治区、直辖市）的 1 700 多个地市县开展了试点，但各地试点情况差别较大，实施细节各不相同，最终未能形成全国统一的实施方案（财政部财政科学研究所课题组，2012）。

时隔多年，为了建立统一的覆盖城乡居民的社会保险体系，我国又启动了新一轮的事业单位养老保险改革。2008 年 3 月，国务院发布《关于印发事业单位工作人员养老保险制度改革试点方案的通知》（国发〔2008〕10 号），决定推行事业单位养老保险改革，并在山西、上海、浙江、广东和重庆先期开展试点，与事业单位分类改革试点配套推进。事业单位养老保险改革的主要内容包括以下 5 方面：（1）改革对象为事业单位分类改革后从事公益服务的事业单位及其工作人员。（2）实行社会统筹与个人账户相结合的基本养老保险制度，费用由单位和个人共同承担。（3）对于缴费年限满 15 年的人员，退休后按月计发养老金，包括基础养老金和个人账户养老金；缴费年限不足 15 年的人员，不发给基础养老金，个人账户储存额将一次性支付给本人。①（4）建立养老金正常调整机制，同时建立职业年金制度，提高事业单位退休人员的生活水平。（5）具备条件的试点地区可实行省级统筹，其他试点地区可实行与企业职工基本养老保险相同的统筹层次。

通过与企业职工基本养老保险②的比较，发现国发〔2008〕10 号文件对事业单位工作人员养老保险的构建实质上与企业职工相同。因此，2008 年实施的事业单位养老保险改革，有助于实现事业单位养老保险与企业养老保险并轨，减少事业单位工作人员与企业职工之间存在的缴费不平等和待遇不平等（汪孝宗，2009；刘宏，2009）③。

然而，事业单位养老保险改革一直进展缓慢，试点地区的具体实施方案难以出台（财政部财政科学研究所课题组，2012）。2008 年年底，作为事业单位养老保险改革的配套措施，广东发布了关于事业单位人事制度改革方案的征求意见稿，引发了"提前退休潮"。此后，山西、上海、浙江和重庆均未出台完整的改革方案（汪孝宗等，2009；海燕，

---

① 缴费年限含视同缴费年限。这一养老金收益的计发办法，仅适用于国发〔2008〕10 号文件实施后参加工作的人员（被称为"新人"）。对于国发〔2008〕10 号文件实施前参加工作、实施后退休且缴费年限满 15 年的人员（被称为"中人"），不仅发给基础养老金和个人账户养老金，还发给过渡性养老金。对于国发〔2008〕10 号文件实施前已经退休的人员（被称为"老人"），按照原制度领取养老金。

② 可见《关于完善企业职工基本养老保险制度的决定》（国发〔2005〕38 号）的规定。

③ 企业职工养老金的目标替代率不到 60%（白天亮，2005）。而事业单位退休人员的退休费可达到本人退休前岗位工资与薪级工资之和的 80%～90%（2006 年，原人事部和财政部发布《关于印发〈关于机关事业单位离退休人员计发离退休费等问题的实施办法〉的通知》（国人部发〔2006〕60 号）。其中规定，事业单位退休人员的退休费按本人退休前岗位工资与薪级工资之和的一定比例计发，计发比例取决于工作年限：工作年限满 35 年的，按 90%计发；工作年限满 30 年但不满 35 年的，按 85%计发；工作年限满 20 年但不满 30 年的，按 80%计发）。根据第 2 章的分析，我国事业单位退休人员不仅在月均养老金的绝对数额上超过了企业退休人员，而且其养老金替代率也高于企业退休人员。

2013）。2012 年，深圳规定：新进入深圳事业单位并受聘于常设岗位的工作人员，与企业职工一样，参加基本养老保险和地方补充养老保险，并由单位为其缴纳职业年金。[①]但是，该规定于 2013 年 1 月即被废止。[②]虽然事业单位养老保险改革遇阻，但政府将改革进行下去的决心并未动摇，政府计划在适当时机将改革在全国范围内推行，在此基础上，将推进机关工作人员养老保险改革，以解决养老保险"双轨制"的问题（王皓等，2012）。

2015 年 1 月，国务院出台《国务院关于机关事业单位工作人员养老保险制度改革的决定》（国发〔2015〕2 号），决定从 2014 年 10 月 1日起实施机关事业单位养老保险改革，在全国范围内实施"双轨制"并轨。2015 年，各省陆续出台实施办法。2016 年，各省又相继推出实施细则。这项改革是对 2008 年事业单位养老保险改革的延伸和深化，在过渡期之后，将实现机关事业单位养老保险制度与企业职工养老保险制度的统一。这项改革的影响深远，但目前较难精确测度其效应，主要因为：一方面，改革推进时间尚短，很多实质性操作还未到位；另一方面，改革在全国铺开，采用双重差分法难以选择合适的处理组和对照组。因此，本章选择估计 2008 年改革的影响，以此为当前改革效应及推进意义提供参考。

6.2.2 文献综述

国内很多学者分析了 2008 年事业单位养老保险改革遇阻的原因和解决办法（程恩富和黄娟，2010；郑秉文，2010a；财政部财政科学研究所课题组，2012、2013；成欢和蒲晓红，2009；蔡向东和蒲新微，2009）。媒体也对此作了大量相关报道（汪孝宗等，2009；白天亮和江南，2013；郑莉和王娇萍，2010；赵福中等，2010；张枫逸，2013）。其中，绝大部分研究和报道都聚焦于改革的主体——事业单位工作人员，而鲜有研究分析改革对企业职工的影响，这限制了我们对改革绩效

---

① 《关于印发〈深圳市事业单位工作人员养老保障试行办法〉的通知》（深人社规〔2012〕5 号）。
② 2013 年 1 月 11 日，深圳人力资源和社会保障局发布《关于废止〈关于专业技术人员计算机应用能力考试的通知〉等 29 件规范性文件的决定》（深人社规〔2013〕1 号）。

的全面认识，从而低估了改革的作用。①

具体而言，有些文献分析了改革受阻的原因。例如，程恩富和黄娟（2010）认为，改革缺乏配套措施、减负动机值得商榷、在知识分子与公务员之间造成新的经济不公、对企业和机关事业单位的认识有误以及改革程序不够民主等因素，使改革推进困难。郑秉文（2010a）认为，改革试点受挫，主要与改革方案未将公务员纳入改革范围和没有明确改革后事业单位养老金水平是否下降有关。

有些文献分析了国际经验对我国的启示。例如，财政部财政科学研究所课题组（2012）发现美国、日本和英国都将政府雇员与其他从业人员一起纳入统一的基本养老保险制度，同时实行职业年金制度来反映政府雇员的优越性。在此基础上，课题组对我国改革提出了事业单位和机关同步改革、按照"基本养老保险加职业年金"方式完善试点的事业单位养老保险制度、做好"中人"的债务弥补方案和对改革带来的财政负担要有清醒认识等建议。王延中和龙玉其（2009）比较分析了美国、英国、德国、瑞典和日本等 10 个国家的情况，发现这些国家对公职人员养老保险制度的改革都遇到了经济、政治和制度设计方面的困难和阻力。在改革内容方面，大部分国家都要求公职人员承担部分养老保险费、基金实行部分积累制或完全积累制，并且设立职业养老金。他们认为，我国应同步开展机关和事业单位养老保险改革，并做好改革前的基础工作和相关配套改革。

还有些文献研究了改革的下一步方向。其中，大部分研究指出要将公务员也纳入改革范围。例如，成欢和蒲晓红（2009）和郑秉文等（2009）认为，应逐步将机关事业单位人员纳入全国统一的基本养老保险制度，并建立职业年金，避免待遇下降。郑秉文（2010b）和财政部财政科学研究所课题组（2013）指出，改革成功的关键在于"三个联动"：事业单位改革与公务员改革一起行动、事业单位的三个类别一起改革、事业单位改革与建立职业年金一起进行。程恩富和黄娟（2010）认为，应实行机关、事业和企业三单位联动的养老保险制度改革方案。

---

① 改革方案的发布和艰难推进起到了信号作用，会改变企业职工对养老保险制度并轨的预期，进而影响他们对养老保险的缴费遵从度。具体影响机制见下文的 6.2.3 部分。

另外，蔡向东和蒲新微（2009）建议，今后应注重提升企业养老金水平，而不是降低事业单位养老金水平，并且改革最好在企业养老保险制度定型之后进行。此外，庄序莹等（2008）为上海市事业单位养老保险运行模式提出了3个备选方案，并设计了财政负担、养老金的替代率和可持续性指标来评价方案。与上述文献支持改革的观点相反，刘钧（2011）认为，事业单位不宜实行社会统筹和个人账户相结合的养老保险制度，因此不应推行改革。

本章也与研究企业职工养老保险缴费激励的文献相关。正如前文所述，这类文献相对较少。关于我国的研究，大多为定性分析（赵耀辉和徐建国，2001；Feldstein & Liebman，2006），并且未考虑养老保险"双轨制"这一因素。白重恩（2013b）认为，将机关事业单位养老制度与企业养老制度并轨，可以提高养老保险制度的支持度和遵从度。但该研究未提供经验证据。目前，关于养老保险"双轨制"的逐步并轨（事业单位养老保险改革）如何影响企业职工对养老保险的遵从度，鲜有文献进行深入的实证研究。

本章利用中国城镇住户调查数据，实证分析事业单位养老保险改革对企业职工养老保险遵从度的影响。本章的特点（或贡献）体现在以下两个方面：（1）从全新的角度，即企业职工对养老保险"双轨制"并轨的预期与养老保险遵从度的视角，来评价改革的政策效应。已有的相关研究往往忽视了改革对企业职工的影响，特别是对企业职工参加养老保险积极性和参保后缴费工资如实汇报程度的影响。（2）使用大样本微观数据和双重差分法，为准确分析改革的效应提供可靠的经验证据。与改革相关的已有文献大多为定性分析，鲜有研究提供经验证据，特别是基于微观数据的证据。虽然媒体对部分群体进行了调查访问，但个案性质的报道和分析，不足以成为科学评价改革效应的依据。

6.2.3　事业单位养老保险改革影响缴费遵从度的机制

事业单位养老保险改革（以下简称改革）对企业职工（以下简称职

工）①养老保险缴费遵从度的影响，主要是通过职工对养老保险制度并轨的预期这一渠道实现的。改革的实施首先会影响职工对制度并轨的预期，当预期发生后，职工的缴费遵从度会随之改变。

具体而言，改革会使职工产生两种可能预期：一种是积极预期；另一种是消极预期。这两种可能性的存在，是基于以下两个方面的现实情况。一方面，改革实施后，在试点地区的进展较为缓慢；另一方面，很多研究分析了改革推进的难点及对策，这为改革的继续实施提供了参考，同时政府当下也有将改革进行下去的表态。在上述两方面因素的共同影响下，职工的制度并轨预期是不确定的：一部分职工可能会对改革持乐观态度，对养老保险制度的并轨有积极预期，换言之，他们认为未来改革会继续推进，虽然可能会经历一些弯路和曲折，但养老保险"双轨制"终将并轨；相反地，一部分职工可能会对改革持悲观态度，对制度并轨有消极预期，他们预计未来改革会在不断受挫后停止，最终养老保险"双轨制"的问题仍然无法解决。

不同的预期会对职工的养老保险缴费遵从度产生截然不同的影响。积极预期会提高缴费遵从度，表现为参加养老保险的积极性提高，以及个人的实际缴费工资更为接近政策规定的缴费工资。具体而言，积极预期发挥作用的途径主要有以下 3 个方面：

第一，职工预期未来的制度公平性会有所提高。我国实行的养老保险"双轨制"，在不同人群之间造成了极大的不平等。即便是具有相同特征（如教育水平和专业技能）的个体，只因所在单位的性质不同，就在退休后获得显著不同的待遇。这种不平等的制度设计会使企业职工产生不公平感。长期以来，职工也一直在反映养老金待遇差距问题。改革后，在积极预期下，职工预期这一问题将有所缓解，这会使他们感到诉求得到了政府重视，认为养老保险制度会逐步变得公平合理，这会激励他们遵从这一制度。关于公平如何影响个体行为，已有文献从理论和实证两方面进行了研究。Adams（1963）提出的公平理论认为，当个体感受到制度更公平时，他们更愿意遵从制度；个体对制度公平与否的感

---

① 本章的分析针对事业单位养老保险改革，分析对象为城镇企业职工。如无特别说明，下文提到的改革均指事业单位养老保险改革，职工均指城镇企业职工。

受，来自于社会比较。行为经济学和博弈领域的实验研究发现，个体在自利偏好之外还存在公平偏好，个体试图在最大化个人利益和接受相对比较效应之间寻找折中点；当不平等程度提高时，个体对不平等的接受度下降，如果不平等程度超出了个体的接受范围，个体将出现拒绝或退出行为（Bolton & Ockenfels，2000）。一些研究分析了公平感对逃避税行为的影响。当感觉税制不公时，纳税人会逃避税以重建制度的公平性（King & Sheffrin，2002）。Spicer & Becker（1980）及 Fortin 等（2007）的实证研究发现，纳税人通过与他人比较所产生的不公平感提高了他们的逃避税程度。安体富和王海勇（2004）从所得税和增值税等税种的角度分析了税收不公平对逃避税行为的激励作用。陈成文和张晶玉（2006）发现，在纳税方面，通过与周围的人比较，我国公民会产生机会不公平感，这导致了消极纳税行为，包括少纳税甚至完全不纳税。养老保险缴费遵从度与一般的税收遵从度有着一定的相似性。因此，提高养老保险制度的公平性，可以提高职工的遵从度。

第二，职工对养老保险制度的财务可持续性更有信心。职工养老保险主要通过企业缴费、职工缴费和财政补贴的方式来融资。虽然企业和职工的养老保险缴费率之和高达工资总额的 28%（中央政府规定的缴费率），但由于历史包袱较重，财政仍然要对职工养老保险给予大量补贴。同时，在改革前，事业单位退休人员的退休金基本由财政完全负担。在此情形下，企业职工会担心未来政府将缺乏足够的财政资金来为制度兜底，养老金的足额按时发放缺乏保障。[①]如果制度实现并轨，事业单位及其工作人员也缴费，那么政府的财政负担会有所减轻，将有更多的资金用于补贴并轨后的养老保险，这加强了制度的财务可持续性，增强了企业职工对制度的信心，进而提高其缴费遵从度。

第三，部分职工的外部选择减少。在改革前，事业单位退休金制度的存在为一些企业职工提供了外部选择。正如第 2 章中所分析的，他们可能会试图通过参加事业单位招聘考试或者直接调聘的方式进入事业单

[①] 实际上，目前已经存在未及时发放养老金的情况。国家审计署（2012）发现，3 个市本级和 11 个县未及时发放企业职工基本养老保险待遇 511.63 万元，涉及 3 417 人。

位工作，并在企业中逃避养老保险缴费。在改革后，如果预期未来事业单位养老保险制度与企业基本一致，那么这些职工会自动放弃到事业单位寻求免费高额退休金的想法，按照规定在企业中参保缴费。

与积极预期的作用相反，消极预期不会提高企业职工对养老保险的缴费遵从度。在消极预期下，职工认为制度难以实现并轨，因此改革前后制度没有发生实质性变化，进而不会改变其遵从度。甚至还可能出现更为糟糕的一种情况，即职工会更多地逃避养老保险缴费，遵从度变得更低。这是因为：在政府尚未推出改革时，职工认为未来仍有可能实现制度并轨；现在政府实施了改革，但改革被预期无法继续推行，职工会认为未来制度并轨的可能性微乎其微，进而更不愿遵从养老保险制度。

基于上述分析，改革对职工养老保险缴费遵从度的影响，取决于职工对制度并轨的预期。如果预期是积极的，那么改革会提高缴费遵从度；如果预期是消极的，那么缴费遵从度可能不变，甚至更低。因此，定性地看，改革的影响是不确定的，有待实证检验。

6.2.4 计量模型与计量方法

本章使用双重差分法进行实证研究，计量模型如下：

$$Y_{ijpt}=\beta_1+\beta_2 D_{pt}+\beta_3 Prov_p+\beta_4 Time_t+\varepsilon_{ijpt} \qquad (6-1)$$

其中：i 代表职工；j 代表职工所在的城市；p 代表职工所在的省份；t 代表年份；Y 是反映职工养老保险缴费遵从度的变量；Prov 是省份虚拟变量，试点省取值为 1，对照省取值为 0；Time 是时间虚拟变量，改革后取值为 1，改革前取值为 0；D 是省份虚拟变量和时间虚拟变量的交叉项，即 D=Prov×Time，是双重差分统计量，也是反映改革效应的变量（以下简称改革变量）。

根据第 3 章的分析，在式（6-1）中，Y 有两种形式。（1）Y 是反映职工是否参加养老保险的虚拟变量，参保取值为 1，不参保取值为 0。此时，式（6-1）为 Probit 模型。Ai & Norton（2003）指出，在 Probit 模型和 Logit 模型等非线性模型中，交叉项的系数估计值及其含义与线性模型有较大差异；在他们所检索的 72 篇文献中，只有 DeLeire（2000）正确地使用了 Probit 模型和双重差分法。基于此，我们借鉴 DeLeire

（2000）、Ai & Norton（2003）、Norton 等（2004）及 Cornelißen & Sonderhof（2009）的方法来估计改革变量的效应（交叉项效应）；对于非交叉项，根据 Ai & Norton（2003）的分析，仍可直接计算其边际效应[①]。（2）Y 是参加养老保险的职工的个人缴费工资被所在企业低报的程度 $diff_i$（以下简称参保职工低报程度）。此时，式（6-1）是普通线性模型，可直接估计改革变量的系数。

在式（6-1）中，系数 β_2 反映了改革对职工养老保险缴费遵从度的影响（Average Treatment Effect on the Treated，ATT），是我们主要关心的系数。如果职工对制度并轨有积极预期，改革提高职工的缴费遵从度，那么，当 Y 为反映职工参加养老保险状态的变量时，预期 $\beta_2 > 0$；当 Y 为参保职工低报程度时，预期 $\beta_2 < 0$。如果职工对制度并轨有消极预期，那么 β_2 的预期符号与上面相反，或者接近于零。

根据已有研究（孙文凯等，2011），双重差分法基于如下假设：试点省的个体与对照省的个体，除是否受改革影响存在差异之外，在其他各方面他们面对的情况基本相同。但实际上，试点省和对照省的职工，个人特征不尽相同，所在城市和所在省份的经济情况也存在差异。因此，为了精确度量改革的影响，避免其他因素的干扰，还需控制不同个体特征和不同经济环境对职工养老保险缴费遵从度的影响。这 和 已 有 研 究 的 做 法 一 致（Eissa & Liebman，1996；Acemoglu & Angrist，2001；Abadie，2005）。引入控制变量后，双重差分法的计量模型如下：

$$Y_{ijpt} = \beta_1 + \beta_2 D_{pt} + \beta_3 Prov_p + \beta_4 Time_t + \gamma_1 X_{ijpt} + \gamma_2 Z_{jpt} + \gamma_3 S_{pt} + \varepsilon_{ijpt} \qquad (6-2)$$

其中：X 为职工的控制变量，包括年龄、性别、婚姻状态、教育水平、职业、所在企业的所有制性质和所在行业；Z 为职工所在城市的控制变量，包括城市产业结构、城市人口老龄化程度、城市实际税负（财政收入占当地 GDP 的比例）和城市职工平均工资；S 为职工所在省份的控制变量，包括省总人口、省人均 GDP、省职工平均

[①] Ai & Norton（2003）及 Norton 等（2004）的方法可用于计算二维交叉项的效应（双重差分法）。Cornelißen & Sonderhof（2009）的方法可用于计算三维交叉项的效应（三重差分法）。在后续的稳健性检验中，我们使用了三重差分法。

工资、省产业结构、省实际税负（财政收入占当地 GDP 的比例）和省登记失业率。[1]

在使用式（6-2）对职工的全样本进行回归的基础上，我们开展了异质性分析，进一步研究改革对不同特征职工的影响是否存在差异。具体而言，我们根据年龄、教育水平、职业和所在企业的所有制性质将职工分组，并对每组职工分别使用式（6-2）进行回归，然后检验不同组职工的回归系数 $\hat{\beta}_2$ 是否存在显著差异。检验方法与第 5 章相同：根据不同组职工的回归系数及其标准差，计算 z 统计量，并将 z 统计量与标准正态分布在不同显著性水平下的临界值进行比较，如果大于临界值，则拒绝不同组职工的回归系数相等的原假设。

需要说明的是，我们之所以进行异质性分析并考虑职工的上述特征，主要有以下 3 个方面原因：（1）不同年龄、不同教育水平、不同职业以及在不同所有制企业中工作的职工，其缴费遵从度有所不同；（2）这些职工对养老保险制度并轨的预期可能不同；（3）这些职工对制度不平等的认知程度、对制度财务不可持续的担心程度以及将工作转换到事业单位的概率也是不同的。因此，改革对这些职工的养老保险缴费遵从度的影响可能存在差异。

此外，我们也进行了反事实检验和敏感性检验，来验证实证结果的可靠性，包括分析改革对医疗保险遵从度和失业保险遵从度的影响、使用不同经济区域的样本和采用三重差分法等。具体方法在实证结果的报告及分析部分会详细介绍。

6.2.5 数据说明与描述性统计

本章使用的职工数据来自中国国家统计局的中国城镇住户调查。职工样本分布在北京、辽宁、浙江、安徽、湖北、广东、四川、陕西和甘

---

[1] 在控制了第 5 章所分析的影响缴费遵从度的城市特征变量以外，我们还控制了省人均 GDP 和其他经济情况，以控制试点省和对照省原本存在的一些差异。控制省份经济环境的另一个考虑是：2008 年爆发的国际金融危机可能会更多地冲击浙江和广东这两个试点省。与样本中其余省份相比，这两个省份的外贸依存度更高，经济受金融危机的负向影响更大。由于经济环境变差，储蓄和投资回报的不确定性增加，这两个省份的职工可能更不愿参加养老保险；同时，企业经营状况变差，使得企业不愿职工参加养老保险，也不愿为参保职工如实汇报缴费工资。所以，我们需要在回归中控制省份的经济环境，以控制金融危机所引起的改革试点省和对照省的宏观经济波动，以准确识别出事业单位养老保险改革的影响。

肃 9 个省（直辖市）。其中，浙江和广东是事业单位养老保险改革的试点省，其余 7 个省（直辖市）均为对照省（直辖市）。[①]

2006 年，我国改革了职工养老保险制度（调整统筹账户和个人账户的规模、改变养老金计发办法）。所以，2006 年前后的职工养老保险制度存在较大差异。同时，2006 年的改革是否在不同省份产生了相同的影响，这一点是不确定的。为避免 2006 年的改革对本章研究结果的干扰，本章只分析 2006 年之后的职工养老保险制度。这实际上是确保：在样本期间，除了事业单位养老保险改革使养老保险制度发生变化以外，没有其他政策影响养老保险制度。

基于此，我们使用 2006—2009 年的中国城镇住户调查数据。[②]2008 年实施的事业单位养老保险改革恰好处于样本中期。而且，2008 年并没有其他社会保险政策与职工养老保险相关。[③]这使得我们可以采用双重差分法来识别事业单位养老保险改革的影响。

与第 5 章相似，在本章的实证分析中，我们将中国城镇住户调查数据视为重复截面数据。[④]剔除基本信息缺失的样本，职工共计 53 315 次

---

① 对于中国城镇住户调查数据，我们没有使用全国数据的权限。所以，只能考察事业单位养老保险改革对浙江和广东这两个试点省的影响，而不能研究改革对全部试点地区（5 省市）的影响。

② 如果我们也使用了 2006 年之前的数据，如 2002 年，那么我们在比较事业单位养老保险改革前后对照省和试点省的变化时，会包含事业单位养老保险改革后的年份（2008—2009 年）与 2002 年的比较。以 2008 年和 2002 年的比较为例，我们会得到事业单位养老保险改革的影响为：

$(Y_{1,2008}-Y_{1,2002})-(Y_{0,2008}-Y_{0,2002})$
$=[(Y_{1,2008}-Y_{1,2006})+(Y_{1,2006}-Y_{1,2002})]-[(Y_{0,2008}-Y_{0,2006})+(Y_{0,2006}-Y_{0,2002})]$
$=[(Y_{1,2008}-Y_{1,2006})-(Y_{0,2008}-Y_{0,2006})]+[(Y_{1,2006}-Y_{1,2002})-(Y_{0,2006}-Y_{0,2002})]$

其中：Y 表示职工的养老保险缴费遵从度。第 1 个下标为 1，表示试点省；为 0，表示对照省。第 2 个下标表示年份。如果 2006 年的养老保险改革对试点省和对照省的影响不同，即 $[(Y_{1,2006}-Y_{1,2002})-(Y_{0,2006}-Y_{0,2002})]\neq0$，那么，最终计算的 2008 年事业单位养老保险改革的影响中就会混杂了 2006 年改革的影响。因此，我们不能使用 2006 年之前的数据。

③ 2008 年，我国发布的其他社会保险政策文件有《关于调整农村社会养老保险个人账户计息办法的通知》（劳社部函〔2008〕12 号）、《关于认定 2008 年城镇居民基本医疗保险扩大试点城市名单的批复》（劳社部函〔2008〕24 号）。其中，在劳社部函〔2008〕24 号文件的试点城市名单中，除北京外，样本中其余 8 个省份（辽宁、浙江、广东、安徽、湖北、四川、陕西和甘肃）均有试点城市。但这些社会保险政策都与企业职工无关，涉及的试点地区也与事业单位养老保险改革的试点地区不同。所以，并无其他政策对事业单位养老保险改革的试点省职工参加养老保险的决策产生系统性的影响。

④ 这是因为：虽然在抽样设计上中国城镇住户调查数据是一个轮换面板数据，但数据中没有提供充分的信息来识别不同年份的同一家庭；同时，2006 年、2007 年和 2008—2009 年的家庭代码编号方法存在较大差异，这使得构建面板数据十分困难。为了避免不必要的误差，我们在这一章的实证分析中将职工数据视为重复截面数据。

观测。①

Meyer（1995）认为，可以使用重复截面数据而非面板数据进行双重差分法分析，这样做的好处是可以避免由于个体退出调查而造成的样本损耗问题，进而避免了由此导致的回归偏差。但是，他认为，使用重复截面数据时，要注意验证不同时期的样本是否在总体中按照同样的方法抽取。2006—2009 年，中国城镇住户调查的抽样方法并没有改变。所以，可以使用重复截面数据来进行双重差分法分析。

为进一步验证实证方法的适用性，我们检验了改革前后职工的样本构成是否发生变化，结果见表 6-1。从表 6-1 中可以看出，除中等教育水平的职工占比在改革后有所下降、教育水平较高的职工占比和白领占比在改革后略有提高以外，样本其他构成在改革前后没有明显变化。具体说明如下：

（1）中等教育水平的职工占比在改革后下降、教育水平较高的职工占比在改革后提高，是因为职工的教育水平逐年上升。一方面，越来越多的大专生、本科生和研究生毕业后进入职工队伍；另一方面，随着企业在评定职称和制定工资时对高等教育学历的重视程度不断提高，中等教育水平的职工会通过成人自考等方式接受高等教育。因此，职工教育水平的变动是时间趋势，与改革无直接联系，不能说明样本构成由于改革而发生了显著变化。

（2）由于白领的教育水平相对较高，教育水平较高的职工占比与白领占比存在显著正相关关系②，所以白领占比也呈逐年提高的趋势。

因此，表 6-1 显示，职工样本构成在改革前后并未发生显著改变，适合用该样本进行双重差分法分析。

---

① 需要说明的是，中国城镇住户调查数据中没有明确标记出哪些就业人员是机关事业单位工作人员，只给出了就业人员的单位性质和所属行业，所以，我们剔除了在地质勘查业、水利管理业、卫生体育和社会福利业、教育文化艺术和广播电影电视业、科学研究和综合技术服务业、国家机关、党政机关和社会团体工作的国有经济单位职工，以剔除机关事业单位工作人员，只保留企业职工作为分析样本。之所以针对上述行业，是因为这些行业中大多是机关事业单位，企业相对较少。我们这种处理方法实际上也使回归分析避免受到事业单位分类改革的影响，理由是：事业单位分类改革会将一些事业单位转变为企业，但并不改变其所属行业，所以，我们的处理方法剔除了改革前在事业单位、改革后在原有单位但单位已转变为企业的个体，这些个体没有被纳入分析样本。

② 在样本中，职业与教育水平的相关性为 0.36，且在 1%显著性水平下显著，即白领（专业技术人员和企业负责人）的教育水平显著高于蓝领。

表 6-1 职工的样本构成

不同特征的职工占比（%）	试点省		对照省（市）	
	改革前	改革后	改革前	改革后
女性	43.79	42.27	41.09	40.51
有配偶	88.35	87.59	89.17	88.82
教育水平较低（初中及以下）	19.22	16.53	17.38	17.82
中等教育水平（高中或中专）	38.08	30.34	38.64	33.65
教育水平较高（大专及以上）	42.70	53.13	43.98	48.53
白领（专业技术人员和企业负责人）	24.20	31.40	24.37	29.30
国有企业	46.89	48.20	70.55	67.57
城镇集体企业	11.16	10.18	8.40	6.97
第二产业	31.60	28.28	42.47	39.12
第三产业	33.59	35.74	24.05	24.78
职工平均年龄（岁）	40.00	39.00	41.00	41.00
观测数	6 387.00	5 152.00	22 373.00	19 403.00

注：改革前是指 2006—2007 年，改革后是指 2008—2009 年。试点省包括浙江和广东，对照省（市）包括北京、辽宁、安徽、湖北、四川、陕西和甘肃。

表 6-2 展示了样本中职工的养老保险缴费遵从度。表 6-2 显示：（1）从养老保险的参保率来看，在试点省，改革前参保率为 71.6%，改革后为 78.9%，提高了 7.3 个百分点；在对照省（市），改革前参保率为 61.4%，改革后为 67.6%，提高了 6.2 个百分点。所以，改革对参保率的影响（即双重差分统计量）是使其提高了 1.1 个百分点，并且影响在 5%显著性水平下显著。[①]（2）从参保职工低报程度的均值来看，在试点省，改革前低报程度为 38.3%，改革后为 36.7%，降低了 1.6 个百分点；在对照省（市），改革前低报程度为 36.1%，改革后为 34.2%，降低了 1.9 个百分点。所以，改革对低报程度的影响（即双重差分统计量）是使其提高了 0.3 个百分点，但是这种影响并不显著。

[①] 从省级层面来看，在试点省，改革前平均每省每年参加养老保险的职工人数为 1 286 万人，改革后这一人数为 1 776 万人，增加了 490 万人，增长了 38%；在对照省（市），改革前平均每省每年参加养老保险的职工人数为 453 万人，改革后这一人数为 566 万人，增加了 113 万人，增长了 25%。由此可见，试点省参加养老保险的职工人数在改革后增长更快（资料来源：国家统计局网站（http://data.stats.gov.cn））。需要说明的是，这里的参加养老保险职工人数是宏观统计数据，根据第 3 章的分析，这一项也包括参加养老保险的其他人员。因此，我们只用这一项的数据来大致说明改革前后试点省相对于对照省（市）的变化，而不将其作为主要分析依据。在后续实证分析中，我们使用微观调查数据来计算企业职工的参保率和参保职工低报程度，并研究改革的影响。

表 6-2   职工的养老保险缴费遵从度

项　目	改革前	改革后	改革后-改革前	t值
参保率				
试点省	0.716	0.789	0.073	9.28***
对照省（市）	0.614	0.676	0.062	13.60***
双重差分统计量			0.011	2.20**
参保职工的平均低报程度				
试点省	0.383	0.367	−0.016	−1.35
对照省（市）	0.361	0.342	−0.019	−2.72***
双重差分统计量			0.003	0.25

注："−"表示减号。t值是对"改革后与改革前的差值等于零"进行 t 检验所得到的统计量的值。**和***分别表示 5%和 1%的显著性水平。另外，"参保率"和"参保职工"都是针对养老保险而言。

基于上述分析，改革提高了职工的参保率，但并未改变参保职工的低报程度。不过，这里没有考虑改革之外的其他因素。在实证分析中，我们还会控制职工特征以及职工所在省市的经济环境。

此外，我们从加州大学伯克利分校的 China Data Online 数据库中搜集了各个城市经济变量和人口变量的数据，包括城市老年人口、城市总人口、城市职工平均工资、城市财政收入、城市 GDP 和城市三大产业的增加值。我们还从历年《中国统计年鉴》《中国劳动统计年鉴》中搜集了各个省份经济变量和人口变量的数据，包括省总人口、省人均 GDP、省职工平均工资、省三大产业的增加值、省财政收入和省登记失业率。

6.2.6　实证结果及分析

6.2.6.1　基准回归

对所有的职工样本使用式（6-2）进行回归，当被解释变量为反映职工参加养老保险状态的变量时，回归结果见表 6-3。其中，改革变量（交叉项）的估计值及标准差是使用 Ai & Norton（2003）及 Norton 等（2004）的方法得到的；对于非交叉项，估计值报告的是边际效应，标准差报告的是异方差稳健标准差。所有回归均控制了职工特征和省市特征。在表 6-3 中，我们报告了改革在样本期间的平均影响，也考察了改革的影响随时间的变化。

表 6-3　　　　　　　　　改革对职工参保概率的影响

Y：职工是否参加养老保险	2006—2007 年与 2008—2009 年比较	2006—2007 年与 2008 年比较	2006—2007 年与 2009 年比较
改革变量（D）	0.055*** (0.012)	0.020 (0.015)	0.079*** (0.013)
女性	0.012*** (0.004)	0.011** (0.005)	0.010** (0.005)
有配偶	0.077*** (0.008)	0.083*** (0.009)	0.075*** (0.009)
年龄	0.0002 (0.0003)	0.0001 (0.0003)	0.0002 (0.0003)
中等教育水平	0.065*** (0.006)	0.068*** (0.007)	0.063*** (0.007)
较高教育水平	0.057*** (0.007)	0.065*** (0.008)	0.052*** (0.008)
专业技术人员	0.023*** (0.008)	0.041*** (0.009)	0.037*** (0.009)
企业负责人	0.055*** (0.007)	0.054*** (0.008)	0.050*** (0.008)
国有企业	0.069*** (0.006)	0.072*** (0.007)	0.070*** (0.006)
城镇集体企业	−0.020** (0.008)	−0.029*** (0.010)	−0.015 (0.009)
第二产业	0.291*** (0.014)	0.302*** (0.017)	0.299*** (0.016)
第三产业	0.173*** (0.014)	0.180*** (0.017)	0.177*** (0.016)
城市控制变量	是	是	是
省控制变量（包括省份虚拟变量）	是	是	是
时间虚拟变量	是	是	是
观测数	53 315	41 240	41 308
虚拟 R^2（Pseudo R^2）[①]	0.093	0.087	0.098

注：括号内为估计值的标准差。*、**、***分别表示 10%、5% 和 1% 显著性水平。职工类型的参照组为：男性职工、无配偶职工、教育水平较低的职工、蓝领、民营企业和外资企业职工、第一产业职工。[①]

　　[①] 一般而言，样本较大、观测数较多时，R^2 较小。在使用双重差分法作为主要实证分析方法的文献中，周黎安和陈烨（2005）使用县级数据，共 2 000 多次观测，实证结果的 R^2 在 0.14～0.18 之间；聂辉华等（2009）使用中国工业企业数据库，观测数在 48 万～73 万之间，实证结果的 R^2 基本在 0.01 左右，最小为 0.001；在邢春冰和李实（2011）的实证研究中，当观测大约为 27 000 次时，R^2 在 0.06 左右；曾海舰和苏冬蔚（2010）使用 4 000 多次观测的上市公司数据，一些实证结果的 R^2 在 0.07 左右；曾海舰（2012）也使用 4 000 多次观测的上市公司数据，实证结果的 R^2 在 0.04～0.09 之间。在本章的实证结果中，表 6-3 第 1 列有 53 315 次观测，R^2 为 0.093；表 6-4 第 1 列有 21 289 次观测，R^2 为 0.101。因此，与上述文献相比，考虑到我们的样本规模，实证结果的 R^2 并不小。

具体而言，第 1 列将改革前后的平均情况进行比较，改革变量的估计值为 0.055，并且在 1%显著性水平下显著。这说明，当其他因素保持不变时，改革使职工参加养老保险的概率平均提高了 5.5 个百分点。这一数值并不是很大，但考虑到以下两方面，5.5 个百分点已经是不小的反应了：其一，我们的样本主要是本市非农户口的职工，他们理应全部参加养老保险，而改革可以使这些强制参保者的参保概率提升 5.5 个百分点，就非常值得注意了；其二，在样本中，改革前浙江和广东这两个试点省的职工参加养老保险的概率为 71.6%，5.5 个百分点的提高相当于 7.7%的增幅（增长率），而改革前这两个省份职工参加养老保险的概率的年增长率还不到 1%。所以，无论在统计意义上还是经济意义上，改革的影响都是较为显著的。

第 2 列将改革前（2006—2007 年）与改革当年（2008 年）进行比较，发现改革变量的估计值虽然为正，但不显著。这可能是因为：一方面，改革的政策文件是由中央政府在 2008 年 3 月发布，试点省的政府在当地转发该文件并着手布置改革相关工作需要一些时间；另一方面，试点省的职工对改革内容的了解以及对自身参保行为的调整也需要一些时间。这就使得改革的作用在改革当年并未充分体现。

第 3 列将改革前（2006—2007 年）与改革第 2 年（2009 年）进行比较，改革变量的估计值为 0.079，并且在 1%显著性水平下显著。这说明，改革的效果有一定的滞后性，在改革第 2 年，改革的作用开始体现，使职工参加养老保险的概率比改革前提高了 7.9 个百分点。

上述结果表明，从平均情况来看，改革对职工参加养老保险的概率有显著的正向影响。这意味着，改革使职工对养老保险"双轨制"并轨产生了积极的预期。实证结果与 6.2.3 部分中对积极预期的定性分析结果相符。

需要说明的是，对于改革变量，我们在表 6-3 中汇报的是在样本均值处的估计值。根据 Ai & Norton（2003）及 Norton 等（2004）的方法，比较改革前后的平均变化时（即比较 2006—2007 年与 2008—2009 年的情况），我们得到的交叉项效应及 z 统计量的分布分别如图 6-1 和图 6-2 所示。

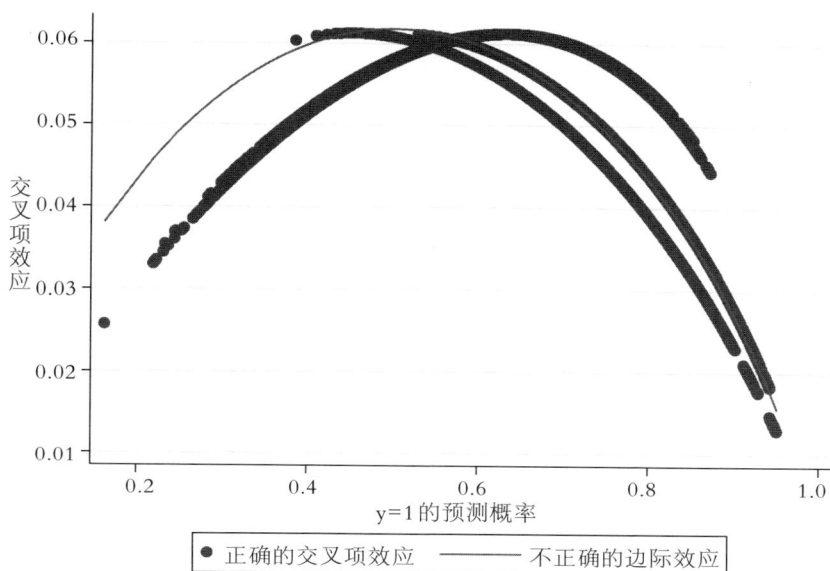

图 6-1　交叉项效应的分布

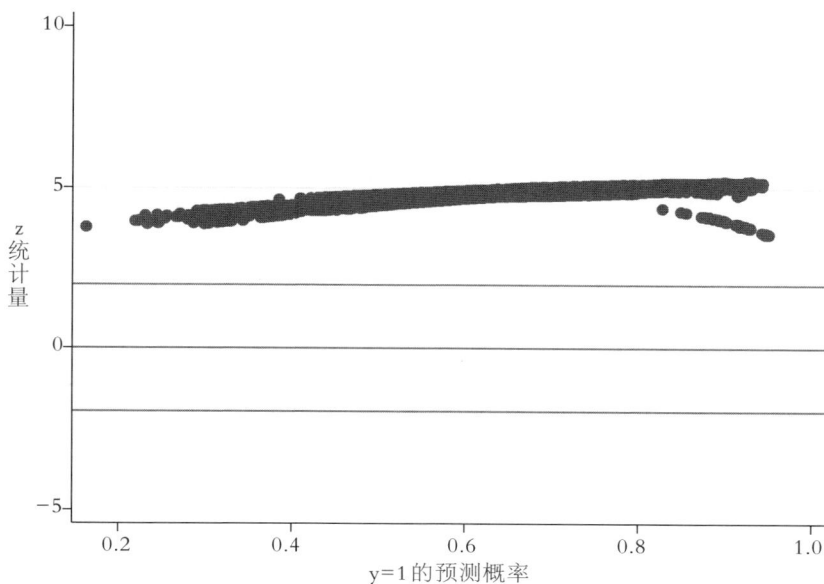

图 6-2　z 统计量的分布

　　在图 6-1 中，圆点表示的是使用 Ai & Norton（2003）及 Norton
等（2004）的方法所得到的正确的交叉项效应，实线表示的是按传统方法得到的错误的交叉项边际效应。[①]综合图 6-1 和图 6-2，可以看出，正确的交叉项效应（即改革效应）是正且显著的。

当被解释变量为参加养老保险职工的缴费工资被所在企业低报的程度时，实证结果见表 6-4。此时，回归样本为参加养老保险的职工。与表 6-3 相似，表 6-4 的第 1 列比较了改革前后的平均情况，第 2 列比较了改革前与改革当年的情况，第 3 列比较了改革前与改革第 2 年的情况。所有回归均控制了职工特征和省市特征。从表 6-4 中可以看出，无论如何比较，改革变量的系数均不显著。这说明，改革对参保职工的低报程度没有显著影响。

上述基准回归的结果表明，改革使职工产生了积极的制度并轨预期，进而提高了养老保险缴费遵从度。这种提高主要体现在参保积极性上，而非参保后如实缴费程度。这是因为：低报缴费工资主要是企业的行为，而改革并未改变企业的缴费激励（未改变成本和收益的联系），因而改革对企业如实汇报参保职工缴费工资的程度没有显著影响。

6.2.6.2　异质性分析

基准回归的结果显示，改革显著增加了职工参加养老保险的概率，但对已经参加养老保险职工的低报程度没有显著影响。因此，下面开展的异质性分析主要针对职工的参保概率。[②]

在异质性分析中，我们对职工分组的具体方法为：（1）根据职工的年龄，将职工划分为年轻和年长两组。年轻职工是指 40 岁及以下的职工，年长职工是指年龄大于 40 岁但小于法定退休年龄的职工。（2）根据职工的教育水平，将职工划分为较低教育水平和中等或较高教育水平两组。较低教育水平职工，是指获得初中及以下教育的职工；中等或较高教育水平职工，是指获得高中、中专、大专、本科或研究生教育的职工。（3）根据职工的职业，将职工划分为蓝领和白领两组。蓝

---

① 传统方法在非线性模型中（Probit 模型和 Logit 模型等）计算交叉项效应时，是将交叉项整体视为一个变量来计算其边际效应。而 Ai & Norton（2003）指出，这是不正确的。关于正确的交叉项效应和错误的交叉项边际效应，详见 Ai & Norton（2003）。
② 我们也对参加养老保险职工的低报程度进行了异质性分析，以参加养老保险职工的低报程度作为被解释变量，对职工的分组样本进行了回归，但改革变量的系数均不显著。所以，这里不汇报这一异质性分析的结果。

表 6-4　　　　　　　　　**改革对参保职工低报程度的影响**

Y：参加养老保险职工的低报程度	2006—2007 年与 2008—2009 年比较	2006—2007 年与 2008 年比较	2006—2007 年与 2009 年比较
改革变量（D）	0.007	0.012	−0.002
	(0.013)	(0.016)	(0.016)
女性	0.037***	0.035***	0.037***
	(0.006)	(0.007)	(0.007)
有配偶	−0.003	0.002	−0.002
	(0.011)	(0.013)	(0.012)
年龄	−0.003***	−0.004***	−0.003***
	(0.0004)	(0.0004)	(0.0004)
中等教育水平	0.033***	0.030***	0.034***
	(0.010)	(0.011)	(0.011)
较高教育水平	0.094***	0.085***	0.097***
	(0.011)	(0.012)	(0.012)
专业技术人员	0.106***	0.101***	0.103***
	(0.010)	(0.011)	(0.011)
企业负责人	0.075***	0.077***	0.063***
	(0.009)	(0.011)	(0.011)
国有企业	−0.013*	−0.020**	−0.016**
	(0.007)	(0.008)	(0.008)
城镇集体企业	−0.007	−0.012	−0.014
	(0.012)	(0.015)	(0.015)
第二产业	−0.144***	−0.137***	−0.138***
	(0.029)	(0.034)	(0.036)
第三产业	−0.106***	−0.103***	−0.097***
	(0.029)	(0.035)	(0.037)
城市控制变量	是	是	是
省控制变量（包括省份虚拟变量）	是	是	是
时间虚拟变量	是	是	是
观测数	21 289	15 964	16 343
调整后 R²	0.101	0.100	0.101

注：括号内为估计值的异方差稳健标准差。*、**、***分别表示 10%、5%和 1%的显著性水平。

领，包括普通工作人员和运输工人等；白领，包括专业技术人员和企业负责人。（4）根据职工所在企业的所有制性质，将职工划分为两组。第一组包括国有企业职工和城镇集体企业职工；第二组包括民营企业职工和外资企业职工。

之所以将职工按照上述方法进行分组，是因为：年轻职工、中等或较高教育水平职工、白领、国有企业职工和城镇集体企业职工与事业单位工作人员的个人特征或所在单位性质更为相似，这些职工与事业单位工作人员更具可比性，对改革的反应可能会与其他职工不同。

具体而言，一方面，事业单位招聘条件往往对年龄、教育水平、技术水平和管理能力有要求。例如，2017 年，北京市西城区事业单位招聘条件中列出"管理和专业技术岗位应具有国家承认的大专以上学历，工勤岗位应具有职高以上学历"以及"报考年龄限于 1981 年 9 月 25 日以后出生的人员，高级管理人员、专业技术骨干或学科带头人、岗位工种特殊根据单位需求可适当放宽年龄"。[①]因此，与其他职工相比，年轻职工[②]、中等或较高教育水平职工和白领更符合事业单位招聘条件。也就是说，这些职工的特征与事业单位工作人员更为相似。另一方面，从用人单位的性质来看，国有企业和城镇集体企业与事业单位同属体制内，与民营企业和外资企业相比，国有企业和城镇集体企业的职工向事业单位的流动相对容易。

对职工的分组样本进行回归，被解释变量为反映职工参加养老保险状态的变量，回归结果见表 6-5。表 6-5 报告的是将改革前后的平均情况进行比较的结果（回归设置与表 6-3 第 1 列相同）。所有回归均控制了职工特征和省市特征。改革变量（交叉项）的估计值及标准差是使用 Ai & Norton（2003）及 Norton 等（2004）的方法得到的；报告的是样本均值处的估计值及标准差。对于非交叉项，估计值报告的是边际效应，标准差报告的是异方差稳健标准差。

---

① 资料来源：http://www.shiyebian.net/xinxi/223694.html。
② 一些事业单位的招聘条件对年龄的要求是：原则上在 35 岁以下，但也可根据情况适当放宽。所以，我们在分组中，没有严格地以 35 岁为分界线，而是放宽到 40 岁。

表 6-5　　　　　　　改革对不同特征职工参保概率的影响

Y：职工是否参加养老保险	年龄		教育水平		职业		企业所有制性质	
	年轻	年长	较低	中等或较高	蓝领	白领	国有企业和城镇集体企业	民营企业和外资企业
改革变量 (D)	0.067***	0.043***	−0.029	0.072***	−0.009	0.044*	0.071***	0.027
	(0.017)	(0.016)	(0.026)	(0.013)	(0.021)	(0.023)	(0.015)	(0.019)
女性	0.031***	−0.016**	−0.053***	0.028***	−0.023***	0.035***	0.009*	0.010
	(0.006)	(0.006)	(0.011)	(0.005)	(0.007)	(0.008)	(0.005)	(0.008)
有配偶	0.025***	0.042**	0.125***	0.077***	0.117***	0.065***	0.074***	0.087***
	(0.010)	(0.021)	(0.025)	(0.009)	(0.014)	(0.016)	(0.010)	(0.013)
年龄	0.008***	−0.004***	0.001	−0.0004	−0.000	−0.001**	−0.001***	0.003***
	(0.001)	(0.001)	(0.001)	(0.0003)	(0.0004)	(0.0005)	(0.0003)	(0.0005)
中等教育水平	0.120***	0.040***	—	—	0.060***	0.061***	0.058***	0.081***
	(0.010)	(0.008)			(0.008)	(0.016)	(0.008)	(0.010)
较高教育水平	0.130***	0.008	—	—	0.059***	0.058***	0.033***	0.130***
	(0.011)	(0.009)			(0.010)	(0.017)	(0.008)	(0.011)
专业技术人员	0.033***	0.023**	−0.018	0.028***	—	—	0.021**	0.055***
	(0.012)	(0.011)	(0.028)	(0.008)			(0.010)	(0.015)
企业负责人	0.059***	0.051***	−0.003	0.057***	—	—	0.048***	0.057***
	(0.009)	(0.009)	(0.020)	(0.007)			(0.008)	(0.012)
国有企业	0.073***	0.062***	0.099***	0.055***	0.079***	0.012	—	—
	(0.008)	(0.008)	(0.012)	(0.006)	(0.008)	(0.011)		
城镇集体企业	−0.021*	−0.029**	−0.026*	−0.020**	−0.025**	−0.075***	—	—
	(0.012)	(0.012)	(0.016)	(0.010)	(0.011)	(0.021)		
第二产业	0.262***	0.307***	0.351***	0.279***	0.246***	0.245***	0.303***	0.272***
	(0.023)	(0.018)	(0.036)	(0.015)	(0.032)	(0.022)	(0.015)	(0.051)
第三产业	0.146***	0.191***	0.207***	0.165***	0.098***	0.164***	0.152***	0.190***
	(0.025)	(0.017)	(0.030)	(0.016)	(0.029)	(0.022)	(0.015)	(0.056)
城市控制变量	是	是	是	是	是	是	是	是
省控制变量（包括省份虚拟变量）	是	是	是	是	是	是	是	是
时间虚拟变量	是	是	是	是	是	是	是	是
观测数	25 181	28 134	9 532	43 783	18 098	14 305	38 813	14 502
虚拟R²	0.100	0.095	0.077	0.102	0.080	0.098	0.111	0.057

注：括号内为估计值的标准差。*、**、***分别表示10%、5%和1%显著性水平。对于汇报的职业类型模糊不清（无法划分为蓝领或白领）的职工，没有单独对其进行回归分析。

表 6-5 显示：（1）改革对年轻职工的影响更大。改革使年轻职工参加养老保险的概率提高了 6.7 个百分点，而使年长职工参加养老保险的概率提高了 4.3 个百分点。（2）改革对中等或较高教育水平职工的影响更大。改革使中等或较高教育水平职工的参加养老保险的概率提高了 7.2 个百分点，但对较低教育水平职工参加养老保险的概率没有显著影响。（3）改革对白领的影响更大。改革使白领参加养老保险的概率提高了 4.4 个百分点，但蓝领参加养老保险的概率没有显著变化。（4）改革对国有企业和城镇集体企业职工的影响更大。民营企业和外资企业的职工参加养老保险的概率没有受到改革的显著影响，而国有企业和城镇集体企业的职工参加养老保险的概率提高了 7.1 个百分点。

表 6-5 的结果表明，年轻职工、中等或较高教育水平的职工、白领、国有企业和城镇集体企业职工，受改革的影响更大，其参加养老保险的概率提高得更多。从积极预期发挥作用的 3 条途径来看，这是因为：

第一，上述职工对养老保险制度不平等的感知程度更强。根据上文分析，这些职工的个人特征或所在企业性质与事业单位工作人员差别不大。但这些职工在养老保险缴费和养老金待遇方面却与事业单位人员有着较大差异。因此，与其他职工相比，这些职工对制度不公平的体会更深。当职工对制度并轨有积极预期时，制度公平性的提高对上述职工的影响更大。

第二，与年长职工相比，年轻职工更为担心养老保险制度的财务可持续性。一方面，年轻职工距离退休的年限更长，养老金能否按时足额发放的不确定性更大；另一方面，随着人口老龄化的不断加剧，未来养老保险基金更易出现收不抵支的情况，未来政府的财政负担会越来越重。因此，当职工对制度并轨有积极预期时，制度财务可持续性方面的提高对年轻职工的影响更大。

第三，根据上文分析，相较而言，年轻职工、中等或较高教育水平职工、白领、国有企业职工和城镇集体企业职工进入事业单位工作的机会相对更大（或者通过事业单位招聘考试或者直接调动工作）。当职工对制度并轨有积极预期时，上述职工的外部选择减少，而其他职工原本就没有外部选择，所以上述职工受改革的影响更大。

6.2.6.3 稳健性检验

基准回归的结果发现，改革显著提高了职工参加养老保险的概率，但对参加养老保险职工的低报程度没有显著影响。为验证这一结果的可靠性，下面我们进行了稳健性检验，包括反事实检验和敏感性检验两部分。

具体地，我们采用以下方法进行反事实检验：

（1）观察改革对职工医疗保险缴费遵从度和失业保险缴费遵从度的影响。之所以这样做，是因为：一方面，事业单位养老保险改革只针对养老保险，不涉及医疗保险和失业保险；另一方面，在制度设计上，医疗保险"双轨制"问题的严重程度弱于养老保险，而失业保险基本不存在事业单位工作人员与企业职工之间的"双轨制"[①]。因此，改革所带来的养老保险制度公平性提高等效应，并不会影响职工对医疗保险和失业保险的遵从度。对此进行反事实检验，结果与现实相符：表6-6的第1列和第2列显示，事业单位养老保险改革对职工参加医疗保险的概率和参加失业保险的概率没有显著影响；表6-6的第5列和第6列显示，企业为参加医疗保险的职工和参加失业保险的职工低报缴费工资的程度没有受到改革的显著影响。

（2）在改革的对照省中，将一些省视为"假"的试点省，将另一些省视为对照省，将"假"的省份虚拟变量与原来的时间虚拟变量交叉来构建"假"的改革变量，并进行双重差分法分析。如果发现"假"的改革变量对职工养老保险遵从度也有显著影响，那么我们的计量模型和实证结果就值得怀疑。具体而言，在中部地区，我们假设安徽是"假"的试点省，湖北是其对照省，生成"假"的省份虚拟变量和"假"的改革变量，并对这两个省份的职工样本进行双重差分法回归，结果见表6-6的第3列和第7列。结果显示，中部地区的"假"的改革变量的估计值

[①] 1998年，国务院发布《关于建立城镇职工基本医疗保险制度的决定》（国发〔1998〕44号），规定事业单位工作人员和企业职工一起参加城镇职工基本医疗保险。2015年，除了三个省的省直机关和中央在京机关以外，其他地区机关事业单位人员已参加职工医疗保险（资料来源：http://news.qq.com/a/20150310/035831.htm）。1999年，国务院发布《失业保险条例》（国务院令第258号），规定事业单位工作人员和企业职工一起参加失业保险，并缴纳失业保险费。

表 6-6 反事实检验

项目	Y: 是否参加医疗保险 (1)	Y: 是否参加失业保险 (2)	Y: 是否参加养老保险 (3)	Y: 是否参加养老保险 (4)	Y: 参加医疗保险职工的低报程度 (5)	Y: 参加失业保险职工的低报程度 (6)	Y: 参加养老保险职工的低报程度 (7)	Y: 参加养老保险职工的低报程度 (8)
改革变量 (D)	0.011 (0.010)	−0.017 (0.011)	—	—	−0.004 (0.014)	−0.023 (0.015)	—	—
中部地区的"假"改革变量	—	—	−0.021 (0.016)	—	—	—	−0.045 (0.032)	—
西部地区的"假"改革变量	—	—	—	0.061 (0.187)	—	—	—	0.005 (0.031)
女性	−0.008* (0.004)	0.018*** (0.005)	0.008 (0.009)	0.006 (0.009)	0.039*** (0.006)	0.042*** (0.007)	0.059*** (0.015)	0.028** (0.013)
有配偶	0.072*** (0.008)	0.053*** (0.008)	0.138*** (0.018)	0.137*** (0.018)	−0.020* (0.011)	−0.012 (0.012)	−0.033 (0.029)	−0.047 (0.029)
年龄	0.002*** (0.0003)	−0.0004 (0.0003)	0.003*** (0.0006)	0.002*** (0.0006)	−0.003*** (0.0004)	−0.004*** (0.0004)	−0.003*** (0.001)	−0.005*** (0.001)
中等教育水平	0.066*** (0.006)	0.063*** (0.007)	0.043*** (0.012)	0.097*** (0.013)	0.034*** (0.010)	0.035*** (0.011)	0.035* (0.021)	0.051** (0.021)
较高教育水平	0.115*** (0.007)	0.067*** (0.007)	0.024* (0.014)	0.079*** (0.014)	0.097*** (0.011)	0.095*** (0.012)	0.083*** (0.023)	0.100*** (0.023)
专业技术人员	0.025*** (0.008)	0.011 (0.009)	0.044*** (0.016)	0.031* (0.017)	0.100*** (0.010)	0.102*** (0.011)	0.117*** (0.022)	0.095*** (0.022)
企业负责人	0.044*** (0.007)	0.055*** (0.007)	0.068*** (0.014)	0.060*** (0.015)	0.061*** (0.009)	0.079*** (0.010)	0.124*** (0.026)	0.072*** (0.021)
国有企业	0.098*** (0.006)	0.114*** (0.006)	0.022** (0.011)	0.066*** (0.013)	−0.012 (0.008)	−0.016** (0.008)	0.015 (0.017)	0.021 (0.019)
城镇集体企业	−0.030*** (0.008)	−0.052*** (0.009)	−0.059*** (0.017)	−0.108*** (0.022)	−0.007 (0.014)	−0.012 (0.015)	−0.015 (0.027)	0.062 (0.040)
第二产业	0.131*** (0.016)	0.291*** (0.019)	0.309*** (0.031)	0.320*** (0.025)	−0.104*** (0.026)	−0.108*** (0.034)	−0.284*** (0.068)	−0.162*** (0.035)
第三产业	0.060*** (0.017)	0.153*** (0.020)	0.140*** (0.031)	0.141*** (0.027)	−0.075*** (0.026)	−0.085** (0.034)	−0.179*** (0.070)	−0.118*** (0.038)
观测数	53 315	53 315	14 681	12 995	20 343	14 902	4 021	4 799
R^2	0.048	0.105	0.125	0.118	0.099	0.103	0.086	0.120

注：括号内为估计值的标准差。*、**、***分别表示 10%、5% 和 1% 的显著性水平。第 1~4 列是 Probit 模型的估计结果，改革变量的估计值及标准差是使用 Ai & Norton（2003）及 Norton 等（2004）的方法得到的。第 5~8 列是普通线性模型的估计结果，报告的是异方差稳健标准差。所有回归都控制了省市特征。此外，表 6-6 的回归是将改革前后的平均情况进行比较。

并不显著。在西部地区，我们假设四川是"假"的试点省，陕西和甘肃是其对照省，结果见表 6-6 的第 4 列和第 8 列。结果显示，西部地区的"假"的改革变量的估计值也不显著。①

上述反事实检验的结果表明，我们的模型设定和实证结果是可靠的，对和改革无关的因素进行回归，不会得到相似结论。

我们也进行了一些敏感性检验。首先，我们只对东部地区的职工样本进行回归。其中，浙江和广东是试点省，北京和辽宁②是对照省（市）。此时，试点省和对照省（市）位于同一经济区域，更具可比性。回归结果见表 6-7 的第 1 列和第 3 列。第 1 列显示，东部地区改革变量的估计值显著为正，职工参加养老保险的概率提高了 6.8 个百分点，这与基准回归结果十分相近。第 3 列显示，改革对东部地区参加养老保险职工的低报程度没有显著影响，与基准回归结果一致。

其次，我们采用三重差分法进行回归，将企业职工作为实验组，将个体户作为对照组。这里之所以将个体户作为对照组，是因为他们不受改革的影响。具体而言：（1）直到 2005 年，国家才统一了城镇个体户参加养老保险和缴费的政策③，并且对个体户的监管力度远远小于职工。所以，个体户参加养老保险的决策更多的是自愿的，是出于对自身情况的考虑，如家庭经济状况和业务发展是否顺利等。（2）个体户进入事业单位工作的概率较低，他们不会轻易放弃自己的业务，也很少能够满足事业单位的招聘条件。④所以，他们本来就没有事业单位退休金这个外部选择。（3）国家规定，个体户参加养老保险的缴费基数为当地上年在岗职工的平均工资，缴费比例为 20%⑤，所以，对于位于同一个地区的个体户而言，其养老保险缴费额是一个统一的固定值。综上，个体户的参保决策和缴费工资的报告不受改革的影响，可以作为对照组。

---

① 我们也尝试了关于试点省和对照省设置的其他假设。例如，假设陕西是"假"的试点省，而四川和甘肃是其对照省。结果也显示，"假"的改革变量的估计值不显著。
② 为增加对照省（市）的观测数，根据国家统计局对东部、中部和西部地区的划分方法，我们将辽宁划为东部地区，而没有划为东北地区。
③ 见《关于完善企业职工基本养老保险制度的决定》（国发〔2005〕38 号）。
④ 在城镇住户调查数据中，对于个体户，仅有 17%接受了专科及以上教育。
⑤ 见《关于完善企业职工基本养老保险制度的决定》（国发〔2005〕38 号）。

表 6-7 敏感性检验

项　目	Y: 是否参加养老保险（1）	Y: 是否参加养老保险（2）	Y: 参加养老保险职工的低报程度（3）	Y: 参加养老保险职工的低报程度（4）	Y: 城市职工养老保险参保率（5）
改革变量（D）	—	—	—	—	0.070** (0.035)
东部地区的改革变量	0.068** (0.033)	—	−0.009 (0.017)	—	—
DDD 的改革变量	—	0.045** (0.018)	—	0.037 (0.075)	—
职工	—	0.336*** (0.008)	—	−1.170*** (0.041)	—
女性	0.017*** (0.006)	0.014*** (0.004)	0.029*** (0.008)	−0.065*** (0.007)	—
有配偶	0.040*** (0.010)	0.070*** (0.007)	0.014 (0.013)	0.070*** (0.013)	—
年龄	0.0002 (0.0003)	0.002*** (0.0003)	−0.003*** (0.0005)	−0.005*** (0.0005)	—
中等教育水平	0.060*** (0.008)	0.106*** (0.005)	0.022* (0.013)	−0.010 (0.011)	—
较高教育水平	0.053*** (0.009)	0.128*** (0.005)	0.111*** (0.013)	0.080*** (0.011)	—
专业技术人员	0.013 (0.010)	—	0.082*** (0.014)	—	—
企业负责人	0.050*** (0.009)	—	0.067*** (0.011)	—	—
国有企业	0.092*** (0.008)	—	−0.038*** (0.009)	—	—
城镇集体企业	0.018* (0.010)	—	−0.020 (0.016)	—	—
第二产业	0.250*** (0.019)	0.281*** (0.014)	−0.046 (0.047)	−0.217*** (0.034)	—
第三产业	0.194*** (0.021)	0.138*** (0.016)	−0.005 (0.047)	−0.199*** (0.035)	—
观测数	25 639	71 200	12 469	28 382	370
R²	0.073	0.122	0.141	0.229	0.296

注：括号内是估计值的标准差。*、**、***分别表示 10%、5%和 1%的显著性水平。第 1~2 列是 Probit 模型的估计结果。第 1 列的改革变量（二维交叉项）的估计值及标准差是使用 Ai & Norton（2003）及 Norton 等（2004）的方法得到的；第 2 列的改革变量（三维交叉项）的估计值及标准差是使用 Cornelißen & Sonderhof（2009）的方法得到的①；报告的是样本均值处的估计值及标准差。对于非交叉项，估计值报告的是边际效应，标准差报告的是异方差稳健标准差。第 3~4 列是普通线性模型的估计结果，报告的是异方差稳健标准差。第 1~4 列都控制了个体、城市和省份特征，这些变量与表 6-3 相同。第 5 列是城市面板数据的固定效应模型的估计结果。此外，表 6-7 的回归是将改革前后的平均情况进行比较。

① 需要说明的是，在使用三重差分法时，对于二维交叉项（如 Prov·Formal），我们采用 Ai & Norton（2003）及 Norton 等（2004）的方法进行估计。由于这些二维交叉项的估计值并不是我们主要关心的系数，所以并未在表 6-7 中详细地逐一汇报。

进行三重差分法分析的一个好处是允许试点省和对照省（市）的养老保险遵从度在随时间的变化上存在固有差异，只要这种差异对省内职工和个体户是一样的，就不会干扰实证结果。三重差分法的计量模型如下：

$$Y_{ijptf} = \alpha_1 + \alpha_2 D_{ptf} + \alpha_3 Prov_p + \alpha_4 Time_t + \alpha_5 Formal_f + \alpha_6 (Prov_p \times Time_t) +$$
$$\alpha_7 (Prov_p \times Formal_f) + \alpha_8 (Time_t \times Formal_f) + \gamma_1 X_{ijptf} + \gamma_2 Z_{jpt} + \gamma_3 S_{pt} + \varepsilon_{ijptf} \qquad (6-3)$$

其中：i 表示个体；j 表示个体所在城市；p 表示个体所在省份；t 表示年份；f 表示个体是职工还是个体户；Y 是个体的养老保险遵从度，仍然有两种形式，是否参保和参保后缴费工资被低报的程度；Formal 是反映个体就业状态的变量，当个体是职工时，取值为 1，当个体是个体户时，取值为 0；此时的改革变量（三重差分统计量）仍然用 D 表示，是省份虚拟变量、时间虚拟变量和个体就业状态变量的三维交叉项，即 D=Prov×Time×Formal；X 是个体的特征，包括性别、婚姻状态、年龄、教育水平和所在行业。[①]其他变量（Prov、Time、Z、S）的含义与式（6-2）相同。在式（6-3）中，我们关心的系数为 α_2，它反映了改革对职工养老保险遵从度的影响。

当 Y 为个体是否参加养老保险的虚拟变量时，结果见表 6-7 的第 2 列。此时，我们使用 Cornelißen & Sonderhof（2009）的方法估计改革变量（三维交叉项）的效应。第 2 列显示，改革变量的估计值显著为正，改革使职工参加养老保险的概率提高了 4.5 个百分点。当 Y 为参加养老保险个体的低报程度时[②]，结果见表 6-7 的第 4 列。第 4 列显示，改革变量的估计值并不显著。综上，三重差分法的结果与基准回归结果（双重差分法）相符[③]。

最后，我们构建了城市层面的面板数据，将城市职工养老保险参保率作为被解释变量，采用双重差分法和面板数据的固定效应模型进行回归。结果见表 6-7 的第 5 列。结果显示，改革使城市职工养老保险参

---

① 这些是职工和个体户共有的特征。对于一些职工独有的特征（职业和所在企业所有制性质），我们没有在回归中加以控制，因为对于这些变量，个体户没有取值。

② 对于参加养老保险的职工，第 3 章已得到其低报程度的估算值。对于参加养老保险的个体户，其低报程度的计算方法与职工相似，具体为：低报程度=（当地在岗职工平均工资－（个体户养老保险缴费额÷20%））÷个体户的总工资。

③ 需要说明的是，我们没有将三重差分法作为主要的实证分析方法，而是作为稳健性检验的分析方法，是因为中国城镇住户调查数据中个体户的观测数较少，是职工观测数的 1/3 左右。

保率提高了 7 个百分点。这与基准回归结果一致。

综上，上述敏感性检验的结果与基准回归的结果高度一致，因此，基准回归结果是十分稳健的。

6.3　制度在地区间的分割

6.3.1　流动人口的参保现状

正如第 2 章所分析的，社会保险制度在地区之间的分割（即"碎片化"），给跨区转移社会保险关系带来了困难，进而使流动性较强的职工不愿参保。我国人口调查数据显示，近年来，我国跨省流动人口规模不断扩大。这意味着，即便是对于已经实现省级统筹的省份而言，也面临着流动人口社会保险关系转移接续的问题。

一些研究发现，统筹层次较低（目前最高为省级统筹）所导致的社会保险关系难以转移接续的问题，是流动人口参保率低的一个重要原因（袁城等，2014；肖严华，2016；苏明等，2016）。[①]

具体而言：

一方面，不同的统筹地区对流动人口实施了不同的社会保险政策，这使得流动人口在跨统筹地区流动时难以对接社会保险关系。例如，广东、陕西和甘肃等大部分省份对流动人口和本地职工实行相同的社会保险制度；北京对流动人口实行独立的养老保险制度；上海和成都对流动人口实行综合保险制度，对养老、医疗和工伤保险实行统一保障（汤兆云，2016）。在此情形下，如果职工将工作从北京转换到上海，由于两地的社会保险制度没有接轨，职工的社会保险关系难以转移接续，只能在上海重新参保、重新缴费，这使其社会保险待遇严重受损，进而损害其参保积极性。

另一方面，社会保险制度在地区间的分割也改变了地方政府的激励，这进一步加大了职工转移接续社会保险关系时的困难。这主要表现

[①] 除了制度设计上的原因以外，流动人口（特别是农民工）的收入较低、受到流动性约束、更重视当期收入，也是他们不愿参保缴费的原因，但是，这些原因及其相关问题（包括如何提高流动人口的收入等）不是本章研究的重点，所以不展开分析。

为：流入地政府不愿接收外地户口职工的社会保险关系，因为接收会加大当地社会保险基金的支出负担。

另外，对于养老保险，国家规定职工必须缴费满 15 年才能领取养老金。在社会保险关系难以转移接续的情况下，这实际上是对职工施加了在同一统筹地区工作满 15 年的约束。而对于流动人口而言，这是难以实现的，参保意愿因此减弱。

表 6-8 展示了我国农民工的参保现状。从表 6-8 可以看出：

表 6-8   农民工的参保现状

年份	农民工总量（万人）	养老保险参保率（%）	医疗保险参保率（%）	失业保险参保率（%）	工伤保险参保率（%）
2008	22 542	10.7	18.9	6.9	21.9
2009	22 978	11.5	18.9	7.2	24.3
2010	24 223	13.6	18.9	8.2	26.0
2011	25 278	16.4	18.4	9.5	27.0
2012	26 261	17.3	19.0	10.3	27.3
2013	26 894	18.2	18.7	13.9	27.0
2014	27 395	20.0	19.1	14.9	26.9
2015	27 747	20.1	18.6	15.2	27.0
2016	28 171	21.1	17.1	16.5	26.7

资料来源　2008—2016 年度《人力资源和社会保障事业发展统计公报》。

（1）农民工的参保率[①]较低。在各项保险中，农民工对工伤保险的参保率最高，其次是养老保险和医疗保险，失业保险的参保率较低。但是，即便对于参保率最高的工伤保险，参保率也不到 30%。由此可见，农民工的参保率远远低于本地职工的参保率[②]。

[①]　即参加社会保险的农民工与农民工总量之比。
[②]　根据第 3 章的分析，2002—2009 年间，本地职工对养老保险的参保率为 66.51%，对医疗保险的参保率为 59.82%，对失业保险的参保率为 42.70%。根据国家统计局网站（http://data.stats.gov.cn/easyquery.htm?cn=C01）的数据估算，2015 年，全国就业人员平均的养老保险参保率是 64.9%，医疗保险和工伤保险的参保率在 53% 左右，失业保险的参保率是 42.9%。可见，农民工的参保率低于本地职工，低于全国就业人员的平均水平。

（2）整体来看，农民工的参保率有逐年上升的趋势，但是增幅不大。与 2008 年相比，2016 年农民工对养老保险、失业保险和工伤保险的参保率分别提高了 10.4 个百分点、9.6 个百分点和 4.8 个百分点，但医疗保险的参保率降低了 1.8 个百分点。

（3）2009 年发布、2010 年实施的《城镇企业职工基本养老保险关系转移接续暂行办法》（国办发〔2009〕66 号）特别提出了农民工跨省就业时转移养老保险关系的问题，并作出相关规定，包括不允许退保和开具缴费凭证等转移接续办法。从表 6-8 可以看出，2010 年之后，农民工的养老保险参保率确实快速提高，从 2010 年的 13.6%升至 2016 年的 21.1%，但仍处于相对较低的水平。

另外，国家卫计委在 2014 年的全国流动人口卫生计生动态监测调查中，也发现了农民工参保率低的现象。具体而言，调查发现：11%左右的农民工参加了城镇职工养老保险，大约 10%的农民工参加了城镇职工医疗保险和失业保险，15%左右的农民工参加了工伤保险，9%的女性农民工有生育保险。调查还发现，有一些农民工虽然参加了医疗保险，但在发生住院费用时，没有去报销。其中，44%的农民工表示没有报销的原因是需要回老家报销不方便，12%表示准备下次回乡报销，9%不知道报销流程，9%因报销手续烦琐放弃报销，还有政策不允许报销等其他原因。可见，社会保险制度在地区间的分割，使得农民工即便参保也难以获得相应好处，这影响了参保的积极性。

6.3.2 流动人口与企业缴费遵从度

在 6.3.1 部分，我们分析了流动人口参保率较低的现象，并认为制度因素（即社会保险制度在地区间的分割）是导致该现象的一个重要原因。一个自然引出的问题是：流动人口参保率较低，是否进一步降低了其所在企业的缴费遵从度？对此，鲜有文献进行讨论并提供经验证据。

在第 5 章中，我们发现，参保企业低报程度和参保职工低报程度对社会保险缴费率的反应弹性存在较大差异（分别为 0.51 和 0.16）。这是因为：参保企业中并不是所有职工都参保；参保企业的低报程度对社会保险缴费率的反应，既包括了企业内部的参保率对社会保险缴费率的反

应，也包括了企业内参保职工低报程度对社会保险缴费率的反应。根据
6.3.1 部分的分析，流动人口的参保率较低。因此，我们提出以下两个
假设：

假设 1：雇用较多流动人口的企业，其内部参保率较低，因而低报
程度较高。

假设 2：当社会保险缴费率提高时，与其他企业相比，雇用较多流
动人口的企业，其低报程度提高更多。①

下面我们进行实证研究，来验证上述两个假设是否成立。我们使用
的企业数据与第 5 章相同，数据期间为 2004—2007 年。受到数据的限
制，我们无法直接观察到企业内部职工的户口构成，无法将本地职工与
外地职工区分开来。因此，我们使用城市的流动人口信息进行近似：在
流动人口占总人口比例较高的城市，企业中流动性较强职工（外地职
工）占全部职工的比例也较高。

城市流动人口的数据来自 2005 年全国 1%人口抽样调查的省级报
告。②在企业样本所在的城市中，流动人口占总人口的比例从 6%到 83%
不等，中位数为 30%，均值为 34.4%，标准差为 15.7%。

为检验假设 1，我们在式（5−1）中引入城市流动人口占总人口比
例这个变量，并进行回归，结果见表 6−9 的第 1 列。第 1 列是对 2005
年截面数据进行回归的结果。可以看出，城市流动人口占比的系数为
0.333，并且在 1%显著性水平下显著。这说明，在其他因素保持不变
时，城市流动人口占比提高 1 个百分点（近似地，企业中流动性较强职
工的占比提高 1 个百分点），参保企业的低报程度提高 0.3 个百分点。
因此，假设 1 成立。此外，第 1 列中，城市社会保险缴费率的系数显著
为正，说明提高社会保险缴费率会加剧低报程度，这与第 5 章的结果非

---

① 提出假设 2 的理由是：当社会保险缴费率提高时，与本地职工相比，流动人口的参
保率下降更多。一方面，流动人口在和企业协商工资福利待遇时，处于更为不利的地位，当
社会保险缴费率提高时，相较于本地职工，流动人口更容易被企业变为不参保群体。另一方
面，流动人口的社会保险关系转移接续面临困难，社会保险收益的不确定性较大，此时如果
提高社会保险缴费率（即参保成本），那么流动人口会更不愿参保。基于上述两方面，流动人
口的参保率对社会保险缴费率的反应更大。因此，流动人口较多的企业，其低报程度对社会
保险缴费率的反应也更大。

② 由于企业数据的期间是 2004 年，为了匹配企业层面的回归，流动人口的数据选用了
2005 年的人口抽样调查数据。该数据从密歇根大学的中国数据库下载。湖北的数据缺失。数
据覆盖北京、辽宁、浙江、安徽、广东、四川、陕西和甘肃。

常一致。

表6-9 流动人口对参保企业低报程度的影响

Y：参保企业低报程度	2005年	2004—2007年	
		流动人口占比较低的地区	流动人口占比较高的地区
城市流动人口占比	0.333*** (0.012)	—	—
城市社会保险法定缴费率	0.636*** (0.037)	0.708*** (0.139)	1.026*** (0.038)
民营企业	0.191*** (0.008)	0.004 (0.014)	−0.008 (0.013)
外资企业	0.174*** (0.009)	−0.001 (0.025)	−0.018 (0.019)
从业年限	−0.008*** (0.0002)	−0.001 (0.001)	−0.002** (0.001)
主营业务收入较高	0.006** (0.003)	0.007 (0.005)	0.019*** (0.003)
劳动密集程度较高	0.053*** (0.003)	−0.017 (0.016)	0.011 (0.010)
人力资本水平较高	−0.052*** (0.003)	0.013 (0.027)	−0.017 (0.013)
年份固定效应	否	是	是
省市控制变量	是	是	是
观测数	56 571	89 981	111 459
R^2	0.152	0.016	0.048

注：括号内为估计值的异方差稳健标准差。*、**、***分别表示10%、5%和1%的显著性水平。

为检验假设2，我们根据2005年的城市流动人口占比情况，将城市划分为两组：流动人口占比较低的地区（低于中位数）和流动人口占比较高的地区（等于或高于中位数）。使用面板数据的固定效应模型进行分组回归的结果见表 6-9 的第 2 列和第 3 列。结果显示，在流动人口占比较低的地区，社会保险缴费率的系数为 0.708，并在 1%显著性水平下显著；在流动人口占比较高的地区，社会保险缴费率的系数为 1.026，也在 1%显著性水平下显著。经过比较，发现这两个系数的差异是显著的（z 统计量为 2.2）。因此，假设 2 成立，即如果城市的流动人口占比较高、企业雇用较多的流动人口，那么企业的低报程度对社会保险缴费率的反应更大。

6.4　小结

本章分析了社会保险制度的分割对缴费遵从度的影响，包括两个部分：制度在人群间的分割与制度在地区间的分割。

本章首先分析了社会保险制度在人群间的分割对缴费遵从度的影响。社会保险制度在人群间的分割，主要体现在养老保险的"双轨制"。事业单位养老保险改革为本章的研究提供了一个"自然实验"环境，使研究避免了内生性问题。利用微观数据和双重差分法，本章首次对事业单位养老保险改革（养老保险"双轨制"部分并轨）如何影响职工对养老保险的缴费遵从度进行了实证研究。结果表明：改革显著提高了职工参加养老保险的概率，但对参加养老保险职工的低报程度没有显著影响。这说明，改革使职工产生了积极的制度并轨预期，进而提高了职工对养老保险的缴费遵从度（主要体现为参保积极性的提高）。这与白重恩（2013b）的定性分析结论一致。

近年来，政府一直致力于提高企业职工基本养老保险的覆盖率。[①]很多地区将其作为政绩考核的重要指标[②]，并采取了发放缴费补贴和开展做实个人账户试点等措施。这些措施对职工参加养老保险有一定的激

　　① 　2010 年通过的《社会保险法》，提出了"广覆盖、保基本、多层次、可持续"方针。2012 年，十八大报告将此方针进一步改为"全覆盖、保基本、多层次、可持续"。2016 年，"十三五"规划提出"实施全民参保计划，基本实现法定人员全覆盖"。
　　② 　例如，2014 年起，湖北将 5 项社会保险的参保率列为县域经济工作考核、市州党政领导干部政绩考核的重要民生指标（资料来源：http://www.clssn.com/html1/report/9/7708-1.htm）。又如，自 2016 年起，河南将企业职工养老保险参保率纳入地方考核体系（资料来源：http://news.xinhuanet.com/fortune/2016-01/20/c_1117831292.htm）。

励作用，但养老保险距离"应保尽保"仍有差距。本章的研究表明，政府应重视对养老保险制度设计的完善，逐步实现"双轨制"的并轨，此时，职工参加养老保险的积极性会自发地提高，养老保险的覆盖面也会随之扩大，有助于实现政府"全覆盖"的目标。

本章还发现，事业单位养老保险改革对年轻职工、中等或较高教育水平职工、白领、国有企业职工和城镇集体企业职工积极参保的正向影响更强。这说明：改革不仅从整体上提高了职工对养老保险的遵从度，也弱化了部分职工所感知的制度不平等，减少了他们对制度财务可持续性的担心，同时也减弱了他们流向事业单位的激励。目前，在很多地区，"机关事业单位报考热"和"企业招工难"的现象并存。而养老保险"双轨制"是造成这种局面的一个重要原因。对此，应继续推进当前的机关事业单位养老保险改革，解决改革中出现的一些实际操作问题，真正实现养老保险"双轨制"的并轨，这有利于企业的发展，也提高了社会的经济效率。

本章从效率的角度分析了事业单位养老保险改革的积极作用。改革的初衷在于促进公平，但改革也提高了效率，即提高了职工的缴费遵从度。在经济学理论中，公平与效率存在权衡取舍关系。但本章发现，在特定的制度环境下，促进公平的改革，会进一步提升效率，两者可以实现统一。

另外，本章也分析了社会保险制度在地区间的分割对缴费遵从度的影响。结果显示：（1）流动人口（特别是农民工）的参保率低，断保退保现象较为严重，而造成这种现象的一个重要原因是：社会保险制度在地区间分割使得跨区转移接续社会保险关系非常困难。（2）进一步地，流动人口缺乏参保积极性这一问题影响了企业的缴费遵从度。一方面，雇用较多流动人口的企业（用城市流动人口占比较高来近似），其低报缴费工资的程度较高；另一方面，雇用较多流动人口的企业，其低报程度受社会保险缴费率的影响更大。

因此，社会保险制度在地区间的分割，减弱了制度的保障功能和再分配功能。一方面，流动人口参保后，其收益有很大的不确定性（包括退休后能否获得收益以及收益的数额到底有多少），这削弱了社会保制度应有的减少未来不确定性、保障未来生活的作用；另一方面，流动人口（特别是农民工）往往是低收入群体，而其参保率较低，这就使社会保险制度没有充分地保障这个群体的生活，没有很好地起到再分配作用。基于此，政府应大力推动社会保险制度在全国范围内的统一，清除社会保险关系转移接续的障碍。

第7章 社会保险费用的负担归宿

7.1 本章导论

前面几章描述了我国城镇企业和职工社会保险缴费遵从度的现状，也分析了社会保险制度设计对缴费遵从度的影响。那么，在存在逃避缴费的现实情况下，未被逃避掉的社会保险缴费负担如何在企业和职工之间分摊？企业在逃避掉一些缴费负担之后，是与职工共同分担剩余的负担，还是将剩余的负担完全转嫁给职工？缴费遵从度不同的企业，缴费的负担归宿是否有所不同？进一步地，在第5章的基础上考虑社会保险费用的负担归宿，关于社会保险缴费率对社会保险缴费收入的影响，结论是否会发生变化？本章将对上述问题进行分析。

已有文献分析了社会保险费用的负担归宿，但大多针对美国和欧洲国家，少有文献讨论我国的情况。同时，已有文献大多未将缴费遵从度纳入分析，即未考虑不遵从社会保险缴费的行为。基于此，我们会先将缴费遵从度纳入已有研究的理论分析框架，并观察由此导致的变化。然后，我们会估算存在不遵从行为时企业完全转嫁缴费负担的判断条件，并进行回归分析进而判断我国企业是否将缴费负担完全转嫁给职工；如果未完全转嫁，那么企业承担了多少比例的负担。我国企业的社会保险法定缴费率高于职工[①]，那么，实际上企业是否承担了更多的缴费负担？对此问题的研究具有现实意义，有助于我们了解社会保险费用负担的真实归宿。

本章剩余部分安排如下：7.2 节对相关文献进行梳理；7.3 节从理论上分析社会保险费用的负担归宿，并构建计量模型；7.4 节是数据说明与描述性统计；7.5 节使用企业数据和职工数据实证分析了社会保险费用的负担归宿，报告了基准回归、异质性分析、扩展分析和稳健性检验的结果；7.6 节在考虑社会保险费用负担归宿的情况下讨论了社会保险缴费率对社会保险缴费收入的影响；7.7 节对本章内容简要作结。

7.2 文献综述

Summers（1989）首次对社会保险费用的负担归宿进行理论分析。他认为，社会保险会改变劳动力的供给函数和需求函数，在达到新的均衡时，职工的工资下降，就业人数是否减少取决于职工对社会保险收益的评价（即劳动力供给曲线的移动幅度）。他指出，与一般性税收的负担归宿不同，在分析社会保险费用的负担归宿时，要将社会保险收益纳入分析框架。

此后，很多文献实证研究了社会保险费用的负担归宿。其中，大部分文献都发现，企业实际承担的社会保险费用负担低于其名义上的负担，也就是说，一部分负担被企业转嫁给职工，而转嫁的方式是降低职工的工资。

例如，Gruber & Krueger（1991）研究了美国工伤保险的负担归宿。他们发现，对于工伤发生率较高的一些职业的职工而言（如卡车司机、管道工人和木匠等），大约 85% 的工伤保险成本被雇主转嫁到职工

[①] 我国中央政府规定的企业社会保险缴费率为 30%，职工社会保险缴费率为 11%。白重恩等（2012）指出，虽然我国企业法定缴费率高于职工，但是，缴费负担可能会转化为职工缴费前工资的下降，即企业可能将费用负担转嫁给职工。

的工资上。Anderson & Meyer（2000）从美国的失业保险中也发现了企业转移缴费负担、降低职工工资的证据。Ooghe 等（2003）使用欧洲国家 1978—1988 年的数据，发现超过 50%的社会保险缴费负担被企业以降低工资的方式转嫁给了职工。Komamura & Yamada（2004）使用日本 1995—2001 年的数据，发现企业对医疗保险的缴费大部分都被转移给职工。Baicker & Chandra（2006）发现，在美国，如果医疗保险的费用上涨 10%，那么参加医疗保险的职工的工资将会下降 2.3%。

另外，一些文献发现，企业实际上并未承担社会保险缴费负担，即企业将负担完全转嫁给职工。例如，Gruber（1994）研究美国生育保险的负担归宿，发现生育保险的成本被完全转嫁给职工的工资。Gruber（1997）研究 20 世纪 80 年代早期智利实施的社会保险私有化改革，发现了企业完全转嫁社会保险缴费负担的证据，即改革使企业缴费率大幅下降的作用完全体现在职工工资提高这个方面。

值得一提的是，Saez 等（2012）通过研究希腊 1992 年的社会保险改革，得到了不同于上述文献的结论。具体而言，希腊的这项改革对 1993 年及之后参加工作的职工（简称为新职工）提高了社会保险缴费基数的上限，而对 1993 年之前参加工作的职工（简称为老职工）没有影响。这增加了工资水平位于缴费基数的旧上限和新上限（大约是旧上限的 2.28 倍）之间的新职工的缴费。然而，他们的研究发现，对于这些新职工，虽然缴费负担增加，但职工的工资并未下降。他们认为，这可能是因为：企业很难因职工所属的缴费制度不同（即参加工作的年份不同）就对职工实行不同的工资决定机制，特别是难以对个人特征（如教育水平等）较为相似的职工和入职年份分别在 1993 年之前和之后但相距不远的职工（如 1992 年年底入职的职工和 1993 年年初入职的职工）发放不同水平的工资。进一步地，他们利用工资公平性理念和讨价还价模型解释了企业为何会面临这样的困难。因此，Saez 等（2012）得到的结论（企业没有将增加的缴费负担转移到职工的工资上），与他们使用希腊改革这一点非常相关。由于改革实际发生作用的范围较窄，只影响一部分高工资的新职工，企业降低其工资的操作会面临种种约束。而其他文献或者使用国家和地区层面缴费率的波动（Ooghe et al.，

2003），或者使用影响所有职工的改革（Gruber，1997），均发现了企业转嫁负担的证据。

对于研究社会保险费用负担归宿的问题，上述文献有着重要的启发性意义。然而，上述文献的研究也存在一点不足：假设企业和职工完全遵从缴费，没有逃避缴费行为。对于发达国家而言，这一假设成立的可能性较高。这是因为发达国家的社会保险制度往往建立较早，经过多年的发展，现在的制度已经比较完善，同时审查力度和执行水平也比较高。但是，对于发展中国家而言，这一假设可能并不成立。Nitsch & Schwarzer（1995）、Cottani & Demarco（1998）、Bailey & Turner（2001）指出，在很多发展中国家，社会保险逃避缴费都是一个普遍存在的问题。本书第 3 章也描述了我国的社会保险缴费遵从度现状，发现企业和职工有较为严重的逃避缴费现象。因此，在研究社会保险费用的负担归宿时，将缴费遵从度纳入分析框架，对于发展中国家而言，是非常必要的。

很少量的相关研究考虑了缴费遵从度。例如，Almeida & Carneiro（2012）使用巴西 2000 年的数据，发现加强劳动审查力度（增加审查员的数量），提高了正规企业对失业保险的遵从度，进而使职工的工资下降。他们认为，企业之所以能向职工转嫁缴费负担，是因为职工重视失业保险的收益（离职金）。

另外，封进（2014）利用中国健康与营养调查（CHNS）2000—2009 年的个人数据，发现从总体来看，参保状态对职工工资的影响不显著，但对于受教育程度较低或非技术类型的职工，企业会将缴费的10%~50%以降低工资的方式转嫁给他们。虽然该研究采用工具变量估计方法处理了参保状态的内生性问题，但是，需要指出的是，该研究忽视了一个重要问题：企业的缴费遵从度影响缴费负担的转嫁程度，即职工工资的下降幅度，因此只考虑职工是否参保是不够的，还应考虑职工的实际缴费工资与其总工资的差距（即缴费遵从度）。而且，参保状态是外延边际（extensive margin）的变化，该研究未考虑内延边际（intensive margin）的变化弹性，即企业缴费负担（如企业缴费率）增加 1%，职工工资会下降多少。

　　本章的特点（或贡献）体现在以下 4 方面：（1）将缴费遵从度纳入理论分析框架，讨论企业和职工不完全遵从缴费时，社会保险费用负担如何影响职工的工资，这种影响如何随缴费遵从度的变化而变化，同时计算企业完全转嫁缴费负担（即企业不承担缴费负担）的判断条件。（2）实证研究我国社会保险费用的负担归宿，并检验缴费遵从度不同的企业和职工所承担缴费负担的差异。（3）在实证分析中，使用外生的社会保险法定缴费率来识别社会保险费用的负担归宿，避免了内生性问题。（4）使用来自我国东部、中部和西部地区的大量微观数据（参保企业约 24 万余次观测，参保职工约 4 万余次观测）进行实证分析，样本更具代表性，实证结果可以反映全国的情况。

7.3　理论框架与计量模型

7.3.1　社会保险费用负担归宿的图形解析

　　Summers（1989）和 Gruber（1997）先后使用劳动力市场的供求图（见图 7-1）来说明社会保险费用的负担归宿。图 7-1 中，政府没有建立社会保险制度时，劳动力供给曲线由 S_0 表示，劳动力需求曲线由 D_0 表示。此时，均衡的就业人数为 L_0，均衡的工资（率）为 W_0。

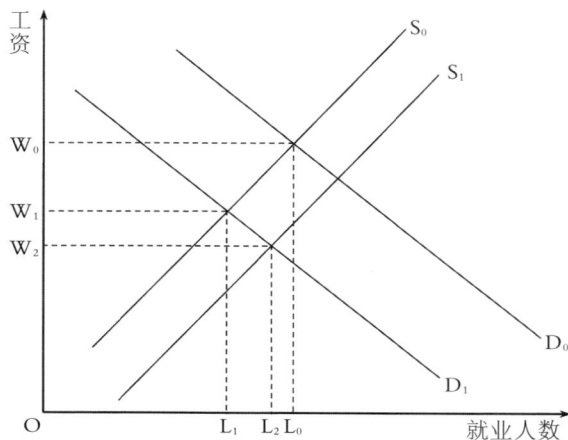

图 7-1　劳动力市场的供给与需求

政府实施社会保险制度之后，企业要缴纳社会保险费，而且企业的法理负担超过职工（我国企业社会保险法定缴费率大约是职工缴费率的3倍），这增加了企业的用工成本，进而使劳动力需求曲线由 D_0 向左移动到 D_1。此时，均衡的就业人数（L_1）和工资（W_1）都减少。

由于政府征缴的社会保险收入与一般性税收收入有着截然不同的用途，前者专门用于发放社会保险收益以保障职工的养老、医疗和失业等问题，所以，社会保险费用的负担归宿分析不同于一般性税收，我们不仅要考虑缴费成本，也要考虑缴费所带来的收益。

对于劳动力而言，在社会保险制度建立之后，在任一给定的工资水平下，参加工作不仅可以领取工资收入，还可获得社会保险收益，如未来的退休金等。这使他们的劳动力供给曲线从 S_0 向右移动到 S_1。此时，均衡的就业人数为 L_2，均衡的工资为 W_2。

从图 7-1 可以看出，$L_2 > L_1$，而 $W_2 < W_1$。也就是说，在负担归宿分析中考虑社会保险收益之后，均衡时的失业问题并不严重，而均衡工资进一步下降。这说明，职工愿意接受较低的工资以获得社会保险收益。此时，企业将社会保险费用的负担更多地转嫁到了职工的工资上。

需要说明的是，根据政策规定，职工也需缴纳社会保险费，所以，劳动力供给曲线向右移动是职工净收益提高的结果：社会保险收益大于职工个人的缴费成本。根据第 4 章式（4-10），这一判断是合理的。

7.3.2 社会保险费用负担归宿的理论模型

Gruber（1997）构建了一个简单的理论模型将图 7-1 的分析数理化。本章在这个模型的基础上进行扩展和深化，使其更符合我国的现实情况。

需要说明的是，与第 4 章的理论模型不同，这里我们不再对职工的同质性和企业的异质性作出假设，也不对劳动力供给函数和需求函数的具体形式进行设定。同时，这里我们不再对职工的效用最大化问题和企业的利润最大化问题进行求解，我们只是基于劳动力市场的均衡条件，分析均衡时的工资[①]如何随社会保险缴费率的变化而变化，即多少缴费负担被转嫁给职工的工资。Gruber（1997）的模型假设企业和职工完全遵从缴费，这里我们重点讨论将不遵从缴费的行为纳入模型之后会如何影响模型。

Gruber（1997）设立了如下劳动力需求函数和供给函数：

$$D = D\big(w(1 + T_f)\big) \tag{7-1}$$

$$S = S\big(w(1 - T_i + V_i T_i + V_f T_f)\big) \tag{7-2}$$

其中：w 表示职工的工资；T_f 和 T_i 分别表示企业和职工的社会保险缴费率；V_i 表示个人缴费（wT_i[②]）与其收益贴现值（$V_i wT_i$）之间的关联度；V_f 反映企业缴费（wT_f）与其收益贴现值（$V_f wT_f$）的联系。V_i 和 V_f 与贴现因子有关，也与制度设计有关。企业雇用一个职工的总成本为 $w + wT_f$。职工工作的回报为 $w - wT_i + V_i wT_i + V_f wT_f$[③]。

对于式（7-2），有 $1 - T_i + V_i T_i + V_f T_f > 0$ 成立，即工作的回报为正。进一步地，根据第 4 章式（4-10），$-T_i + V_i T_i + V_f T_f \geq 0$，即职工参加社会保险的收益（通过个人缴费和企业缴费获得的）不低于个人缴费成本。[④]

基于式（7-1）和式（7-2），Gruber（1997）得到了以下均衡条件：

$$\frac{d\ln(w)}{dT_f} = \frac{\eta_s V_f - \eta_d}{\eta_d - \eta_s(1 - T_i + V_i T_i)} \tag{7-3}$$

其中：η_s 是劳动力供给弹性；η_d 是劳动力需求弹性。由于 $\eta_s > 0$，$\eta_d < 0$，所以，$\dfrac{d\ln(w)}{dT_f} < 0$[⑤]，即社会保险缴费率提高时，职工工资下降。这说明，企业将一部分的社会保险费用负担转嫁到了职工的工资。后续的

---

① 这里的工资是指职工的总工资。
② 为简化分析，这里我们不对缴费工资的 3 种情况（总工资与当地平均工资的比例低于 60%、位于 60%～300% 之间、高于 300%）加以区分，而是假设职工应以总工资为缴费工资（即总工资与当地平均工资的比例位于 60%～300% 之间的情况，根据第 3 章的分析，大多数职工都属于这种情况，所以该假设是较为合适的）。
③ 其中，第 1 项是工资，第 2 项是个人缴费，第 3 项和第 4 项分别是从个人缴费和企业缴费中所获得的社会保险收益。
④ 相反地，考虑一个极端情况，假设 $V_i = V_f = 0$，即职工认为社会保险完全没有收益，那么，此时的情况就与向企业和职工征税相同。再考虑另一个极端情况，假设 $V_i = V_f = 1$，即职工认为社会保险的收益与缴费相等。此时，供给函数变为 $S = S\big(w(1 + T_f)\big)$，在均衡时，工资的下降幅度为 wT_f，而就业人数（L）不变。
⑤ $V_f > 0$，$1 - T_i + V_i T_i > 1 - T_i > 0$。所以，式（7-3）中，分子为正，分母为负。

分析中，我们会讨论企业转嫁的负担比例（是否完全转嫁）。

需要指出的是，Gruber（1997）得到式（7-3）是基于以下 3 个假设条件：第一，在最终状态，$T_f = 0$；第二，T 的变动全部来源于 T_f，即 $dT = d(T_i + T_f) = dT_f$；第三，企业和职工完全遵从社会保险缴费，不存在逃避缴费行为。

然而，在我国，上述 3 个假设均不成立。首先，我国的企业社会保险缴费率（T_f）不仅不为零，还处于较高水平。其次，我国社会保险缴费率（T）的变动，不仅来源于企业缴费率的变动，也来源于职工缴费率的变动。中央政府的政策文件明确规定了职工缴费率的变动趋势[①]，各地围绕中央指导原则不断调整职工缴费率，所以，假设 $dT_i = 0$ 是不合适的。最后，前面几章的分析都发现，我国企业和职工存在较为严重的逃避缴费现象，所以，完全遵从缴费的假设不符合我国实际情况。

基于此，下面我们将逐步放开 Gruber（1997）提出的 3 个假设，并求解新的均衡条件。具体分析包括以下 3 个部分：

（1）先放开 $T_f = 0$ 的假设。在均衡时，劳动力供求相等，即下式成立：

$$D\big(w(1 + T_f)\big) = S\big(w(1 - T_i + V_i T_i + V_f T_f)\big) \tag{7-4}$$

将式（7-4）对 T_f 求导，得到：

$$\eta_d\left(\frac{dw}{dT_f}(1 + T_f) + w\right) = \eta_s\left(\frac{dw}{dT_f}(1 - T_i + V_i T_i + V_f T_f) + w V_f\right)$$

$$\Rightarrow \frac{dw}{dT_f} = \frac{(\eta_s V_f - \eta_d)w}{\eta_d(1 + T_f) - \eta_s(1 - T_i + V_i T_i + V_f T_f)}$$

$$\Rightarrow \frac{d\ln(w)}{dT_f} = \frac{\eta_s V_f - \eta_d}{\eta_d - \eta_s(1 - T_i + V_i T_i) + (\eta_d - \eta_s V_f)T_f} \tag{7-5}$$

将式（7-5）与式（7-3）进行比较，可以发现：当 $T_f \neq 0$ 时，$\dfrac{d\ln(w)}{dT_f}$ 的分母中多了一项 $(\eta_d - \eta_s V_f)T_f$，并且该项为负，所以 $\left|\dfrac{d\ln(w)}{dT_f}\right|$ 变小。

（2）接着，放开 $dT = dT_f$ 的假设。T_f 和 T_i 是在法理上规定的企业和职工的缴费负担。然而，实际上，企业的缴费负担并不仅仅与 T_f 有

[①] 1997 年，国务院颁布《关于建立统一的企业职工基本养老保险制度的决定》（国发〔1997〕26 号），其中规定职工个人缴纳基本养老保险费的比例，在 1997 年不得低于本人缴费工资的 4%，1998 年起每两年提高 1 个百分点，最终达到本人缴费工资的 8%。

关，职工的缴费负担也不仅仅是 T_i。他们的实际缴费负担取决于 T_f 与 T_i 之和（即 T）如何在他们之间分摊。所以，企业对职工工资的调整，并不是只针对 T_f 的变动，而是针对 T 的整体变动。

基于此，将式（7-4）对 T 求导，得到：

$$\eta_d\left(\frac{dw}{dT}(1+T_f)+w\frac{dT_f}{dT}\right)=\eta_s\left(\frac{dw}{dT}(1-T_i+V_iT_i+V_fT_f)+w\left((V_i-1)\frac{dT_i}{dT}+V_f\frac{dT_f}{dT}\right)\right)$$

$$\Rightarrow \frac{dw}{dT}=\frac{\eta_s w\left((V_i-1)\frac{dT_i}{dT}+V_f\frac{dT_f}{dT}\right)-\eta_d w\frac{dT_f}{dT}}{\eta_d(1+T_f)-\eta_s(1-T_i+V_iT_i+V_fT_f)}$$

$$\Rightarrow \frac{d\ln(w)}{dT}=\frac{\eta_s\left((V_i-1)\frac{dT_i}{dT}+V_f\frac{dT_f}{dT}\right)-\eta_d\frac{dT_f}{dT}}{\eta_d-\eta_s(1-T_i+V_iT_i)+(\eta_d-\eta_s V_f)T_f} \tag{7-6}$$

可以看出，如果假设 $dT=dT_f$，即 $dT_i=0$，那么式（7-6）就会转变为式（7-5）。如果进一步假设 $T_f=0$，就可得到式（7-3）。由此可见，式（7-6）是更为一般的均衡条件，而式（7-3）式（7-5）均为它的特殊情形。

（3）最后，放开完全遵从缴费的假设，将逃避缴费纳入分析框架。当企业和职工有逃避缴费行为时，用 $\overline{w}$ 表示职工的实际缴费工资，$0\leqslant\overline{w}\leqslant w$，此时，劳动力需求函数和供给函数可表示为：

$$D=D\left(w+\overline{w}T_f\right) \tag{7-7}$$

$$S=S\left(w-\overline{w}T_i+V_i\overline{w}T_i+V_f\overline{w}T_f\right) \tag{7-8}$$

记 $\lambda=\dfrac{\overline{w}}{w}$，$0\leqslant\lambda\leqslant1$，那么式（7-7）和式（7-8）可表示为：

$$D=D\left(w(1+\lambda T_f)\right) \tag{7-9}$$

$$S=S\left(w(1-\lambda T_i+\lambda V_iT_i+\lambda V_fT_f)\right) \tag{7-10}$$

在均衡时，劳动力供求相等，根据式（7-9）和式（7-10）有下式成立：

$$D\left(w(1+\lambda T_f)\right)=S\left(w(1-\lambda T_i+\lambda V_iT_i+\lambda V_fT_f)\right) \tag{7-11}$$

将式（7-11）对 T 求导，得到：

$$\eta_d\left(\frac{dw}{dT}(1+\lambda T_f)+w\left(\frac{d\lambda}{dT}T_f+\frac{dT_f}{dT}\lambda\right)\right)$$

$$=\eta_s\left(\frac{dw}{dT}(1-\lambda T_i+\lambda V_iT_i+\lambda V_fT_f)+w\left((V_i-1)\times\left(\frac{d\lambda}{dT}T_i+\frac{dT_i}{dT}\lambda\right)+V_f\left(\frac{d\lambda}{dT}T_f+\frac{dT_f}{dT}\lambda\right)\right)\right)$$

$$\Rightarrow \frac{dw}{dT} = \frac{\eta_s w \left((V_i - 1) \times \left(\frac{d\lambda}{dT} T_i + \frac{dT_i}{dT} \lambda \right) + V_f \left(\frac{d\lambda}{dT} T_f + \frac{dT_f}{dT} \lambda \right) \right) - \eta_d w \left(\frac{d\lambda}{dT} T_f + \frac{dT_f}{dT} \lambda \right)}{\eta_d (1 + \lambda T_f) - \eta_s (1 - \lambda T_i + \lambda V_i T_i + \lambda V_f T_f)}$$

$$\Rightarrow \frac{d\ln(w)}{dT} = \frac{\eta_s \left((V_i - 1) \times \left(\frac{d\lambda}{dT} T_i + \frac{dT_i}{dT} \lambda \right) + V_f \left(\frac{d\lambda}{dT} T_f + \frac{dT_f}{dT} \lambda \right) \right) - \eta_d \left(\frac{d\lambda}{dT} T_f + \frac{dT_f}{dT} \lambda \right)}{\eta_d - \eta_s (1 - \lambda T_i + \lambda V_i T_i) + (\eta_d - \eta_s V_f) \lambda T_f}$$

$$(7-12)$$

在式（7-12）中，令 $\lambda = 1$，即实际缴费工资与工资相等，就会得到式（7-6）。由此可见，包含缴费遵从度（λ）的式（7-12）是更一般的均衡条件。

在式（7-12）中，令 $\lambda = 0$，即职工不参保缴费，那么有：

$$\frac{d\ln(w)}{dT} = 0^{①} \qquad\qquad (7-13)$$

也就是说，对于不参保的职工，当社会保险缴费率变动时，职工的工资不变。

当 $0 < \lambda < 1$ 时，在第 5 章中，我们已经验证 $\frac{d\lambda}{dT} < 0$（约为 -0.154），即当社会保险缴费率提高时，职工的实际缴费工资与其总工资的比例下降（职工低报缴费工资的程度上升）。同时，我们也可证明：$\frac{d(\lambda T_f)}{dT} > 0^{②}$。因此，式（7-12）的分子为正。

具体而言，对于式（7-12）的分子中的第 1 项，由于 V_i 比较接近于 $1^{③}$，所以，近似有：

$$\eta_s \left((V_i - 1) \times \left(\frac{d\lambda}{dT} T_i + \frac{dT_i}{dT} \lambda \right) + V_f \left(\frac{d\lambda}{dT} T_f + \frac{dT_f}{dT} \lambda \right) \right)$$

$$= \eta_s \left((V_i - 1) \frac{d(\lambda T_i)}{dT} + V_f \frac{d(\lambda T_f)}{dT} \right) \qquad\qquad (7-14)$$

$$\approx \eta_s V_f \frac{d(\lambda T_f)}{dT} > 0$$

再来看式（7-12）的分子中的第 2 项，有：

$$-\eta_d \left(\frac{d\lambda}{dT} T_f + \frac{dT_f}{dT} \lambda \right) = -\eta_d \frac{d(\lambda T_f)}{dT} > 0$$

---

① 对于式（7-12），当 $\lambda = 0$ 时，分子为 0，分母为 $\eta_d - \eta_s$。

② 利用第 5 章的样本，在样本均值处计算，$\frac{d(\lambda T_f)}{dT} \approx 0.66$。

③ 具体见第 4 章的分析。

由此可见，式（7-12）的分子为正，而其分母为负。因此，在放松了 Gruber（1997）模型的 3 个假设之后，对于参保职工而言（$\lambda > 0$），仍然有：

$$\frac{d\ln(w)}{dT} < 0 \tag{7-15}$$

式（7-15）表明，提高社会保险缴费率会降低参保职工的工资。将这一结论与第 5 章的结论 $\frac{d\lambda}{dT} < 0$ 相结合，可以发现：当社会保险缴费率提高时，对于参保职工而言，不仅总工资下降，实际缴费工资占总工资的比例也下降，说明与总工资相比，实际缴费工资下降更多。[①]

下面，我们分析缴费遵从度对社会保险费用负担归宿的影响。首先，我们将式（7-12）对 λ 求导，得到如下等式：

$$
\begin{aligned}
&\frac{d\left(\frac{d\ln(w)}{dT}\right)}{d\lambda} \\
&= \frac{\left(\eta_d T_f + \eta_i(T_i - V_i T_i - V_f T_f)\right) \times \left(\eta_d\left(\lambda\frac{dT_f}{dT} + T_f\frac{d\lambda}{dT}\right) + \eta_i\left(\lambda(1-V_i)\frac{dT_i}{dT} + (1-V_i)T_i\frac{d\lambda}{dT} - \lambda V_f\frac{dT_f}{dT} - V_f T_f\frac{d\lambda}{dT}\right)\right)}{\left(\eta_d - \eta_i(1-\lambda T_i + \lambda V_i T_i) + (\eta_d - \eta_i V_f)\lambda T_f\right)^2} - \\
&\quad \frac{\eta_d\frac{dT_f}{dT} + \eta_i\left((1-V_i)\frac{dT_i}{dT} - V_f\frac{dT_f}{dT}\right)}{\eta_d - \eta_i(1-\lambda T_i + \lambda V_i T_i) + (\eta_d - \eta_i V_f)\lambda T_f} \\
&= \frac{A}{\left(\eta_d - \eta_i(1-\lambda T_i + \lambda V_i T_i) + (\eta_d - \eta_i V_f)\lambda T_f\right)^2}
\end{aligned} \tag{7-16}
$$

我们将式（7-16）的分子记为 A，具体来看，A 展开整理如下：

$$
\begin{aligned}
A &= \left(\eta_d T_f + \eta_i\left((1-V_i)T_i - V_f T_f\right)\right) \times \left(\eta_d\left(\lambda\frac{dT_f}{dT} + T_f\frac{d\lambda}{dT}\right) + \eta_i\left((1-V_i)\lambda\frac{dT_i}{dT} + (1-V_i)T_i\frac{d\lambda}{dT} - V_f\lambda\frac{dT_f}{dT} - V_f T_f\frac{d\lambda}{dT}\right)\right) - \\
&\quad \left(\eta_d\frac{dT_f}{dT} + \eta_i\left((1-V_i)\frac{dT_i}{dT} - V_f\frac{dT_f}{dT}\right)\right) \times \left(\eta_d - \eta_i\left(1-(1-V_i)\lambda T_i\right) + (\eta_d - \eta_i V_f)\lambda T_f\right) \\
&= \frac{d\lambda}{dT}(1-V_i)^2(T_i)^2(\eta_i)^2 + 2(1-V_i)\eta_d\eta_i T_i T_f\frac{d\lambda}{dT} - (1-V_i)\eta_d\eta_i\frac{dT_i}{dT} - 2(1-V_i)V_f T_i T_f\frac{d\lambda}{dT}(\eta_i)^2 + \\
&\quad (1-V_i)\frac{dT_i}{dT}(\eta_i)^2 + \frac{d\lambda}{dT}(\eta_d)^2(T_f)^2 - \frac{dT_f}{dT}(\eta_d)^2 - 2V_f\eta_d\eta_i\frac{d\lambda}{dT}(T_f)^2 + V_f\eta_d\eta_i\frac{dT_f}{dT} + \\
&\quad \eta_d\eta_i\frac{dT_f}{dT} + (V_f)^2\frac{d\lambda}{dT}(T_f)^2(\eta_i)^2 - V_f\frac{dT_f}{dT}(\eta_i)^2
\end{aligned}
$$

[①] 在放开完全遵从缴费的假设之后，我们将前文的"工资"称为"总工资"，这是为了与实际缴费工资相区分，避免混淆。也就是说，这里我们所说的"总工资"就是图 7-1 中的工资（W）。

$$
= \left(2(1-V_i)\eta_d\eta_s T_i T_f \frac{d\lambda}{dT} - 2V_f\eta_d\eta_s \frac{d\lambda}{dT}(T_f)^2 \right) +
$$

$$
\left(\frac{d\lambda}{dT}(1-V_i)^2(T_i)^2(\eta_s)^2 - 2(1-V_i)V_f T_i T_f \frac{d\lambda}{dT}(\eta_s)^2 + (V_f)^2 \frac{d\lambda}{dT}(T_f)^2(\eta_s)^2 \right) +
$$

$$
\left(-(1-V_i)\eta_d\eta_s \frac{dT_i}{dT} + V_f\eta_d\eta_s \frac{dT_f}{dT} \right) + \left((1-V_i)\frac{dT_i}{dT}(\eta_s)^2 - V_f \frac{dT_f}{dT}(\eta_s)^2 \right) +
$$

$$
\frac{d\lambda}{dT}(\eta_d)^2(T_f)^2 - \frac{dT_f}{dT}(\eta_d)^2 + \eta_d\eta_s \frac{dT_f}{dT} \qquad ①
$$

$$
= 2\underset{(-)}{\eta_d}\underset{(+)}{\eta_s}\underset{(+)}{T_f}\underset{(-)}{\frac{d\lambda}{dT}}\left((1-V_i)T_i - V_f T_f\right) + \underset{(-)}{\frac{d\lambda}{dT}}\underset{(+)}{(\eta_s)^2}\left((1-V_i)T_i - V_f T_f\right)^2 + \underset{(-)}{\eta_d}\underset{(+)}{\eta_s}\left((V_i-1)\frac{dT_i}{dT} + V_f\frac{dT_f}{dT}\right) +
$$

$$
\underset{(+)}{(\eta_s)^2}\left((1-V_i)\frac{dT_i}{dT} - V_f\frac{dT_f}{dT}\right) + \underset{(-)}{\frac{d\lambda}{dT}}\underset{(+)}{(\eta_d)^2}(T_f)^2 - \frac{dT_f}{dT}(\eta_d)^2 + \underset{(-)}{\eta_d}\underset{(+)}{\eta_s}\frac{dT_f}{dT}
$$

由上式可知，A<0。也就是说，式（7-16）的分子为负，而其分母为正。因此，有下面的不等式成立：

$$
\frac{d\left(\dfrac{d\ln(w)}{dT}\right)}{d\lambda} < 0 \qquad\qquad (7-17)
$$

式（7-17）表明，当 λ 提高时，$\dfrac{d\ln(w)}{dT}$ 下降。由于 $\dfrac{d\ln(w)}{dT}<0$，所以 $\left|\dfrac{d\ln(w)}{dT}\right|$ 提高。

这说明，当缴费遵从度提高时（职工实际缴费工资与其总工资的比例更高），社会保险缴费率对职工总工资的负向影响更强。对此，一个合理的解释是：如果缴费遵从度较高（低报较少），当社会保险缴费率提高时，社会保险的缴费负担会增加较多，因此，企业向职工转移的负担也更多，进而使得职工总工资的降幅更大。

另外，我们认为，缴费遵从度不仅体现在 λ 的绝对水平上，也体现在 $\dfrac{d\lambda}{dT}$ 的大小，即缴费遵从度有两个维度：（1）低报缴费工资的程度（λ 是高是低）；（2）当社会保险缴费率提高时，是否低报更多（λ 下降）。

我们已经讨论了 $\dfrac{d\ln(w)}{dT}$ 如何随第一个维度缴费遵从度（λ）的变化而变化。下面我们将式（7-12）对 $\dfrac{d\lambda}{dT}$ 求导，以得到 $\dfrac{d\ln(w)}{dT}$ 对第二

---

① 变量下方的括号内标明的是其符号的正负。例如，$(\eta_s)^2$ 的符号为正。

个维度的缴费遵从度的反应。求导之后，我们得到如下关系式：

$$\frac{d\left(\frac{d\ln(w)}{dT}\right)}{d\left(\frac{d\lambda}{dT}\right)} = -\frac{\eta_d T_f + \eta_s\left((1-V_i)T_i - V_f T_f\right)}{\eta_d - \eta_s\left(1-(1-V_i)\lambda T_i\right) + (\eta_d - \eta_s V_f)\lambda T_f} < 0 \tag{7-18}$$

从式（7-18）可以看出，当 $\frac{d\lambda}{dT}$ 下降时，$\frac{d\ln(w)}{dT}$ 提高。由于 $\frac{d\lambda}{dT}$ 和 $\frac{d\ln(w)}{dT}$ 都为负，这一结果说明：职工实际缴费工资占总工资的比例受社会保险缴费率的负向影响越大，职工总工资受社会保险缴费率的负向影响就越小。换言之，当社会保险缴费率提高时，如果职工低报较多（实际缴费工资占比下降较多），那么由社会保险缴费率提高所导致的负担增加幅度较小，因此，职工总工资下降较少。

这表明，当社会保险缴费率提高时，企业及其职工是在两种反应上作出选择：低报职工的缴费工资和降低职工的总工资。如果选择更多地低报缴费工资，那么对职工总工资的调整幅度就比较小；相反地，如果选择不提高低报程度，那么会较大幅度地降低职工总工资。

此外，根据式（7-12），我们也发现：η_s 较大时，$\frac{d\ln(w)}{dT}$ 较大，即 $\left|\frac{d\ln(w)}{dT}\right|$ 较小；$|\eta_d|$ 较大时，$\frac{d\ln(w)}{dT}$ 较小，即 $\left|\frac{d\ln(w)}{dT}\right|$ 较大。也就是说，当其他因素保持不变（包括劳动力需求弹性）而社会保险缴费率提高时，如果劳动力供给弹性较大，企业向职工转移的负担相对较少，职工总工资的下降幅度也较小；当其他因素保持不变（包括劳动力供给弹性）而社会保险缴费率提高时，如果劳动力需求弹性（绝对值）较大，企业向职工转移的负担相对较多，职工总工资的下降幅度也较大。[1]这一结论与一般性税收负担归宿相一致。

7.3.3 企业完全转嫁社会保险费用负担的判断条件

前文已分析了社会保险缴费率对职工总工资的影响，发现当社会保

---

[1] 即 $\frac{d\ln(w)}{dT}$ 对 η_s 和 η_d 的偏导数都为正。由于劳动力供求弹性不是本章分析的重点内容，所以这里只作简要说明。

险缴费率提高时，职工的总工资会下降。这说明企业将一部分社会保险费用负担转嫁给了职工的总工资。那么，企业是否将负担完全转嫁给职工？这是我们关心的问题。为了回答这一问题，我们先要明确界定企业完全转嫁负担的判断条件。由于已有文献大多假设企业和职工完全遵从缴费，所以下面我们将分别讨论完全遵从缴费和不完全遵从缴费两种情况下的判断条件，并比较其差异，进而说明将缴费遵从度（逃避缴费）纳入分析框架的重要性和必要性。

7.3.3.1 完全遵从缴费

当企业和职工没有逃避缴费行为、完全遵从社会保险缴费时，企业的人均用工成本为：

$$\text{cost}_f = \frac{w_f + w_f T_f}{N_f} = w_f^a(1 + T_f)$$

其中：w_f 表示企业的工资总额[1]；N_f 表示企业的职工总人数；w_f^a 表示企业的人均工资。

如果社会保险缴费率提高 1 个百分点，企业人均用工成本变化的百分比为：

$$\frac{\text{dln}(\text{cost}_f)}{\text{dT}} = \frac{\text{dln}\left(w_f^a(1 + T_f)\right)}{\text{dT}} = \frac{\text{dln}\left(w_f^a\right)}{\text{dT}} + \frac{\text{dln}\left(1 + T_f\right)}{\text{dT}} = \frac{\text{dln}\left(w_f^a\right)}{\text{dT}} + \frac{\text{dT}_f}{\text{dT}} \times \frac{1}{1 + T_f}$$

如果企业将社会保险费用负担完全转嫁给职工工资，那么，当社会保险缴费率提高时，企业的人均用工成本不变，即

$$\frac{\text{dln}(\text{cost}_f)}{\text{dT}} = 0$$

$$\frac{\text{dln}\left(w_f^a\right)}{\text{dT}} = -\frac{\text{dT}_f}{\text{dT}} \times \frac{1}{1 + T_f} \tag{7-19}$$

利用样本均值估算[2]，企业完全转嫁社会保险费用负担的判断条件为：

$$\frac{\text{dln}\left(w_f^a\right)}{\text{dT}} = -0.718 \tag{7-20}$$

式（7-20）表明，在不考虑逃避缴费问题时，将社会保险缴费率提高 1 个百分点，如果企业的人均工资下降 0.718%，那么企业就将社

---

[1]　即职工的总工资乘以职工人数。

[2]　在第 5 章的样本中，$\frac{\text{dT}_f}{\text{dT}} \approx 0.93$，$T_f$ 的均值为 0.295。

会保险缴费率提高所增加的缴费负担完全转嫁给职工。

Gruber（1997）认为，企业完全转嫁社会保险费用负担的标准是 -1，即社会保险缴费率提高 1 个百分点，企业的人均工资下降 1%。他得到这一结论是因为他在模型中施加了 3 个假设条件，即 $T_f = 0$、$dT = dT_f$、完全遵从缴费。可以看到，在式（7-19）的基础上，如果令 $T_f = 0$ 并且 $dT = dT_f$，就会得到 $\dfrac{dln(w_f^a)}{dT} = -1$。但正如前文所分析的，这些假设条件并不符合我国现实。所以，我们不能简单套用 Gruber（1997）的结论将 -1 作为判断完全转嫁的标准。

7.3.3.2 不完全遵从缴费

当企业和职工没有完全遵从缴费时，企业的人均用工成本为：

$$cost_f = \frac{w_f + \overline{w}\,T_f}{N_f} = \frac{w_f + w_f\,ratio_f^r\,T_f}{N_f} = w_f^a\left(1 + ratio_f^r\,T_f\right)$$

其中：$\overline{w}_f$ 是企业实际的缴费工资；$ratio_f^r$ 是企业实际缴费工资与其工资总额的比例。

此时，如果社会保险缴费率提高 1 个百分点，企业人均用工成本变化的百分比为：

$$\frac{dln(cost_f)}{dT}$$

$$= \frac{dln\left(w_f^a\left(1 + ratio_f^r\,T_f\right)\right)}{dT}$$

$$= \frac{dln\left(w_f^a\right)}{dT} + \frac{dln\left(1 + ratio_f^r\,T_f\right)}{dT}$$

$$= \frac{dln\left(w_f^a\right)}{dT} + \frac{d\left(ratio_f^r\,T_f\right)}{dT} \times \frac{1}{1 + ratio_f^r\,T_f}$$

$$= \frac{dln\left(w_f^a\right)}{dT} + \left(\frac{dratio_f^r}{dT}T_f + \frac{dT_f}{dT}ratio_f^r\right) \times \frac{1}{1 + ratio_f^r\,T_f}$$

如果企业将社会保险费用负担完全转嫁给职工工资，那么，当社会保险缴费率提高时，企业的人均用工成本不变，即

$$\frac{dln(cost_f)}{dT} = 0$$

$$\frac{dln\left(w_f^a\right)}{dT} = -\left(\frac{dratio_f^r}{dT}T_f + \frac{dT_f}{dT}ratio_f^r\right) \times \frac{1}{1 + ratio_f^r\,T_f} \tag{7-21}$$

比较式（7-19）与式（7-21），可以发现：考虑了逃避缴费问题之后，在企业完全转嫁社会保险费用负担的判断条件中，企业人均工资对社会保险缴费率的反应不仅与企业遵从度（$ratio_f^r$）有关，也与企业遵从度对社会保险缴费率的反应（$\frac{dratio_f^r}{dT}$）有关。

此时，利用样本均值估算[①]，企业完全转嫁社会保险费用负担的判断条件为：

$$\frac{d\ln\left(w_f^*\right)}{dT} = -0.110 \tag{7-22}$$

式（7-22）表明，在考虑逃避缴费问题之后，将社会保险缴费率提高1个百分点，如果企业的人均工资下降0.110%，那么企业就将社会保险缴费率提高所增加的缴费负担完全转嫁给职工。

比较式（7-20）与式（7-22），可以看出，将逃避缴费问题纳入社会保险费用负担归宿的分析框架，会使企业完全转嫁负担的判断条件发生较大变化。换言之，如果不考虑缴费遵从度（即作出企业和职工完全遵从缴费的不符合我国现实的假设），会对企业是否完全转嫁社会保险费用负担作出错误的判断。

7.3.4　计量模型

本章使用的计量模型如下：

$$\ln(w_{ijt}) = \beta_1 + \beta_2 T_{jt} + \beta_3 X_{ijt} + \beta_4 Z_{jt} + I_t + \varepsilon_{ijt} \tag{7-23}$$

其中：i表示企业或职工；j表示企业或职工所在城市；t表示年份；T是城市社会保险法定缴费率；β_2是社会保险缴费率对企业人均工资影响的系数。

当i表示企业时，w是企业的人均工资（即w_f^*）。此时，β_2反映了社会保险缴费率对企业人均工资的影响。根据式（7-22）的判断条件，将系数估计值$\hat{\beta}_2$与-0.110进行比较，如果两者没有显著差异，就说明企业将社会保险费用负担完全转嫁给职工。具体而言，对于企业，β_2可表示为：

---

① 根据第5章的分析，$\frac{dratio_f^r}{dT} = -0.782$，$ratio_f^r$的样本均值为0.38。

$$\beta_2 = \frac{d\ln\left(w_f^a\right)}{dT}$$

$$= \frac{d\left(\dfrac{N_f^p w^p + N_f^n w^n}{N_f}\right)}{dT} \times \frac{1}{w_f^a}$$

$$= \frac{d\left(\theta w^p + (1-\theta)w^n\right)}{dT} \times \frac{1}{w_f^a} \qquad (7\text{-}24)^{①}$$

$$= \left(\frac{d\theta}{dT}w^p + \frac{dw^p}{dT}\theta - \frac{d\theta}{dT}w^n + \frac{dw^n}{dT}(1-\theta)\right) \times \frac{1}{w_f^a}$$

$$= \left(\frac{d\theta}{dT}\left(w^p - w^n\right) + \frac{dw^p}{dT}\theta\right) \times \frac{1}{w_f^a}$$

其中：N_f^p 是企业内部的参保职工人数；N_f^n 是企业内部的不参保职工人数；N_f 是企业的职工总人数（即 $N_f = N_f^p + N_f^n$）；θ 是企业内部的参保率（$\theta = \dfrac{N_f^p}{N_f}$）；$w^p$ 是参保职工的平均工资；w^n 是不参保职工的平均工资。

θ 的取值可分为以下 3 种情况：

（1）$\theta = 0$，即企业不参保。此时，根据式（7-24）可知，$\beta_2 = 0$，即不参保企业的人均工资不受社会保险缴费率的影响。

（2）$\theta = 1$，即企业参保，并且企业内部所有职工都参保。此时，式（7-24）转变为：$\beta_2 = \dfrac{dw^p}{dT} \times \dfrac{1}{w^p} = \dfrac{d\ln(w^p)}{dT}$。也就是说，企业样本的回归方程中的社会保险缴费率的系数与参保职工样本的回归方程中的社会保险缴费率的系数相等。根据式（7-15）可知，企业样本的回归方程中的 $\beta_2 < 0$。

（3）$0 < \theta < 1$，即企业参保，但并不是内部所有职工都参保。在第 5 章中，我们发现社会保险缴费率对职工参保率有负向影响。所以，$\dfrac{d\theta}{dT} < 0$。同时，从职工样本中可以看出，参保职工的工资高于不参保职工[②]，即 $w^p - w^n > 0$。另外，式（7-15）表明，$\dfrac{dw^p}{dT} < 0$。所以，由式

---

① 根据式（7-13），不参保职工的工资不受社会保险缴费率的影响，即 $\dfrac{dw^n}{dT} = 0$。

② 在职工样本中，参保职工的平均工资为 19 379 元，而不参保职工的平均工资为 14 163 元。

（7-24）可知，$\beta_2 < 0$。

综合上述（2）和（3）发现，对于参保企业而言（即 $\theta > 0$），无论其是否为全部职工参保，都有 $\beta_2 < 0$，即社会保险缴费率对参保企业的人均工资有负向影响。

当 i 表示职工时，w 是职工的总工资。此时，β_2 反映了社会保险缴费率对职工总工资的影响。当职工不参保时，根据式（7-13），我们预期 $\beta_2 = 0$；当职工参保时，根据式（7-15），我们预期 $\beta_2 < 0$，即社会保险缴费率不影响不参保职工的总工资，但对参保职工的总工资有负向影响。

在式（7-23）中，X 表示企业或职工的特征。具体而言，企业特征包括所有制性质、从业年限、主营业务收入、所在行业的劳动密集程度和人力资本水平。职工特征包括职工的性别、婚姻状态、年龄及年龄的平方项[①]、教育水平、职业、所在企业的所有制性质和所在行业。

在式（7-23）中，Z 表示城市特征，也包括了省份固定效应。具体而言，我们控制以下 4 个城市特征：（1）城市的人均 GDP。这反映了城市的经济发展水平。人均 GDP 越高，说明当地的经济越发达，职工的工资水平也越高。（2）城市是否以第二产业为主。这反映了城市的产业结构。以第二产业为主的城市，其职工工资与以第三产业为主的城市可能存在差异[②]。（3）城市劳动年龄人口（15~64 岁人口[③]）占总人口的比例。这在一定程度上反映了城市的劳动力供给。在劳动力需求既定时，劳动力供给越多，职工的工资越低。（4）城市高等教育水平人口（大专及以上）占劳动年龄人口的比例。这反映了城市劳动力的质量，也反映了城市企业的技术水平和生产方式。城市高等教育的劳动力较多，说明当地企业的技术水平较高、生产方式较先进，因此职工的工资也会较高。另外，我们还在计量模型（7-23）中控制了年份固定效应（I_t）。

在对企业和职工的全样本进行回归的基础上，我们也进行分组回归，以检验缴费遵从度不同的企业和职工，其工资受社会保险缴费率

[①] 由于年龄与工作经验高度相关，所以我们在回归方程中没有加入工作经验。
[②] 以第一产业为主的城市非常少，在样本中，大约只有 1%。所以，以第二产业为主的城市，其参照主要是以第三产业为主的城市。
[③] 这是国家统计局的定义。

的影响是否存在差异。[①]具体而言，我们对企业作以下划分：（1）划
分为国有企业、民营企业和外资企业；（2）划分为主营业务收入较低
企业（低于中位数）和主营业务收入较高企业（等于或高于中位
数）；（3）划分为人力资本水平较低企业（低于中位数）和人力资本
水平较高企业（等于或高于中位数）；（4）划分为低报缴费工资的程
度较低[②]的企业（低于中位数）和低报缴费工资的程度较高[③]的企业
（等于或高于中位数）。

之所以将企业作上述划分，是因为：根据第 3 章和第 5 章的分析，
这些企业的缴费遵从度有所不同，同时，缴费遵从度对社会保险缴费率
的反应也存在差异。基于此，一方面，根据式（7-21），这些企业完全
转嫁负担的判断条件不同，应区别对待；另一方面，对这些企业进行分
组回归，可以对式（7-17）和式（7-18）进行实证检验[④]。

另外，我们将职工分为两组：低报缴费工资的程度较低的职工（低
于中位数）和低报缴费工资的程度较高的职工（等于或高于中位数），
来进一步验证式（7-17）是否成立。

此外，我们也检验了实证结果的稳健性。具体方法会在实证结果的
报告及分析部分详细介绍。

7.4　数据说明与描述性统计

本章所用企业数据来自中国国家统计局的中国工业企业数据库（规
模以上工业企业普查数据），数据期间为 2004—2007 年[⑤]，是非平衡面
板数据。我们使用的企业数据覆盖 9 省市：北京、辽宁、浙江、安徽、

---

① 检验方法与第 5 章相同，即根据不同组的回归系数 $\hat{\beta}_2$ 及其标准差，计算 z 统计量，
并将 z 统计量与标准正态分布在不同显著性水平下的临界值进行比较；如果大于临界值，则
拒绝不同组的回归系数相等的原假设。
② 即实际缴费工资占其工资总额的比例较高。
③ 即实际缴费工资占其工资总额的比例较低。
④ 需要说明的是，我们无法直接在回归方程中控制企业或职工的缴费遵从度以及缴费
遵从度对社会保险缴费率的反应。这是因为：缴费遵从度是内生变量，不能放在回归方程的
右边。所以，我们只能利用不同特征企业的缴费遵从度及其社会保险缴费率的反应不同这
一点来进行分组回归，并检验不同组的系数是否存在显著差异，进而说明缴费遵从度的作用。
⑤ 这是企业微观调查数据，2008 年及以后的调查中，没有覆盖工业增加值、中间投入
和社会保险支出等关键信息，所以本书采用 2004 年的调查中的数据。这是关键变量不缺失
的、最近期的工业企业数据。近期研究大多采用这一时段的数据，分析我国工业企业的相关
问题。

湖北、广东、四川、陕西和甘肃。第 3 章已详细介绍企业样本构成及缴费遵从度，这里不再赘述。由于本章研究的重点是社会保险缴费率对工资的影响，所以下面报告了企业人均工资的描述性统计，见表 7-1。

表 7-1　　　　　　　　　**企业的人均工资（实际值）**①　　　　　　单位：元

项　目		参保企业		不参保企业	
		均值	标准差	均值	标准差
整体		15 397.71	9 212.11	12 174.39	7 687.34
所有制性质：	国有企业	19 806.46	12 465.46	14 195.77	10 886.35
	民营企业	13 761.03	7 473.28	11 645.05	7 116.87
	外资企业	18 035.27	10 748.81	14 599.30	9 119.07
从业年限：	较短	14 918.68	8 721.03	11 896.36	7 349.86
	较长	15 763.01	9 553.58	12 527.80	8 082.32
主营业务收入：	较低	13 083.10	6 876.66	11 097.13	6 539.96
	较高	17 518.75	10 482.72	13 855.28	8 940.46
劳动密集程度：	较低	16 331.08	10 216.27	12 177.10	8 269.74
	较高	14 467.67	7 980.66	12 171.17	6 934.27
人力资本水平：	较低	13 736.93	7 490.30	11 703.70	7 303.81
	较高	16 503.50	10 047.49	12 553.03	7 962.40

由表 7-1 可以看出，就平均水平而言，参保企业的人均工资约为 15 397.71 元，比不参保企业高 3 223.32 元。无论是参保企业还是不参保企业，工资情况均为：国有企业和外资企业的人均工资水平大致相当，均高于民营企业；从业年限较长的企业，其人均工资水平高于从业年限较短的企业；主营业务收入较高的企业，其人均工资水平较高；人力资本水平较高的企业，其人均工资水平也较高。此外，在参保企业中，劳动密集程度较高的企业，其人均工资水平较低；在不参保企业中，不同劳动密集程度企业的人均工资水平差异不大。

---

　　① 本章的名义变量均转化为实际值，以 2002 年为基年（职工数据的时期为 2002—2009 年）。另外，在表 7-1 中，企业的分组方法与第 3 章相同。例如，从业年限较短的企业是指从业年限低于中位数的企业。

本章所用职工数据来自中国国家统计局的中国城镇住户调查，数据期间为 2002—2009 年①，所覆盖的 9 省市与企业数据相同。第 3 章已经描述了职工样本构成及缴费遵从度，这里不再重复介绍。表 7-2 报告了职工总工资的描述性统计。

表 7-2 　　　　　　　　**职工的总工资（实际值）**②　　　　　　单位：元

项　　目	参保职工		不参保职工	
	均值	标准差	均值	标准差
整体	19 379.34	12 787.78	14 163.02	11 102.51
性别：				
男	20 908.44	13 272.96	15 845.36	11 949.51
女	17 158.07	11 697.61	12 086.96	9 559.23
年龄：				
年轻：[16，40]	19 386.42	12 902.24	13 510.95	10 381.79
年长：[41，60]	19 373.55	12 693.63	14 852.66	11 778.26
婚姻状态：				
无配偶	18 376.33	11 733.88	12 436.48	8 934.75
有配偶	19 487.23	12 891.45	14 490.05	11 437.91
教育水平：				
较低	14 859.68	9 636.59	10 099.98	7 342.26
中等	16 989.50	10 953.95	12 022.43	8 514.27
较高	23 974.88	14 300.42	19 250.82	13 568.95
职业：				
蓝领	15 216.20	9 996.12	10 166.50	7 247.63
专业技术人员	22 042.75	13 973.77	17 310.80	12 677.25
企业负责人	26 112.72	14 323.90	20 061.47	12 896.90
所在企业的所有制性质：				
国有企业	19 793.98	12 757.15	15 134.75	11 750.22
城镇集体企业	15 093.76	11 194.66	10 197.49	7 013.19
民营企业和外资企业	19 746.84	13 138.80	13 943.77	10 806.07
所属产业：				
第一产业	17 892.06	11 463.61	13 370.57	9 375.58
第二产业	17 235.29	11 535.33	11 472.36	8 590.70
第三产业	19 289.55	13 201.09	12 395.18	9 362.77

从表 7-2 可以看出，就平均水平而言，（1）参保职工的工资为 19 379.34 元，高于不参保职工（14 163.02 元）。（2）无论是参保职工还是不参保职工，男性的工资均高于女性。（3）从参保职工的情况来看，年轻职工与年

①　这是家庭层面的微观调查数据，其中包括大量的职工样本。2002—2009 年的职工调查数据，是目前能够获得的最近期数据。2009 年之后，国家统计局仅发布了基于家庭调查信息加总到省和国家层面的数据，没有提供家庭和个体层面的详细数据。
②　表 7-2 中，职工的分组方法与第 3 章相同。例如，教育水平较低的职工，是指获得初中及以下教育的职工。

长职工的工资不存在显著差异；对于不参保职工而言，年长职工的工资明显高于年轻职工。（4）从参保职工和不参保职工的情况来看，有配偶职工的工资均高于无配偶职工。（5）无论是参保职工还是不参保职工，教育水平越高，工资水平也越高；中等教育水平职工和较高教育水平职工的工资差距较大，在 7 000 元左右；较低教育水平职工和中等教育水平职工的工资差距相对较小，在 2 000 元左右。（6）无论是参保职工还是不参保职工，工资分布均为：蓝领的工资最低，专业技术人员居中，企业负责人的工资最高；蓝领与专业技术人员的工资相差较大，差距在 7 000 元左右；专业技术人员和企业负责人的工资差距相对较小，在 3 000~4 000 元左右。（7）无论职工是否参保，国有企业职工的工资与民营企业和外资企业职工均没有显著差异，并且高于城镇集体企业职工。（8）从参保职工的情况来看，第三产业职工的工资高于第一产业职工和第二产业职工；从不参保职工的情况来看，第一产业职工的工资最高（不过样本数仅占整体的1%），第三产业职工居中，而第二产业职工的工资最低。

本章所用城市变量的数据来自加州大学伯克利分校的 China Data Online 数据库，变量包括城市人均 GDP、三大产业增加值、15~64 岁人口数、总人口数、大专及以上教育水平人口数。在样本中，在 2002—2009 年间，64.3%的城市以第二产业为主，34.7%的城市以第三产业为主，只有 1.0%的城市以第一产业为主；城市人均 GDP 的均值约为 26 480 元，标准差为 29 050 元①；城市劳动年龄人口占比的均值为 0.80，标准差为 0.03；城市高等教育水平人口占比的均值为 0.28，标准差为 0.08。

7.5 实证结果及分析

7.5.1 基准回归

采用式（7-23）对企业的全样本进行回归，被解释变量是企业人均工资的对数，回归结果见表 7-3。根据 Hausman 检验的结果，我们

---

① 城市人均 GDP 是实际值，2002 年为基年。在回归中，我们使用"千元"作为城市人均 GDP 的单位。

使用面板数据的固定效应模型（控制了企业固定效应）。另外，所有回归均控制了企业特征、城市特征和年份固定效应。

表 7-3　　　　　　社会保险缴费率对企业人均工资的影响

Y：ln（企业人均工资）	全部企业	参保企业	不参保企业
城市社会保险法定缴费率	−0.019	−0.062**	0.006
	（0.023）	（0.027）	（0.050）
民营企业	0.0002	0.009	−0.010
	（0.010）	（0.012）	（0.037）
外资企业	0.009	0.036	−0.058
	（0.019）	（0.022）	（0.057）
从业年限	−0.0005	−0.00004	0.003***
	（0.0005）	（0.0005）	（0.001）
主营业务收入较高	0.126***	0.122***	0.123***
	（0.003）	（0.004）	（0.007）
劳动密集程度较高	0.016	0.007	0.056
	（0.011）	（0.013）	（0.036）
人力资本水平较高	0.018	0.028	0.075*
	（0.016）	（0.018）	（0.044）
城市人均GDP	0.004***	0.004***	0.004***
	（0.0001）	（0.0001）	（0.0004）
城市以第二产业为主	0.014***	−0.002	0.028***
	（0.005）	（0.008）	（0.010）
城市劳动年龄人口占总人口的比例	−0.255***	−0.186***	−0.368***
	（0.046）	（0.055）	（0.116）
城市高等教育水平人口占劳动年龄人口的比例	0.717***	0.631***	0.286
	（0.082）	（0.104）	（0.200）
年份固定效应	是	是	是
观测数	345 950	245 464	100 486
R^2	0.118	0.120	0.103

注：括号内为估计值的异方差稳健标准差。*、**、***分别表示10%、5%和1%的显著性水平。回归的对照组为：企业所有制性质的对照组是国有企业；主营业务收入较高企业的对照组是主营业务收入较低企业；所在行业劳动密集程度较高和人力资本水平较高的对照组分别是劳动密集程度较低和人力资本水平较低的行业；以第二产业为主城市的对照组是以第一产业和第三产业为主的城市。

在表 7-3 中，第 1 列报告了全部企业（包括参保企业和不参保企业）的回归结果，社会保险缴费率的系数是 -0.019，但并不显著。第 2 列和第 3 列分别展示了参保企业和不参保企业的回归结果。

第 2 列的结果显示，在参保企业样本中，社会保险缴费率的系数是 -0.062，并在 5% 显著性水平下显著。这与 7.3 节的理论分析结论一致，即提高社会保险缴费率会降低参保企业的人均工资，参保企业将缴费负担转嫁给职工。另外，进行 Wald 检验发现，-0.062 与 -0.110 的差距是显著的。[①]所以，根据式（7-22）的判断条件，参保企业没有将缴费负担完全转嫁给职工。也就是说，参保企业转嫁负担的比例不是100%。

那么，参保企业转嫁了多少负担？承担了多少负担？具体分析如下：式（7-22）表明，社会保险缴费率提高 1 个百分点，企业的人均工资如果下降 0.110%，那么企业将增加的缴费负担完全转嫁给职工；表 7-3 的第 2 列表明，社会保险缴费率提高 1 个百分点，企业的人均工资实际下降了 0.062%；所以，企业将 56.4%（0.062/0.110）的缴费成本转嫁给职工，企业承担了其余 43.6%。

值得注意的是，如果我们在企业完全转嫁缴费负担的判断条件中不考虑缴费遵从度，就会对企业转嫁负担的比例作出错误的判断。例如，如果我们采用式（7-20）的判断条件（不考虑缴费遵从度时的判断条件），得到的结论将是：企业将 8.6%（0.062/0.718）的负担转嫁给职工，而企业承担其余 91.4% 的负担。可以看到，这一结论与考虑缴费遵从度之后所得到的结论差异较大。因此，如果不在判断条件中考虑缴费遵从度，就会低估企业向职工转嫁的负担[②]。

第 3 列的结果显示，在不参保企业样本中，社会保险缴费率的系数为正，但在统计意义上和经济意义上均不显著。这与 7.3 节的理论预期相符，即社会保险缴费率对不参保企业的人均工资没有影响。

由于绝大多数企业的所有制性质和所属行业等特征在样本期间并未

---

① 10% 显著性水平。
② 此外，如果我们简单套用已有研究关于完全转嫁的判断条件（Gruber，1997），即在不考虑缴费遵从度的基础上进一步施加 $T_f = 0$ 及 $dT = dT_f$ 的假设条件，那么会在更大程度上低估企业向职工转嫁的负担比例（企业向职工转嫁 6.2%（0.062/1）的负担，企业自行承担其余 93.8% 的负担）。

发生改变①，所以，固定效应模型没有估计出这些企业特征对企业人均工资的影响。

另外，城市特征的回归系数符合预期。具体而言，城市人均 GDP 越高，企业人均工资水平越高；以第二产业为主的城市，企业人均工资水平较高②；城市劳动年龄人口占比较大，企业人均工资水平较低；城市高等教育水平劳动力较多，企业人均工资水平较高。

根据上述分析，参保企业将社会保险缴费负担转嫁给职工的工资。根据第 3 章的分析，参保企业中既有参保职工，也有不参保职工（第 3 章估算的企业内部参保率为 50%）。那么，参保企业是将缴费负担转嫁给参保职工还是所有职工？也就是说，在参保企业中，何种类型职工的工资下降？为解答这一问题，我们利用式（7-23）对职工样本进行回归，回归结果见表 7-4。

在表 7-4 中，被解释变量是职工总工资的对数，所有回归均控制了职工特征、城市特征、省份固定效应和年份固定效应。③第 1 列报告了全部职工（包括参保职工和不参保职工）的回归结果。结果显示，社会保险缴费率的系数为-0.156，并在 10%显著性水平下显著。也就是说，从职工整体来看，当其他因素保持不变时，社会保险缴费率提高 1 个百分点，职工工资下降 0.156%。

第 2 列报告了参保职工样本的回归结果。结果显示，社会保险缴费率的系数是-0.227，并在 1%显著性水平下显著。这说明，当其他因素保持不变时，社会保险缴费率提高 1 个百分点，参保职工的工资将下降 0.227%。这与式（7-15）的结论一致，即社会保险缴费率对参保职工的工资有负向影响。另外，将参保职工样本的社会保险缴费率系数（-0.227）与参保企业样本的社会保险缴费率系数（-0.062）进行比较，发现两者存在显著差异。根据 7.3 节的理论分析，这说明参保企业中不是所有职工都参保（即 $0 < \theta < 1$）。

---

① 具体见第 5 章对企业数据的基准回归结果的分析。
② 这与我们的样本企业均为规模以上工业企业有关。城市若以第二产业为主，说明第二产业企业的增加值较大、对当地 GDP 的贡献较大，所以，第二产业企业（包括工业企业）的人均工资水平较高。
③ 我们也尝试控制了省份固定效应与年份固定效应的交叉项，回归结果没有显著变化。

表 7-4　　　　　　　　社会保险缴费率对职工总工资的影响

Y：ln（职工总工资）	全部职工	参保职工	不参保职工
城市社会保险法定缴费率	−0.156* （0.082）	−0.227*** （0.088）	0.210 （0.181）
女性	−0.203*** （0.005）	−0.199*** （0.005）	−0.201*** （0.009）
有配偶	0.193*** （0.008）	0.154*** （0.010）	0.193*** （0.015）
年龄	0.045*** （0.002）	0.031*** （0.003）	0.049*** （0.005）
年龄的平方项	−0.0005*** （0.00003）	−0.00035*** （0.00003）	−0.00058*** （0.00005）
中等教育水平	0.129*** （0.006）	0.110*** （0.007）	0.131*** （0.011）
较高教育水平	0.338*** （0.007）	0.300*** （0.008）	0.351*** （0.015）
专业技术人员	0.210*** （0.007）	0.196*** （0.007）	0.217*** （0.015）
企业负责人	0.275*** （0.012）	0.257*** （0.013）	0.348*** （0.026）
国有企业	0.096*** （0.006）	0.087*** （0.007）	0.013 （0.012）
城镇集体企业	−0.125*** （0.008）	−0.144*** （0.010）	−0.072*** （0.014）
第二产业	0.006 （0.017）	0.004 （0.020）	−0.101*** （0.032）
第三产业	−0.013 （0.017）	0.010 （0.020）	−0.095*** （0.032）
城市人均GDP	0.003*** （0.0001）	0.003*** （0.0001）	0.004*** （0.0003）
城市以第二产业为主	−0.032*** （0.006）	−0.031*** （0.007）	−0.064*** （0.013）
城市劳动年龄人口占总人口的比例	−0.484*** （0.092）	−0.425*** （0.102）	−0.361** （0.187）
城市高等教育水平人口占劳动年龄人口的比例	1.306*** （0.137）	1.015*** （0.099）	0.837*** （0.183）
年份固定效应	是	是	是
省份固定效应	是	是	是
观测数	57 598	45 841	11 757
调整后R²	0.406	0.405	0.423

　　注：括号内为估计值的异方差稳健标准差。*、**、***分别表示10%、5%和1%的显著性水平。回归的对照组为：女性的对照组为男性；有配偶的对照组为无配偶；教育水平的对照组为较低教育水平；职业类型的对照组为蓝领；所在企业所有制性质的对照组是民营企业和外资企业；所属产业的对照组是第一产业；以第二产业为主的城市的对照组是以第一产业和第三产业为主的城市。

第 3 列展示了不参保职工样本的回归结果。结果显示，社会保险缴费率的系数为正，但并不显著。这验证了式（7-13），即社会保险缴费率对不参保职工的工资没有显著影响。

从职工特征来看，表 7-4 显示：（1）女性职工的工资低于男性职工，这与已有研究发现的性别收入差距一致（邓峰和丁小浩，2012；胡雯和李建新，2014）。（2）有配偶职工的工资高于无配偶职工。这可能是因为：由于缺失配偶的社会关系网络，无配偶职工的社会关系网络相对较窄，而根据已有研究（王增文，2012；郭云南等，2015；陆文聪和谢昌财，2017），更广的社会关系网络能够帮助求职者找到待遇更好的就业岗位。（3）年龄大约在 45 岁时，工资水平最高。在 45 岁之前，工资随年龄的增长而提高；在 45 岁之后，随着年龄增长，工资呈下降趋势。工资随年龄变化的趋势，与已有研究一致（谭远发，2015）。（4）教育水平越高，工资水平也越高，说明教育有正的回报率。（5）白领（专业技术人员和企业负责人）的工资高于蓝领，这是因为白领往往有着更高的教育水平和更多的专业技能。（6）与民营企业和外资企业职工相比，国有企业职工的工资较高，而城镇集体企业职工的工资较低。（7）从职工的整体情况来看，不同产业职工的工资没有显著差异。这可能是因为：不同产业在人力资本构成、不同所有制性质企业的占比、产业内竞争程度、专业化程度和利润水平上存在较大差异，而这些差异均会造成工资的差距，不过，不同方面的差异对工资差距的影响方向是不同的，这使得从产业整体层面上来看，产业对职工工资水平没有显著影响。

此外，城市特征的回归系数也与预期一致。具体而言，城市人均 GDP 越高，职工工资水平越高；以第二产业为主的城市，职工的工资水平较低[①]；劳动年龄人口越多，职工工资水平越低；高等教育水平劳动力越多，职工工资水平越高。

[①] 这一结果与企业回归结果不一致，是因为：企业样本均为规模以上工业企业，而职工样本既有第二产业中的职工，也有第一产业和第三产业中的职工，而且职工可能在规模较小的企业中工作。

7.5.2 关于缴费遵从度的异质性分析

前文分析结果表明，社会保险缴费率对参保企业的人均工资和参保职工的总工资均有显著的负向影响，这说明参保企业将社会保险缴费负担转嫁给内部的参保职工。下面我们将开展异质性分析，分析的对象为参保企业和参保职工。在这部分的分析中，我们关心的问题是：缴费遵从度不同的企业向职工转嫁的负担是否相同？缴费遵从度不同的职工承受的负担是否存在差异？

首先，我们对缴费遵从度不同的参保企业进行异质性分析。表 7-5 展示了不同特征参保企业的实际缴费工资占其工资总额的比例（$\text{ratio}_f^{r \, ①}$）以及该比例对社会保险缴费率的反应（$\frac{\text{dratio}_f^r \, ②}{\text{dT}}$）。根据式（7-21），我们可以计算出不同特征参保企业完全转嫁社会保险缴费负担的判断条件（$\frac{\text{dln}\left(w_f^a\right)}{\text{dT}}$）。

表 7-5 　企业完全转嫁社会保险费用负担的判断条件——不同特征的参保企业

	所有制性质			主营业务收入		人力资本水平	
	国有企业	民营企业	外资企业	较低	较高	较低	较高
ratio_f^r	0.718	0.356	0.359	0.371	0.394	0.335	0.414
$\dfrac{\text{dratio}_f^r}{\text{dT}}$	0.000	−0.673	−0.942	−0.813	−0.712	−0.923	−0.708
$\dfrac{\text{dln}\left(w_f^a\right)}{\text{dT}}$	−0.551	−0.120	−0.051	−0.095	−0.140	−0.036	−0.157

从表 7-5 可以看出，缴费遵从度不同的参保企业，其完全转嫁负担的判断条件也不相同。以不同所有制性质企业的分析为例。当社会保险缴费率提高 1 个百分点时，国有企业的人均工资下降 0.551%，企业才将增加的缴费负担完全转嫁给职工；民营企业的人均工资只需下降

---

① 根据第 3 章的分析，$\text{ratio}_f^r = 1 - \text{diff}_f$，即 1 与低报程度之差。$\text{ratio}_f^r$ 越小，说明低报程度越高，企业缴费遵从度越低。不同特征企业的 diff_f 数值见第 3 章的表 3-10。

② $\dfrac{\text{dratio}_f^r}{\text{dT}} = -\dfrac{\text{d}\left(\text{diff}_f\right)}{\text{dT}}$，而不同特征企业的 $\dfrac{\text{d}\left(\text{diff}_f\right)}{\text{dT}}$ 的估计值见第 5 章的表 5-4。

0.120%，外资企业的人均工资只需下降 0.051%，就可实现负担的完全转嫁。相似地，将企业按照主营业务收入和人力资本水平分组时，其完全转嫁负担的判断条件也存在差异。①

从表 7-5 还可看出，缴费遵从度较高的企业，在完全转嫁缴费负担时，需要使企业的人均工资下降更多。仍然以不同所有制性质企业的分析为例。一方面，从实际缴费工资占工资总额的比例来看，国有企业高于民营企业和外资企业，而民营企业和外资企业无显著差异；另一方面，从实际缴费工资占比对社会保险缴费率的反应来看，当社会保险缴费率提高 1 个百分点时，国有企业的实际缴费工资占比不变，民营企业的实际缴费工资占比有所下降（0.673 个百分点），而外资企业的实际缴费工资占比下降最多（0.942 个百分点）。因此，综合上述两方面，国有企业的缴费遵从度最高，其次是民营企业，而外资企业的缴费遵从度最低。而从企业完全转嫁负担时的人均工资下降幅度来看，国有企业下降最多，其次是民营企业，外资企业下降最少。对此，一个解释是：遵从度较高的企业，其社会保险缴费负担较重，进而需要更多地降低职工的工资以实现负担的完全转嫁。观察主营业务收入不同的企业和人力资本水平不同的企业，也有类似的发现。

进一步地，我们采用式（7-23）对参保企业进行分组回归，结果见表 7-6。表 7-6 主要展示了以下 3 个方面的结果：

第一，对于国有企业和外资企业，社会保险缴费率对其人均工资没有显著影响，说明企业没有将负担转嫁给职工，企业承担了所有的负担。对于民营企业，当其他因素保持不变时，社会保险缴费率提高 1 个百分点，企业的人均工资下降 0.150%，该影响在 1% 显著性水平下显著；将社会保险缴费率的回归系数（−0.150）与民营企业完全转嫁负担的判断标准（−0.120）相比，发现两者的差异并不显著，这说明民营企业将负担完全转嫁给职工，民营企业不承担负担。上述结果表明，所有制性质不同的企业，其转嫁负担的情况存在较大差异。

---

① 由于从业年限不同的企业和劳动密集程度不同的企业，其低报程度对社会保险缴费率的反应没有显著差异（见表 5-4）。所以，这里不按从业年限和劳动密集程度将企业分组并进行异质性分析。

表 7-6　社会保险缴费率对企业人均工资的影响——不同特征的参保企业

Y: ln（企业人均工资）	所有制性质			主营业务收入		人力资本水平	
	国有企业	民营企业	外资企业	较低	较高	较低	较高
城市社会保险法定缴费率	−0.087	−0.150***	0.021	−0.050*	−0.077**	0.040	−0.125***
	(0.179)	(0.034)	(0.043)	(0.027)	(0.038)	(0.042)	(0.036)
民营企业	—	—	—	0.020	0.003	0.012	0.008
				(0.021)	(0.015)	(0.026)	(0.013)
外资企业	—	—	—	0.051	0.036	0.0003	0.053**
				(0.043)	(0.027)	(0.042)	(0.026)
从业年限	0.001	−0.001	0.001	−0.0001	0.0003	−0.001	0.0004
	(0.001)	(0.001)	(0.002)	(0.001)	(0.001)	(0.001)	(0.0006)
主营业务收入较高	0.046***	0.127***	0.123***	—	—	0.135***	0.113***
	(0.017)	(0.004)	(0.007)			(0.006)	(0.005)
劳动密集程度较高	0.038	0.017	−0.030	0.007	0.031	−0.014	0.006
	(0.044)	(0.016)	(0.030)	(0.020)	(0.019)	(0.040)	(0.016)
人力资本水平较高	0.085	0.036	−0.019	−0.012	0.061**	—	—
	(0.056)	(0.022)	(0.041)	(0.026)	(0.027)		
城市控制变量	是	是	是	是	是	是	是
年份固定效应	是	是	是	是	是	是	是
观测数	17 326	157 927	70 211	116 292	129 172	97 711	147 753
R^2	0.085	0.116	0.146	0.075	0.127	0.124	0.118

注：括号内为估计值的异方差稳健标准差。*、**、***分别表示10%、5%和1%显著性水平。回归中对照组的设置及控制的城市特征，均与表7-3相同。

这可能有3点原因：（1）国有企业一般与职工签订了较为规范的用工合同，其中包括工资的相关规定，在用工后，当社会保险缴费率变化时，企业很难随时调整工资。另外，陈冬华等（2010）发现，国有企业的职工工资存在向下的刚性，当企业的业绩下降时，职工的工资并没有随之下降。（2）外资企业的低报程度对社会保险缴费率的反应较大，所以，当社会保险缴费率提高时，外资企业真正增加的缴费负担较少。具体而言，社会保险缴费率提高1个百分点，外资企业的人均工资仅需下降0.051%，企业就不承担缴费负担（完全转嫁给职工）。所以，一方面，当社会保险缴费率提高时，外资企业的主要反应是更多地低报缴费工资，而不是真正地降低职工的工资；另一方面，即便由外资企业承担所有的缴费负担，也并不多，仅为工资的0.051%，所以外资企业将负担转嫁给职工工资的激励并不强。(3)民营企业的用工存在不规范现象(如随意解除劳动合同等[1])。职工的同质性较强,流动性也较高[2](叶林祥等,2011a)。所以,民营企业对职工工资进行调整的灵活性较大,当社会保险缴费率提高时,民营企业会采取降低职工工资的方式来转移缴费负担。

第二,对于主营业务收入较低的企业,社会保险缴费率的系数为-0.050;对于主营业务收入较高的企业,社会保险缴费率的系数为-0.077;这两组企业的社会保险缴费率的系数差异并不显著(z统计量为0.579)。另外,将这两组企业的社会保险缴费率的系数分别与其完全转嫁负担的判断标准(分别为-0.095和-0.140)进行比较,发现差异是显著的[3],说明企业没有将负担完全转嫁给职工。具体而言,对于主营业务收入较低的企业,企业将52.6%的负担转嫁给职工,企业承担47.4%的负担;对于主营业务收入较高的企业,企业将55.0%的负担转嫁给职工,企业承担45.0%的负担。由此可见,主营业务收入较高的企业(缴费遵从度较高),向职工转移的负担比例更大。不过,这两组企业转移负担的比例,差距不大。这可能是因为:根据表7-5的数据,虽然这两组企业的缴费遵从度存在差距,但差距较小。

第三,对于人力资本水平较低的企业,社会保险缴费率对其人均工资没有显著影响,说明企业没有将负担转嫁给职工。对于人力资本水平较高的企业,当其他因素保持不变时,社会保险缴费率提高1个百分点,企业的人均工资下降0.125%,该影响在1%显著性水平下显著;将社会保险缴费率的系数(-0.125)与企业完全转嫁负担的判断标准(-0.157)相比,发现两者并无显著差异,说明企业将负担完全转嫁给职工。由此可见,人力资本水平不同的企业,其负担转移情况完全不同。这是因为:人力资本水平较低的企业,其低报程度对社会保险缴费率的反应较大,当社会保险缴费率提高时,企业真正增加的缴费负担较少。具体而言,当社会保险缴费率提高1个百分点,企业人均工资只需下降0.036%,企业就不承担缴费负担。因此,对于人力资本水平较低的企业,一方面,当社会保险缴

---

① 资料来源:刘平,余佳勇. 一些民营企业劳动用工不规范[N]. 舟山日报,2008-07-08.
② 这说明,民营企业的需求弹性(绝对值)较大,较容易用新职工替换现有职工。这也使民营企业能够向职工转嫁较多的缴费负担。
③ 10%显著性水平。

率提高时,其主要反应是更多地低报缴费工资来减少缴费负担,而不是降低职工工资;另一方面,即便由企业完全承担缴费负担,也并不多,仅为工资的0.036%。此外,人力资本水平较低的企业,其人均工资水平也相对较低,所以企业降低工资的空间不大。

表7-7进一步展示了对于低报缴费工资程度不同的参保企业和参保职工,社会保险缴费率对其工资的影响[①]。表7-7的第1列和第2列显示:当其他因素保持不变时,社会保险缴费率提高1个百分点,对于低报程度较低(ratio$_i'$较高)的参保企业,其人均工资下降0.093%;对于低报程度较高(ratio$_i'$较低)的参保企业,其人均工资下降0.065%。不过,低报程度较低的参保企业和低报程度较高的参保企业,其社会保险缴费率的系数差异并不显著(z统计量为0.596)。这可能是因为:根据表7-5的数据,不同企业的低报程度差异较小,但低报程度对社会保险缴费率的反应的差异较大。因此,企业的人均工资对社会保险缴费率反应的差异,主要与低报程度对社会保险缴费率反应的差异有关,也与工资刚性等因素有关。换言之,当社会保险缴费率提高时,如果企业已经较多地低报了缴费工资,就不会大幅地降低职工工资;当劳动合同较为规范或职工流动性较低时,企业对工资的向下调整可能会面临困难,进而难以将缴费负担转嫁给职工。

表7-7　社会保险缴费率对工资的影响——低报程度不同的参保企业和参保职工

项　目	Y:ln(企业人均工资)		Y:ln(职工总工资)	
	参保企业低报程度		参保职工低报程度	
	较低	较高	较低	较高
城市社会保险法定缴费率	−0.093***	−0.065**	−0.384***	−0.210
	(0.036)	(0.031)	(0.149)	(0.145)
控制变量	是	是	是	是
观测数	113 502	114 780	19 102	19 159
R^2	0.237	0.151	0.481	0.496

注:括号内为估计值的异方差稳健标准差,*、**、***分别表示10%、5%和1%显著性水平。

表7-7的第3列和第4列报告了职工分组回归的结果,结果显示:对

---

① 在表7-7的回归中,我们去掉了低报程度为负(即高报缴费工资)的少量样本。

于低报程度较低（ratio¦较高）的参保职工，当其他因素保持不变时，社会保险缴费率提高 1 个百分点，职工的工资下降 0.384%，该影响在 1%显著性水平下显著；对于低报程度较高（ratio¦较低）的参保职工，社会保险缴费率对其工资没有显著影响。这说明，当社会保险缴费率提高时，如果企业已为参保职工低报了较多的缴费工资，企业不会再降低其总工资。

上述异质性分析证明式（7-17）和式（7-18）是成立的。一方面，从职工分组回归的结果（表 7-7）可以看出，低报程度较低的职工，其工资受社会保险缴费率的负向影响更大，即式（7-17）成立；另一方面，从不同特征企业分组回归的结果（表 7-6）可以看出，如果社会保险缴费率对企业低报程度的影响较大，那么对企业人均工资的影响较小，即式（7-18）成立。不过，也有其他因素（如工资刚性等）在社会保险费用负担的分配中起作用。

7.5.3　一个扩展分析——劳动力市场的供求波动

前文分析了社会保险费用的负担归宿并讨论了缴费遵从度对负担归宿的影响。那么，劳动力市场的供求变化在缴费负担的分配中起何作用？

在前文的回归中，我们控制了城市的劳动力数量及质量，分别用劳动年龄人口占总人口的比例和高等教育水平人口占劳动年龄人口的比例这两个变量来度量。然而，这两个变量反映的均是劳动力市场接近均衡时的情况：它们不仅反映了劳动力的供给，也在一定程度上反映了劳动力的需求。例如，一个城市的高等教育水平人口比例较大，一方面说明当地高质量的劳动力供给较多；另一方面，这些劳动力没有外流，说明当地企业对其需求较大。因此，这两个变量更多地反映的是供求相互协调的结果，我们无法从中将供给和需求的波动分离出来。

基于上述分析，我们选用其他变量来刻画劳动力市场的供给冲击和需求冲击。首先，我们使用城市当年有新建"经济特区"的项目来反映劳动力市场的需求波动。这里所说的"经济特区"不是指深圳和珠海等城市级别的经济特区，而是指在城市内部建立的一些专门吸引外商投资的区域，包括经济开发区、高新技术产业开发区、出口加工区和自由贸易区等。各个城市逐步建立"经济特区"。如果一个城市当年有新建"经济特区"的项目（由中央政府或省级政府批准），那么，这个城市当年对劳动力的需求会大幅增加。在此情形下，企业的需求弹性（绝对值）减小。因此，当社会保险缴费率提高时，企业向职工转嫁的负担减少。

为实证检验城市新建"经济特区"项目对社会保险费用负担归宿的影响，我们在式（7-23）中引入城市当年有新项目的虚拟变量[①]及其与社会保险缴费率的交叉项，并对所有的参保企业进行回归，结果见表7-8的第1列。需要说明的是，受到数据可得性的限制[②]，我们只对2004—2006年的样本进行回归。第1列显示，城市当年有新项目与社会保险缴费率的交叉项系数显著为正（10%显著性水平）。这说明，如果城市当年有新项目，那么社会保险缴费率对企业人均工资的负向影响更小。也就是说，企业向职工转嫁的负担更少。这与我们的预期一致。

表 7-8　社会保险缴费率对企业人均工资的影响——引入劳动力市场的供求波动

Y：ln（企业人均工资）	所有参保企业	人力资本水平 较高的参保企业
城市社会保险法定缴费率	−0.109*** （0.030）	−0.145*** （0.054）
城市社会保险法定缴费率×城市当年有新项目	0.067* （0.039）	—
城市当年有新项目	−0.025* （0.014）	—
城市社会保险法定缴费率×城市当年高校毕业生数量	—	−0.044** （0.020）
城市当年高校毕业生数量	—	0.034*** （0.008）
其他控制变量	是	是
观测数	182 813	147 753
R^2	0.232	0.225

注：在表7-8中，第1列的样本期间为2004—2006年，第2列的样本期间为2004—2007年。括号内为估计值的异方差稳健标准差，*、**、***分别表示10%、5%和1%的显著性水平。其他控制变量包括企业特征、城市特征和年份固定效应，限于篇幅，这里不汇报其他控制变量的回归结果。

①　城市当年有新项目，取值为1；没有新项目，取值为0。
②　Wang（2013）提供了2006年及以前各个城市新建项目的信息。企业样本期间是2004—2007年，但受城市新建项目信息的限制，用2004—2006年的企业样本进行回归。

另外，我们使用城市当年的高校毕业生数量来反映劳动力市场的供给冲击。①如果城市当年的高校毕业生较多，那么对于人力资本水平较高的企业而言，其拥有的劳动力供给较多。此时，企业的需求弹性（绝对值）增加。如果社会保险缴费率提高，企业会向职工转移更多的负担。为验证这一点，我们对城市当年的高校毕业生数量②去均值化以后，将其引入式（7-23），同时也引入该变量与社会保险缴费率的交叉项，并对人力资本水平较高的参保企业进行回归③，结果见表7-8的第2列。第2列显示，城市当年高校毕业生数量与社会保险缴费率的交叉项系数显著为负（5%显著性水平）。这说明，与平均水平相比，城市当年的高校毕业生越多，社会保险缴费率对企业人均工资的负向影响越强。也就是说，企业向职工转嫁更多的负担。

7.5.4　稳健性检验

前文的实证结果发现，参保企业将社会保险费用负担转嫁给参保职工，即当社会保险缴费率提高时，参保企业的人均工资下降，参保职工的工资减少。下面我们将对此进行稳健性检验。我们采用的稳健性检验方法是进行分位数回归，观察不同分位数处的回归结果是否有所不同，是否异于基准回归结果。

参保企业的稳健性检验结果见表7-9。可以看出，在25%、50%和75%分位点处，社会保险缴费率的系数均显著为负，这与基准回归结果一致。另外，25%分位点处的社会保险缴费率的系数与50%分位点处的系数没有显著差异，但与75%分位点处的系数显著不同。这说明，对于人均工资较高的企业，当社会保险缴费率提高时，企业的人均工资下降

---

① 我们这样做主要基于两点考虑：第一，高校毕业生的数量是外生的，不受企业行为的影响，所以反映的是劳动力供给，而非需求。第二，现实中，很多高校毕业生会在当地找工作。例如，"重庆高校毕业生本地就业比例加大"，http://carrier.youth.cn/jypd/jyzx/200911/t20091123_1088419.htm；"海南大学三亚学院超半数毕业生选择在本地就业"，http://edu.sina.com.cn/gaokao/2011-07-04/1455304592.shtml；"武汉：近半高校毕业生就业首选留在本地"，http://news.xinhuanet.com/city/2012-08/23/c_123618513.htm?prolongation=1；"调查：聊城大学一学院毕业生三分之一选择留在聊城发展"，http://news.lcxw.cn/liaocheng/shehui/20130523/404905.html。
② 数据来源：加州大学伯克利分校的 China Data Online 数据库。
③ 我们只对人力资本水平较高的参保企业样本进行回归，是因为：第一，高校毕业生与人力资本水平较高的企业更为相关，更可能进入这些企业工作；第二，根据表7-6的回归结果，人力资本水平较低的企业并未将社会保险费用负担转嫁给职工的工资，所以，我们主要分析人力资本水平较高企业的缴费负担归宿如何随劳动力供给的变化而变化。

更多。这可能有两方面原因：一方面，人均工资较高的企业，可能是主营业务收入较高或者人力资本水平较高的企业，而根据表 7-6 的回归结果，这些企业的人均工资对社会保险缴费率的反应更大；另一方面，企业的人均工资较高，意味着企业降低工资的空间较大。

表 7-9　　　　　　　　　稳健性检验（参保企业）

Y：ln（企业人均工资）	q25	q50	q75
城市社会保险法定缴费率	−0.055*	−0.086***	−0.141***
	（0.030）	（0.032）	（0.034）
民营企业	−0.123***	−0.239***	−0.333***
	（0.005）	（0.005）	（0.007）
外资企业	−0.024***	−0.078***	−0.114***
	（0.006）	（0.005）	（0.007）
从业年限	−0.002***	−0.001***	−0.001***
	（0.0001）	（0.0001）	（0.0002）
主营业务收入较高	0.159***	0.163***	0.208***
	（0.002）	（0.002）	（0.003）
劳动密集程度较高	−0.007***	−0.032***	−0.060***
	（0.001）	（0.002）	（0.003）
人力资本水平较高	0.084***	0.091***	0.112***
	（0.002）	（0.002）	（0.003）
城市控制变量	是	是	是
年份固定效应	是	是	是
省份固定效应	是	是	是
观测数	245 464	245 464	245 464
R^2	0.070	0.096	0.131

　　注：括号内为估计值的 Bootstrap 标准差。*、**、***分别表示 10%、5% 和 1% 的显著性水平。q25 表示 25% 分位点，q50 表示 50% 分位点，q75 表示 75% 分位点。

　　表 7-10 报告了参保职工的稳健性检验结果。结果显示：25%、50% 和 75% 分位点处的社会保险缴费率的系数均显著为负，而且系数之间没有显著差异（F 统计量为 1.49，对应的 p 值为 0.225）。

　　综上，无论使用企业样本还是职工样本，稳健性检验的结果均与基准回归结果十分一致，说明我们的基准回归结果是可靠的。

表 7-10 　　　　　　　　　　　稳健性检验（参保职工）

Y：ln（职工总工资）	q25	q50	q75
城市社会保险法定缴费率	−0.247* (0.142)	−0.165* (0.093)	−0.297** (0.117)
女性	−0.212*** (0.009)	−0.201*** (0.005)	−0.204*** (0.009)
有配偶	0.105*** (0.010)	0.097*** (0.012)	0.061*** (0.011)
年龄	0.032*** (0.003)	0.031*** (0.003)	0.031*** (0.004)
年龄的平方项	−0.0004*** (0.00004)	−0.0003*** (0.00003)	−0.0003*** (0.00004)
中等教育水平	0.114*** (0.009)	0.116*** (0.009)	0.116*** (0.011)
较高教育水平	0.293*** (0.011)	0.305*** (0.011)	0.309*** (0.009)
专业技术人员	0.206*** (0.010)	0.203*** (0.009)	0.184*** (0.010)
企业负责人	0.275*** (0.021)	0.237*** (0.019)	0.217*** (0.019)
国有企业	0.091*** (0.009)	0.099*** (0.007)	0.093*** (0.011)
城镇集体企业	−0.123*** (0.012)	−0.167*** (0.012)	−0.191*** (0.015)
第二产业	−0.051** (0.023)	−0.026* (0.014)	0.053* (0.032)
第三产业	−0.034 (0.026)	−0.011 (0.016)	0.063* (0.034)
城市控制变量	是	是	是
年份固定效应	是	是	是
省份固定效应	是	是	是
观测数	45 841	45 841	45 841
R^2	0.221	0.239	0.256

注：在表 7-10 中，括号内为估计值的 Bootstrap 标准差。*、**、*** 分别表示 10%、5% 和 1% 的显著性水平。q25 表示 25% 分位点，q50 表示 50% 分位点，q75 表示 75% 分位点。

7.6　社会保险缴费率对社会保险缴费收入的影响
　　——考虑负担归宿

在第 5 章中，我们讨论了社会保险缴费率对社会保险缴费收入的影响，并发现：如果不考虑社会保险缴费率对参保企业工资总额的影响，社会保险缴费率提高 1%，由企业缴纳的社会保险费收入会增加 0.38%；如果不考虑社会保险缴费率对职工人数和参保职工总工资的影响，社会保险缴费率提高 1%，由职工缴纳的社会保险费收入（企业代扣）会减少 0.03%。

本章的研究发现，社会保险缴费率对参保企业的人均工资和参保职工的个人总工资有显著的负向影响。所以，我们在第 5 章的基础上，将社会保险费用的负担归宿考虑进来，再来计算社会保险缴费率对社会保险缴费收入的影响。

7.6.1　企业缴费收入

从企业角度来看，由表 7-3 可知，社会保险缴费率提高 1 个百分点，参保企业的人均工资将下降 0.062%。那么，在样本均值处计算，参保企业的人均工资对社会保险缴费率的弹性（以下简称弹性）为 -0.025。

基于第 5 章的式（5-4），我们需要知道参保企业工资总额[①]的弹性，即参保企业人均工资的弹性与参保企业雇用人数的弹性之和。为计算企业雇用人数的弹性，我们将企业雇用人数的对数作为被解释变量，以社会保险缴费率作为解释变量，分别对全部企业、参保企业和不参保企业进行回归，回归结果（附录 B 的表 B-1）显示：如果将社会保险缴费率提高 1 个百分点，参保企业的雇用人数将下降 0.478%。根据这一结果，在样本均值处计算，参保企业雇用人数的弹性为 -0.192。

所以，参保企业工资总额的弹性为 -0.217。根据式（5-4），在考

---

　　① 参保企业的工资总额=参保企业的人均工资×参保企业的雇用人数。

虑参保企业工资总额的弹性之后，可以算出企业缴费的弹性为 0.163。也就是说，社会保险缴费率提高 1%[①]，由企业缴纳的社会保险费收入增加 0.163%。

根据企业缴费的弹性，我们可以计算出半弹性，约为 0.404。也就是说，社会保险缴费率提高 1 个百分点[②]，由企业缴纳的社会保险费收入增加 0.404%。

2015 年，城镇职工社会保险制度的缴费收入约为 34 723.2 亿元[③]，按照各项保险的企业缴费率和职工缴费率的比例估算，由企业缴纳的收入约为 25 420.4 亿元。因此，如果社会保险缴费率提高 1 个百分点，那么企业缴费收入将增加 102.7 亿元。

7.6.2 职工缴费收入

再来看职工缴费的弹性。由表 7-4 可知，社会保险缴费率提高 1 个百分点，参保职工总工资下降 0.227%。在样本均值处计算，可知参保职工总工资的弹性为−0.091。

根据第 5 章的式（5-7），我们还需知道职工总人数的弹性。为了计算这一弹性，我们对就业年龄的个体[④]分别采用以下 3 个被解释变量进行回归：（1）以就业状态为被解释变量，就业取值为 1，未就业取值为 0；（2）以就业身份为被解释变量，职工[⑤]取值为 1，个体户和灵活就业人员取值为 0；（3）以是否是职工为被解释变量，职工取值为 1，其他个体[⑥]取值为 0。回归方程的解释变量均为社会保险缴费率，控制变量与表 7-4 相同。

回归结果（附录 B 的表 B-2）显示：社会保险缴费率对个体的就业概率没有显著影响，即不影响个体在就业和不就业之间的选择；在就业群体中，社会保险缴费率提高 1 个百分点，个体成为职工的概率会下降 0.106 个百分点，相应地，成为个体户或灵活就业人员的概率上升

---

① 1%的提高是从 0.403 增加到 0.407。
② 1 个百分点的提高是从 0.403 增加到 0.413。
③ 资料来源：《2015 年度人力资源和社会保障事业发展统计公报》。
④ 16～60 岁男性和 16～55 岁女性。
⑤ 职工均指企业职工。
⑥ 其他个体包括：未就业者、个体户、灵活就业人员和机关事业单位人员。

0.106 个百分点；综合所有个体（包括就业者和未就业者）的情况来看，社会保险缴费率提高 1 个百分点，个体成为职工的概率下降 0.132 个百分点，我们利用这一结果估算职工总人数[①]的弹性为−0.109[②]。

因此，根据式（5−7），在考虑参保职工总工资的弹性和职工总人数的弹性之后，我们可以算出职工缴费的弹性为−0.230。也就是说，社会保险缴费率提高 1%，由职工缴纳的社会保险费不仅不增加，反而会减少 0.230%。

我们可以计算出职工缴费的半弹性，约为−0.571。也就是说，社会保险缴费率提高 1 个百分点，由职工缴纳的社会保险费减少 0.571%。

2015 年，在城镇职工社会保险制度的缴费收入中，职工缴费约为 9 302.8 亿元。因此，如果社会保险缴费率提高 1 个百分点，那么职工缴费收入将减少 53.1 亿元。

将企业缴费收入的估算结果和职工缴费收入的估算结果相结合，发现：如果社会保险缴费率提高 1 个百分点，2015 年的社会保险缴费收入将增加 49.6 亿元。虽然提高社会保险缴费率还未使缴费收入不升反降，但是增收效应较小。

由此可见，在当前较高的社会保险缴费率水平下，进一步提高缴费率会使费基大幅减少，进而对社会保险缴费收入的增收作用不大。一方面，当缴费率较高时，企业和职工的逃避缴费程度会加剧，损害费基。另一方面，较高的缴费率带来的缴费负担较重，即使企业按规定参保，也会将部分缴费负担转嫁给职工，这不利于增加职工收入，也不利于扩大就业（白重恩，2010）。因此，也减少了费基。

需要说明的是，我们对弹性的计算均在样本均值处进行。此外，受到数据可得性的限制，我们是用规模以上工业企业的情况来近似所有企业的情况；用本市非农户口职工的情况来近似所有职工的情况。这不可避免地会产生一些误差。[③]但是，我们的计算至少说明了逃避缴费程度

---

　　① 职工总人数＝就业年龄个体数目×就业年龄个体成为职工的概率。所以，职工总人数的弹性＝就业年龄个体成为职工的概率的弹性。（就业年龄个体的数目并不受社会保险缴费率的影响。）
　　② 职工总人数的弹性（绝对值）小于参保企业雇用人数的弹性（绝对值）。这是因为：职工样本基本全部是本地非农户口职工，而参保企业还可能雇用外地户口职工。
　　③ 第 5 章对这种近似所产生的误差进行了讨论。

以及未被逃避掉的缴费负担的归宿对社会保险缴费收入的影响，以引起社会的关注和思考：如何完善社会保险制度的设计以减少逃避缴费现象，进而更有效率地筹集社会保险收入。

7.7　小结

本章从理论和实证两方面分析了存在逃避缴费现象时的社会保险费用负担归宿。理论分析的结果表明：（1）社会保险费用的负担归宿不同于一般性税收的负担归宿，在分析社会保险费用的负担归宿时，考虑社会保险收益之后，职工的工资水平会进一步下降，下降的幅度不仅与缴费率有关，也与职工如何评价社会保险收益有关（即社会保险收益与缴费之间的相关度）。（2）对已有研究的理论模型进行扩展，发现引入缴费遵从度之后，社会保险缴费率对职工工资有负向影响，并且影响程度与缴费遵从度相关。如果职工（或其所在企业）的缴费遵从度较高，那么社会保险缴费率对职工工资的负向影响较强。（3）将缴费遵从度纳入分析之后，企业完全转嫁社会保险缴费负担的判断条件会发生较大变化。具体而言，不考虑缴费遵从度时，社会保险缴费率提高 1 个百分点，如果企业的人均工资下降 0.718%，那么企业就将缴费率提高所增加的缴费负担完全转嫁给职工；考虑缴费遵从度时，企业的人均工资下降 0.110%，就说明企业完全转嫁了负担。

实证分析的结果发现：（1）参保企业的人均工资对社会保险缴费率的弹性为 -0.025[①]，不参保企业的人均工资不受社会保险缴费率的影响；对于参保企业，企业承担了 43.6% 的缴费负担，职工承担了 56.4% 的缴费负担，也就是说，企业没有将缴费负担完全转嫁给职工。（2）参保职工的总工资对社会保险缴费率的弹性为 -0.091，不参保职工的总工资不受社会保险缴费率的影响。这说明参保企业将缴费负担转嫁给内部的参保职工，而不是所有职工（包括参保职工和不参保职工）。（3）缴费遵从度不同的参保企业，其完全转嫁缴费负担的判断条件存在差异，

[①] 参保企业人均工资的弹性（绝对值）小于参保职工总工资的弹性（绝对值），是因为参保企业并不是给所有职工参保，参保企业人均工资也包含了不参保职工的总工资，而社会保险缴费率对不参保职工的总工资没有影响。

因此，有必要对这些企业进行分组回归。分组回归的结果显示，国有企业和外资企业的人均工资不受社会保险缴费率的影响，即国有企业和外资企业并未将缴费负担转嫁给职工；民营企业将缴费负担完全转嫁给职工。另外，对于主营业务收入较高的企业和人力资本水平较高的企业，企业转嫁给职工的负担比例更大，企业自身承担的负担比例更小。上述不同企业转嫁的负担比例之所以有所不同，是因为：一方面，对于缴费遵从度较低的企业，当社会保险缴费率提高时，企业低报缴费工资的程度大幅提高，所以实际增加的缴费负担并不多，因而向职工转嫁负担的激励较弱；另一方面，不同所有制企业的用工合同和工资调整机制有所不同（邢春冰，2005；叶林祥等，2011b），这导致不同所有制企业向其内部职工转嫁负担的可操作性存在差异。（4）缴费遵从度不同的参保职工，其总工资受社会保险缴费率的影响也存在差异。具体而言，对于低报缴费工资程度较高的职工，当社会保险缴费率提高时，企业不再降低其总工资。（5）当劳动力市场的需求增加时，企业向职工转嫁的负担减少；当劳动力市场的供给增加时，企业向职工转嫁的负担增加。（6）考虑社会保险费用的负担归宿之后，由企业缴纳的社会保险费对社会保险缴费率的弹性为 0.163，由职工缴纳的社会保险费（企业代扣）对社会保险缴费率的弹性为−0.230。由此可见，适当降低当前较高的社会保险缴费率，社会保险缴费收入不会因此严重缩减，其中的职工缴费部分还会有所增加。

上述结果表明，在分析社会保险费用的负担归宿时，将缴费遵从度纳入分析框架，是十分必要的。一方面，缴费遵从度的大小影响我们对企业是否完全转嫁缴费负担的判断；另一方面，缴费遵从度不同的企业和职工，其承担的负担比例也有所不同。

另外，从整体来看，企业没有将缴费负担完全转嫁给职工。根据已有研究（Gruber，1994；Komamura & Yamada，2004），一方面，这说明职工对社会保险收益的评价不高，社会保险收益与缴费的关联并不紧密，所以，职工不愿承担所有的缴费成本，不愿接受较低的工资来换取社会保险的收益；另一方面，由于工资刚性等因素，企业向职工转嫁负担也面临一些障碍。因此，社会保险缴费率的高低确实影响了企业的用工成本。

然而，不同企业的情况有较大差距。国有企业和外资企业均未向职工转嫁负担，而民营企业则完全向职工转嫁了负担。需要注意的是，这并不意味着国有企业和外资企业的职工完全无视社会保险收益进而不愿承担任何成本。具体而言：（1）对于国有企业，一方面，劳动合同较为规范，企业难以随时调整工资，特别是难以降低工资（工资有向下的刚性）；另一方面，国有企业的工资水平往往不是由市场力量决定的，同时，较多的留存利润使国有企业（特别是垄断性国有企业）倾向于为职工提供较高的工资水平和其他福利（叶林祥等，2011b）。（2）对于外资企业，当社会保险缴费率提高时，企业低报缴费工资的程度加剧，企业实际增加的缴费负担并不多，所以没有很强的激励要将负担转嫁给职工。（3）对于民营企业，当社会保险缴费率提高时，企业低报缴费工资的程度没有外资企业那么强，所以，企业有向职工转嫁负担的动机；同时，企业中部分职工的用工合同并不规范，并且职工流动性和可替代性较强，所以，企业可以向职工完全转嫁缴费负担。

因此，社会保险缴费主要增加了国有企业的用工成本。这会造成两方面影响：第一，增加了国有企业的负担，不利于企业的发展；第二，职工会更偏好进入国有企业工作，这可能会带来人力资源配置的扭曲。当然，我们并不是认为外资企业和民营企业的情况优于国有企业。我们建议，未来相关部门的工作应对这三类所有制企业各有侧重：对于外资企业和民营企业，应注重提高其缴费遵从度，将社会保险的相关政策（缴费与收益等）切实地落实到每一个职工；对于国有企业，应完善其工资调整机制，允许工资随社会保险缴费率的变动而变动。

8 结论

8.1 研究总结

本书在较为系统地梳理我国城镇职工社会保险制度的主要特征和度量我国企业及职工缴费遵从度的基础上，采用理论分析与实证分析相结合的方法，研究了我国城镇职工社会保险制度设计对缴费遵从度的影响。

通过整理并归纳我国城镇职工社会保险制度的相关政策文件，同时将我国的制度设计与其他国家进行比较，我们发现，我国城镇职工社会保险制度主要有 4 个较为突出的特征：法定缴费率较高、待遇较低且与缴费关联不紧密、制度在人群间及地区间存在分割。前两个特征从成本-收益的角度降低了企业和职工的参保缴费激励；制度在人群间的分割，造成了不平等，削弱了制度的财务可持续性，也使企业职工有向机关事业单位转换工作的激励，进而降低了缴费遵从度；制度在地区间的分割，使流动性较强的职工不愿参保。因此，定性地看，社会保险制度设计会影响缴费遵从度。

通过对中国工业企业数据库和中国城镇住户调查数据的描述性统计，我们发现，无论从企业层面来看还是从职工层面来看，都有较为严重的不遵从缴费的现象。一方面，全国规模以上工业企业的参保率在 61% 左右，北京等 9 省市①规模以上工业企业的参保率在 70% 左右，北京等 9 省市职工的参保率约为 75%，与政策规定的 100% 有较大距离。另一方面，参保企业和参保职工的实际缴费工资低于政策规定的缴费工资，即参保企业低报企业整体的缴费工资，也低报参保职工个人的缴费工资。从平均水平来看，对于参保企业，实际缴费工资低于政策规定缴费工资的幅度约为企业工资总额的 62%；对于参保职工，实际缴费工资低于政策规定缴费工资的幅度约为职工总工资的 38%。参保企业的低报程度高于参保职工，说明参保企业中并不是所有职工都参保。

我们还发现，不同特征的企业，其缴费遵从度存在差异。具体而言，国有企业的缴费遵从度高于民营企业和外资企业②；从业年限较长的企业、主营业务收入较高的企业和人力资本水平较高的企业，其缴费遵从度相对较高。不同特征的职工，其缴费遵从度也存在差异，表现为：男性职工、年长职工、有配偶职工、国有企业职工和第二产业职工的缴费遵从度相对较高；教育水平越高，职工的参保率越高，但参保后低报也越多；由于职业与教育水平相关，不同职业职工的缴费遵从度的特点与不同教育水平的职工相近。

在已有研究的基础上，我们构建了社会保险制度设计影响缴费遵从度的理论模型，结果显示：提高社会保险缴费率会降低缴费遵从度，加强社会保险收益与缴费之间的联系可以提高缴费遵从度。另外，结果还显示，生产力较高的企业，缴费遵从度较高，并且缴费遵从度受社会保险缴费率的影响较小。

使用搜集整理的各个城市社会保险法定缴费率信息，我们实证分析了社会保险缴费率对缴费遵从度的影响。实证结果发现，提高社会保险

---

① 北京、辽宁、浙江、安徽、湖北、广东、四川、陕西和甘肃。
② 即国有企业的参保率高，同时低报缴费工资的程度低。

缴费率会降低企业和职工的缴费遵从度，即参保概率下降、参保后低报缴费工资的程度提高。具体而言，企业的参保概率和职工的参保概率对社会保险缴费率的弹性分别为−0.10和−0.24；参保企业的低报程度和参保职工的低报程度对社会保险缴费率的弹性分别为0.51和0.16，参保企业低报程度的弹性更大是因为参保企业除了调整内部参保职工的缴费工资以外，还可以调整内部的参保职工人数。

实证结果还显示，不同特征的企业受社会保险缴费率的影响有所不同。当社会保险缴费率提高时，民营企业、外资企业、主营业务收入较低的企业和人力资本水平较低的企业，其缴费遵从度下降更多。另外，不同特征的职工受社会保险缴费率的影响也存在差异。当社会保险缴费率提高时，年轻职工、教育水平位于两端的职工、白领（专业技术人员和企业负责人）的缴费遵从度下降更多。

接下来，我们实证检验了社会保险制度的分割对缴费遵从度的影响。从制度在人群间分割的角度来看，2008年我国实施的事业单位养老保险改革使试点地区的企业职工对养老保险"双轨制"并轨产生了积极的预期，进而提高了参保概率，但参保后的低报程度没有显著变化。这表明，将制度在不同人群间统一，有助于提高参保积极性，扩大制度的实际覆盖面。

从制度在地区间分割的角度来看，一方面，"碎片化"制度使职工在跨区转移社会保险关系时面临障碍，这是流动人口参保率低、断保退保现象较为严重的主要原因；另一方面，雇用了较多流动人口的企业，其缴费遵从度较低，并且缴费遵从度受社会保险缴费率的影响较大。

在考虑缴费遵从度的基础上，我们分析了社会保险费用的负担归宿。将缴费遵从度纳入已有研究理论框架的结果显示，提高社会保险缴费率会降低职工的总工资，而且缴费遵从度越高，职工的总工资下降越多。考虑缴费遵从度之后，企业完全转嫁社会保险缴费负担的判断条件会发生较大变化。具体而言，不考虑缴费遵从度时，企业完全转嫁负担的条件是：企业人均工资对社会保险缴费率的半弹性为−0.718。考虑缴费遵从度之后，该条件变为：企业人均工资对社会保险缴费率的半弹性为-0.110。这说明，在界定判断条件时，如果不考虑缴费遵从度，可能会对企业是否完全转嫁负担作出错误判断。

进一步地，我们对我国社会保险费用的负担归宿进行了实证研究。实证结果显示，不参保企业的人均工资不受社会保险缴费率的影响；参保企业的人均工资对社会保险缴费率的弹性为-0.025，参保企业未将缴费负担完全转嫁给职工，而是承担了约44%的缴费负担。但是，不同特征的参保企业，其转嫁负担的情况存在较大差异。具体而言，国有企业和外资企业并未将缴费负担转嫁给职工，而民营企业将缴费负担完全转嫁给职工；主营业务收入较高的企业和人力资本水平较高的企业转嫁给职工的负担比例更大。一方面，这是因为不同企业的缴费遵从度不同，缴费遵从度较高的企业倾向于向职工转嫁更多的负担；另一方面，不同企业的工资决定机制和调整机制有所差别，因而向职工转嫁负担的能力存在差异。此外，实证结果还发现，参保职工的总工资对社会保险缴费率的弹性为-0.091，不参保职工的总工资不受社会保险缴费率的影响。

最后，利用上述实证结果，我们测算了社会保险缴费率对社会保险缴费收入的影响。测算结果显示，提高社会保险缴费率所带来的增收效应较弱。一方面，这说明，在逃避缴费现象较为严重的现实情况下，提高社会保险缴费率并不能解决社会保险收入不足的问题；另一方面，这也表明，为了提高缴费遵从度，我们可以适当降低社会保险缴费率，而无须过度担心降低缴费率会引发严重的收支失衡问题。

8.2　政策建议

在对我国城镇职工社会保险制度设计如何影响缴费遵从度的问题进行理论分析和实证分析之后，为了提高缴费遵从度、减少逃避缴费现象，对于完善制度设计和现实操作中应注意的问题，提出以下政策建议：

（1）适当降低社会保险缴费率。实证结果表明，降低当前较高的缴费率，有助于提高企业和职工的参保积极性，也可以削弱参保企业低报缴费工资的程度。同时，在当前的缴费率水平下，降低缴费率并不会引起缴费收入的大规模缩减。具体而言，由企业缴纳的社会保险费收入减幅较小，而由职工缴纳的社会保险费收入不减反增。因此，降低缴费率会提高征缴效率，并不会引发严重的收入不足问题。当前，政府已认识到应降低缴费率的问题，但举措仅限于降低失业保险、工伤保险和生育保险的缴费率，而且降幅较小。从中央政府规定的法定缴费率标准来看，这 3 项保险的缴费率之和仅占总缴费率的 12%，而养老保险和医疗保险占 88%。因此，从有效征缴的角度来看，未来应重点调低养老保险和医疗保险的缴费率。

（2）加强社会保险待遇与缴费之间的联系。当前，待遇与缴费的关联度不高。所以，缴费更多地意味着成本，这使职工产生逃避缴费的激励。2006 年，我国对于城镇职工养老保险的改革，虽然在统筹账户的基础养老金和缴费之间建立了联系，但是同时降低了缴费划入个人账户的比例，这实际上强化了制度的再分配功能，减弱了个人账户养老金与缴费的相关性。我们认为，未来可适当提高个人账户的比例，并且切实做实个人账户，使个人账户的资金实现真正的积累，而不是以较低的名义记账利率来记录空账。

（3）进一步解决机关事业单位养老保险改革在实际操作中的一些问题，如视同缴费、"中人"补贴、职业年金等带来的财政负担，职业年金和企业年金的"新差距"，以及工资制度调整、分类改革、人事管理制度调整等配套制度改革等问题。真正落实养老保险"双轨制"的并轨，实现制度在人群间的统一。对所有个体实行相同的制度，一个好处是可以减少个体的外部选择，进而提高其遵从度。同时，提高制度的公平性，也可减轻部分职工对制度的抵触心理，增强其参保意愿。

（4）提高社会保险制度的统筹层次，清除社会保险关系转移接续的障碍。目前，流动人口的参保率较低。而这主要是社会保险关系跨区难以携带接续造成的。一方面，未来应继续推行省级统筹。对于未真正实现省级统筹的省份，应尽快统一省内的制度（主要是统一缴费率和待遇计算办法），实现基金在省级层面的统收统支，确保社会保险关系在省内可以无障碍转移。另一方面，未来应简化办理转移接续所需手续，同时，人员流入地政府主要担心接收社会保险关系会给本地社会保险基金支出带来压力，对此，可考虑适当加大由流出地政府向流入地政府转移的统筹账户资金比例，并切实地落实资金的转移工作。

（5）提高地方政府对社会保险的重视程度，加强地方政府对社会保险征缴的监管力度。地方政府监管不严为企业和职工逃避缴费创造了机会。有些地方为了招商引资，甚至纵容企业的逃避缴费行为。对此，应根据十八届三中全会的精神，弱化经济增长在地方政府政绩考核机制中的地位，提高社会保障等相关民生指标的权重。同时，在对社会保险的财政补贴中，可考虑适当加大地方政府的补贴比例，减少中央政府的补贴比例。现在主要由中央政府来补充各地社会保险基金的不足，由于各地的历史包袱不同，这种做法有利于平衡地区发展，但是这也减弱了地方政府监管社会保险缴费的激励。另外，应加大对逃避缴费行为的惩罚力度。目前，一旦发现企业逃避缴费，也只是要求企业补足欠款，并无罚款，这降低了企业逃避缴费的成本，助长了逃避缴费行为。

（6）在监管社会保险缴费的工作中，应重点监督民营企业、外资企业、主营业务收入较低企业（中小企业）和人力资本水平较低企业。描述性统计和实证分析的结果显示，上述企业的缴费遵从度较低，并且对社会保险缴费率的反应较大。因此，应注重加强对这些企业的监管。另外，在督促企业参保的同时，也应监督企业为其内部所有职工参保。

（7）在监管社会保险缴费的工作中，对不同特征的职工也应各有侧重。具体而言，应鼓励年轻职工参保缴费；对于教育水平较低的职工和蓝领，应加大对社会保险相关政策的宣传力度，使其充分了解社会保险的收益和功效，督促其参保；对于教育水平较高的职工和白领（专业技术人员和企业负责人），应加强对其实际缴费工资的审计，减少其低报缴费工资的程度。

8.3 研究的不足与展望

本研究的不足和下一步研究的方向共有以下几个方面：

第一，在前人研究的基础上构建的社会保险缴费遵从度的理论模型还比较简易，未来的研究中可尝试引入职工的异质性。另外，我们的模型主要分析了社会保险缴费率以及缴费与待遇的相关度对缴费遵从度的影响，未来可考虑引入制度分割的影响。例如，根据公平理论，在职工的效用函数中引入公平这一要素，引入个体在不同就业身份上的选择①等。

第二，受到数据可得性的限制，我们只能分别使用企业数据和职工数据来进行实证研究。如果未来能够获得企业与职工相匹配的数据，就可观察并分析企业和职工在逃避缴费过程中的互动。例如，如果我们不仅了解企业整体的社会保险缴费额和工资总额，也了解企业雇用的职工信息，包括职工个人的缴费额和个人总工资，就可以知道企业内部何种类型的职工没有参保以及企业为何种类型的职工低报更多的缴费工资，进而思考其背后的原因和机制。

同样地，受到数据可得性的限制，我们只能使用北京等 9 省市的城镇住户调查数据。如果未来能够获得全国数据，我们可以了解全国代表性职工样本的参保缴费情况，并且可以比较省份之间的差异。同时，获得全国数据，也有助于我们研究事业单位养老保险改革的效应，可以将全国所有的试点省和对照省的样本都纳入分析。目前，受到数据限制，我们只分析了浙江和广东这两个试点省的情况。

第三，度量低报程度时所使用的实际缴费工资这个变量是我们使用企业或职工的社会保险缴费额除以企业或职工的社会保险法定缴费率得到的。如果未来我们能从社会保险经办机构或者税务部门直接获得企业或职工报告的缴费工资的数据，就可以避免对实际缴费工资的计算，进而避免可能存在的测量误差。

---

① 如个体选择成为企业职工、个体户和灵活就业人员还是机关事业单位工作人员。

第四，我们没有分析被逃避掉的缴费用于何处：企业是将其作为利润进行分配还是用于投资；职工是将其用于消费还是用于储蓄，是否用于购买商业保险或投资证券等资产。这值得进一步思考。

第五，我们以社会保险费用负担归宿的分析为例，说明了在研究中考虑缴费遵从度的重要性和必要性。而关于社会保险的其他问题，在引入缴费遵从度之后，现有的研究结论是否会发生变化，也是未来值得研究的方向，如社会保险对当期收入分配和代际平等性的影响等。

参考文献

[1]   ADAMS J S. Towards an understanding of inequity ［J］. Journal of Abnormal and Social Psychology, 1963, 67 （5）: 422-436.

[2]   ABADIE A. Semiparametric difference-in-difference estimators ［J］. Review of Economic Studies, 2005, 72 （1）: 1-19.

[3]   ACEMOGLU D, ANGRIST J. Consequences of employment protection? The case of the Americans with Disability Act ［J］. Journal of Political Economy, 2001, 109 （5）: 915-957.

[4]   ARELLANO M, BOND S. Some tests of specification for panel data: monte carlo evidence and an application to employment equations ［J］. Review of Economic Studies, 1991, 58 （2）: 277-297.

[5]   ARELLANO M, BOVER O. Another look at the instrumental variable estimation of error-component models ［J］. Journal of Econometrics, 1995, 68 （1）: 29-52.

[6]   ALMEIDA R, CARNEIRO P. Enforcement of labor regulation and informality ［J］. American Economic Journal: Applied Economics, 2012, 4 （3）: 64-89.

[7]   ANDREONI J, ERARD B, FEINSTEIN J. Tax compliance ［J］. Journal of Economic Literature, 1998, 36 （2）: 818-860.

[8] ANDERSON P M, MEYER B. The effects of the unemployment insurance payroll tax on wages, employment, claims and denials [J]. Journal of Public Economics, 2000, 78 (1): 81-106.

[9] AI C R, NORTON E C. Interaction terms in logit and probit models [J]. Economics Letters, 2003, 80 (1): 123-129.

[10] ALLINGHAM M G, SANDMO A. Income tax evasion: a theoretical analysis [J]. Journal of Public Economics, 1972, 1 (3-4): 323-338.

[11] BLUNDELL R, BOND S. Initial conditions and moment restrictions in dynamic panel data models [J]. Journal of Econometrics, 1998, 87 (1): 115-143.

[12] BAICKER K, CHANDRA A. The labor market effects of rising health insurance premiums [J]. Journal of Labor Economics, 2006, 24 (3): 609-635.

[13] BOLTON G E, OCKENFELS A. ERC: a theory of equity, reciprocity, and competition [J]. American Economic Review, 2000, 90 (1): 166-193.

[14] BESLEY T, PERSSON T. Taxation and development [M] //AUERBACH A, CHETTY R, FELDSTEIN M, et al. Handbook of public economics: vol. 5. Amsterdam: Elsevier, 2013: 51-110.

[15] BAILEY C, TURNER J. Strategies to reduce contribution evasion in social security financing [J]. World Development, 2001, 29 (2): 385-393.

[16] CHANEY T. Distorted gravity: the intensive and extensive margins of international trade [J]. American Economic Review, 2008, 98 (4): 1707-1721.

[17] COTTANI J, DEMARCO G. The shift to a funded social security system: the case of argentina [M] //FELDSTEIN M. Privatizing Social Security. Chicago: University of Chicago Press, 1998: 177-212.

[18] CAI H B, LIU Q. Competition and corporate tax avoidance: evidence from Chinese industrial firms [J]. Economic Journal, 2009, 119 (537): 764-795.

[19] CALDERON-MEJIA V, MARINESCU I. The impact of Colombia's pension and health insurance systems on informality. Mimeo, 2011.

[20] CLOGG C C, PETKOVA E, HARITOU A. Statistical methods for comparing regression coefficients between models [J]. American Journal of Sociology, 1995, 100 (5): 1261-1293.

[21] CROCKER K J, SLEMROD J. Corporate tax evasion with agency costs

[J] . Journal of Public Economics, 2005, 89（9）: 1593-1610.

[22] CORNELIßEN T, SONDERHOF K. Partial effects in probit and logit models with a triple dummy - variable interaction term [J] . Stata Journal, 2009, 9（4）: 571.

[23] DELEIRE T. The wage and employment effects of the Americans with Disabilities Act [J] . Journal of Human Resources, 2000, 35（4）: 693-715.

[24] DESAI M A, DYCK A, ZINGALES L. Theft and taxes [J] . Journal of Financial Economics, 2007, 84（3）: 591-623.

[25] DIXIT A K, STIGLITZ J E. Monopolistic competition and optimum product diversity [J] . American Economic Review, 1977, 67（3）: 297-308.

[26] EISSA N, LIEBMAN J. Labor supply response to the earned income tax credit [J] . Quarterly Journal of Economics, 1996, 111（2）: 605-637.

[27] FEIGE E L. How big is the irregular economy? [J] . Challenge, 1979, 22（5）: 5-13.

[28] FELDSTEIN M. Effect of marginal tax rates on taxable income: a panel study of the 1986 Tax Reform Act [J] . Journal of Political Economy, 1995, 103（3）: 551-572.

[29] FELDSTEIN M. Tax avoidance and the deadweight loss of the income tax [J] . Review of Economics and Statistics, 1999, 81（4）: 674-680.

[30] FELDSTEIN M. Banking, budgets, and pensions: some priorities for Chinese policy [R] . Remarks Presented at the China Development Forum 2003 of the Development Research Center of the State Council of the People's Republic of China, 2003.

[31] FELDSTEIN M, LIEBMAN J. Realizing the potential of China's social security pension system [J] . China Economic Review, 2006, 17: 1-16.

[32] FORTIN B, LACROIX G, VILLEVAL M C. Tax evasion and social interactions [J] . Journal of Public Economics, 2007, 91（11）: 2089-2112.

[33] FISMAN R, WEI S J. Tax rates and tax evasion: evidence from "missing imports" in China [J] . Journal of Political Economy, 2004, 112（2）: 471-496.

[34] GUTMANN P M. The subterranean economy [J] . Financial Analysts Journal, 1977, 33（6）: 26-34.

[35] GRUBER J. The incidence of mandated maternity benefits [J]. American Economic Review, 1994, 84 (3): 622-641.

[36] GRUBER J. The incidence of payroll taxation: evidence from Chile [J]. Journal of Labor Economics, 1997, 15 (S3): S72-S101.

[37] GRAVELLE J G. Tax havens: international tax avoidance and evasion [R]. CRS Report for Congress, 2009.

[38] GRUBER J, KRUEGER A B. The incidence of mandated employer-provided insurance: lessons from workers' compensation insurance [M] // BRADFORD D. Tax policy and the economy: vol. 5. Cambridge MA: MIT Press, 1991: 111-144.

[39] GORODNICHENKO Y, MARTINEZ-VAZQUEZ J, PETER K S. Myth and reality of flat tax reform: micro estimates of tax evasion response and welfare effects in Russia [J]. Journal of Political Economy, 2009, 117 (3): 504-554.

[40] GALIANI S, WEINSCHELBAUM F. Modeling informality formally: households and firms [J]. Economic Inquiry, 2012, 50 (3): 821-838.

[41] HINES J R JR. Lessons from behavioral responses to international taxation [J]. National Tax Journal, 1999, 52 (2): 305-322.

[42] KLEVEN H J, KREINER C T, SAEZ E. Why can modern governments tax so much? An agency model of firms as fiscal intermediaries [J]. NBER Working Paper 15218, 2009.

[43] KOPCZUK W, SLEMROD J. Putting firms into optimal tax theory [J]. American Economic Review, 2006, 96 (2): 130-134.

[44] KING S, SHEFFRIN S M. Tax evasion and equity theory: an investigative approach [J]. International Tax and Public Finance, 2002, 9 (4): 505-521.

[45] KUMLER T, VERHOOGEN E, FRIAS J. Enlisting employees in improving payroll-tax compliance: evidence from Mexico [J]. NBER Working Paper 19385, 2013.

[46] KOMAMURA K, YAMADA A. Who bears the burden of social insurance? Evidence from Japanese health and long-term care insurance data [J]. Journal of the Japanese and International Economies, 2004, 18 (4): 565-581.

[47] MARRELLI M. On indirect tax evasion [J]. Journal of Public Economics, 1984, 25 (1): 181-196.

[48] MEYER B. Natural and quasi-experiments in economics ［J］. Journal of Business & Economic Statistics, 1995, 13（2）: 151-161.

[49] MELITZ M J. The impact of trade on intra-industry reallocations and aggregate industry productivity ［J］. Econometrica, 2003, 71(6): 1695-1725.

[50] MADZHAROVA B. The effect of low corporate tax rate on payroll tax evasion ［M］// FUEST C, ZODROW G R. Critical Issues in Taxation and Development. Cambridge, MA: MIT Press, 2013.

[51] MISHRA P, SUBRAMANIAN A, TOPALOVA P. Tariffs, enforcement, and custom evasion: evidence from India ［J］. Journal of Public Economics, 2008, 92（10-11）: 1907-1925.

[52] NITSCH M, SCHWARZER H. Recent developments in financing social security in Latin America ［J］. Issues in Social Protection Discussion Paper No.1, International Labor Organization, 1995.

[53] NIELSEN I, SMYTH R. Who bears the burden of employer compliance with social security contributions? Evidence from Chinese firm level data ［J］. China Economic Review, 2008, 19（2）: 230-244.

[54] NYLAND C, SMYTH R, ZHU J H. What determines the extent to which employers will comply with their social security obligations? Evidence from Chinese firm level data ［J］. Social Policy and Administration, 2006, 40（2）: 196-214.

[55] NORTON E C, WANG H, AI C R. Computing interaction effects and standard errors in logit and probit models ［J］. Stata Journal, 2004, 4（2）: 154-167.

[56] OECD. Taxation: key tables from OECD ［EB/OL］. ［2014-06-20］. http://www.oecd-ilibrary.org/taxation/taxation-key-tables-from-oecd_20758510.

[57] OECD. Pensions at a glance 2013: retirement-income systems in OECD and G20 countries ［EB/OL］. ［2014-06-20］. http://www.oecd.org/pensions/pensionsataglance.htm.

[58] OOGHE E, SCHOKKAERT E, FLECHET J. The incidence of social security contributions: an empirical analysis ［J］. Empirica, 2003, 30（2）: 81-106.

[59] PESTIEAU P, POSSEN U M. Tax evasion and occupational choice ［J］. Journal of Public Economics, 1991, 45（1）: 107-125.

[60] SUMMERS L H. Some simple economics of mandated benefits [J]. American Economic Review, 1989, 79 (2): 177-183.

[61] SLEMROD J. A general model of the behavioral response to taxation [J]. International Tax and Public Finance, 2001, 8 (2): 119-128.

[62] SANDMO A. The theory of tax evasion: a retrospective view [J]. National Tax Journal, 2005, 58 (4): 643-663.

[63] SPICER M W, BECKER L A. Fiscal inequity and tax evasion: an experimental approach [J]. National Tax Journal, 1980, 33 (2): 171-175.

[64] SAEZ E, MATSAGANIS M, TSAKLOGLOU P. Earnings determination and taxes: evidence from a cohort based payroll tax reform in Greece [J]. Quarterly Journal of Economics, 2012, 127 (1): 493-533.

[65] SAEZ E, SLEMROD J, GIERTZ S H. The elasticity of taxable income with respect to marginal tax rates: a critical review [J]. Journal of Economic Literature, 2012, 50 (1): 3-50.

[66] SLEMROD J, YITZHAKI S. Tax avoidance, evasion, and administration [M] // AUERBACH A, FELDSTEIN M. Handbook of public economics: vol. 3. Amsterdam: Elsevier, 2002: 1423-1470.

[67] TANZI V. The underground economy in the United States: annual estimates, 1930-80 [J]. IMF Staff Papers, 1983, 30 (2): 283-305.

[68] TONIN M. Minimum wage and tax evasion: theory and evidence [J]. Journal of Public Economics, 2011, 95 (11-12): 1635-1651.

[69] WANG J. The economic impact of special economic zones: evidence from Chinese municipalities [J]. Journal of Development Economics, 2013, 101 (1): 133-147.

[70] YITZHAKI S. A note on "Income tax evasion: a theoretical analysis" [J]. Journal of Public Economics, 1974, 3 (2): 201-202.

[71] YANIV G. Collaborated employee - employer tax evasion [J]. Public Finance, 1992, 47 (2): 312-321.

[72] 安体富, 王海勇. 激励理论与税收不遵从行为研究 [J]. 中国人民大学学报, 2004 (3): 48-55.

[73] 安体富, 王海勇. 企业主观税收遵从度研究——基于上海市企业的问卷调查 [J]. 涉外税务, 2009 (2): 10-16.

[74] 白重恩. 找准经济结构转变症结 [J]. 中国经济和信息化, 2010 (4): 35.

[75] 白重恩. 公共财政与结构转变 [J]. 中国财政, 2011 (9): 45-49.

[76] 白重恩.医疗卫生费用或为我国第二大财政风险源［N］.中国经济导报,2013-07-27（B01）.

[77] 白重恩.采取配套措施,改善养老保险的公平性、可持续性及其对劳动力配置效率的影响［J］.经济界,2013（2）:10-11.

[78] 白天亮.养老保险新政策,"新"在何处?［N］.人民日报,2005-12-15（2）.

[79] 白天亮,郝静.参保率明显提升,小微企业压力大［N］.人民日报,2013-07-03（13）.

[80] 白天亮,江南.事业单位养老改革,为何遇阻［N］.人民日报,2013-05-24（17）.

[81] 白重恩,李波,马骏.养老保障体制改革的方案设计［J］.新华月报,2013（17）:48-51.

[82] 白重恩,吴斌珍,金烨.中国养老保险缴费对消费和储蓄的影响［J］.中国社会科学,2012（8）:48-71.

[83] 褚福灵.应当如何做实基本养老保险个人账户［EB/OL］.（2011-03-09）［2017-11-05］.http://society.people.com.cn/GB/168256/168260/14097655.html.

[84] 财政部财政科学研究所课题组.我国事业单位养老保险制度改革研究［J］.经济研究参考,2012（52）:3-25.

[85] 财政部财政科学研究所课题组.事业单位养老改革倚重"三个联动"［N］.经济参考报,2013-03-04（8）.

[86] 陈冬华,范从来,沈永建,等.职工激励、工资刚性与企业绩效——基于国有非上市公司的经验证据［J］.经济研究,2010（7）:116-129.

[87] 程恩富,黄娟.机关、事业和企业联动的"新养老策论"［J］.财经研究,2010,36（11）:28-38.

[88] 蔡向东,蒲新微.事业单位养老保险制度改革方案刍议［J］.当代经济研究,2009（8）:56-60.

[89] 成欢,蒲晓红.事业单位养老保险改革存在的争议及思考［J］.经济体制改革,2009（5）:62-65.

[90] 陈成文,张晶玉.社会公平感对公民纳税行为影响的实证研究［J］.管理世界,2006（4）:57-65.

[91] 丁汀.八成省份公务员取消公费医疗［N］.人民日报,2012-01-19（14）.

[92] 邓峰,丁小浩.人力资本、劳动力市场分割与性别收入差距［J］.社会学研究,2012（5）:24-46.

[93] 封进.社会保险对工资的影响——基于人力资本差异的视角［J］.金融研究,2014（7）:109-123.

[94] 封进,何立新.中国养老保险制度改革的政策选择——老龄化、城市化、全球化的视角 [J].社会保障研究,2012(3):29-41.

[95] 高书生.中国社会保险制度架构的缺陷 [J].经济理论与经济管理,2003(5):18-23.

[96] 顾文静.社会保险扩面对私营企业竞争力的影响 [J].当代经济研究,2006(6):39-42.

[97] 国家审计署.2012年第34号公告:全国社会保障资金审计结果 [EB/OL].(2012-08-02)[2017-01-05].http://www.audit.gov.cn/n1992130/n1992150/n1992379/n3071301.files/n3071602.htm.

[98] 郭云南,张晋华,黄夏岚.社会网络的概念、测度及其影响:一个文献综述 [J].浙江社会科学,2015(2):122-132.

[99] 海燕.事业单位养老金改革五年原地踏步 [N].中国商报,2013-05-24(3).

[100] 胡雯,李建新.中国城镇居民收入的性别差异研究——以北京、上海、广东三地为例 [J].人口学刊,2014,36(1):89-96.

[101] 郝勇,周敏,郭丽娜.适度的养老保险保障水平:基于弹性的养老金替代率的确定 [J].数量经济技术经济研究,2010(8):74-87.

[102] 贾绍华.我国税收流失的测算分析与治理对策探讨 [J].财贸经济,2002(4):39-44.

[103] 李兰英.社会保障制度改革的国际借鉴及其完善 [J].中央财经大学学报,2001(8):23-27.

[104] 刘钧.社会保险缴费水平的确定:理论与实证分析 [J].财经研究,2004,30(2):73-79.

[105] 刘钧.事业单位养老保险改革述评 [J].中国人口·资源与环境,2011,21(3):385-388.

[106] 刘军强.资源、激励与部门利益:中国社会保险征缴体制的纵贯研究(1999—2008)[J].中国社会科学,2011(3):139-156.

[107] 刘宏.养老改革应统一制度体现合理差距 [N].法制日报,2009-02-03(7).

[108] 罗静,匡敏.国内外养老保险关系转移接续经验借鉴 [J].社会保障研究,2011(4):43-49.

[109] 李珍,王海东.基本养老保险目标替代率研究 [J].保险研究,2012(1):97-103.

[110] 陆文聪,谢昌财.社会关系、信息网络对新农民工收入的影响——基于熵均衡法的实证分析 [J].中国人口科学,2017(4):54-65.

[111] 马骏,白重恩.关于财税体制改革的思路 [N].东方早报,2013-07-02(4).

[112] 聂辉华,方明月,李涛.增值税转型对企业行为和绩效的影响——以东北地

区为例［J］.管理世界,2009（5）：17-24.

[113] 聂辉华,江艇,杨汝岱.中国工业企业数据库的使用现状和潜在问题［J］.
世界经济,2012（5）：142-158.

[114] 孙文凯,白重恩,谢沛初.户籍制度改革对中国农村劳动力流动的影
响［J］.经济研究,2011（1）：28-41.

[115] 孙博,吕晨红.不同所有制企业社会保险缴费能力比较研究——基于超越对
数生产函数的实证分析［J］.江西财经大学学报,2011（1）：50-55.

[116] 苏明,杨良初,王敏,等.提高养老保险统筹层次　促进人口合理流动［J］.
中国财政,2016（11）：35-37.

[117] 谭远发.父母政治资本如何影响子女工资溢价："拼爹"还是"拼搏"?
［J］.管理世界,2015（3）：22-33.

[118] 汤兆云.建立相对独立类型的农民工社会养老保险制度［J］.江苏社会科
学,2016（1）：32-39.

[119] 汪孝宗.人保部副部长胡晓义:事业单位的科学分类是养老保险制度改革的
前提［J］.中国经济周刊,2009（23）：35.

[120] 王羚.缴费基数不实侵蚀社保体系,新规定能否匡正?［N］.第一财经日
报,2011-11-17（A3）.

[121] 王晓军.对我国城镇职工基本养老保险制度收入替代率的定量模拟分
析［J］.统计研究,2002（3）：27-30.

[122] 王延中.社会保障体系改革与发展［M］// 王梦奎.中国改革30年:
1978—2008.北京:中国发展出版社,2009:386-400.

[123] 王增文.社会网络对受助家庭再就业收入差距的影响［J］.中国人口科学,
2012（2）：78-86.

[124] 王增文,邓大松.基金缺口、缴费比率与财政负担能力:基于对社会保障主
体的缴费能力研究［J］.中国软科学,2009（10）：73-81.

[125] 王皓,高健,吴迪.适时推行事业单位养老保险改革［N］.北京日报,2012-
03-08（2）.

[126] 汪孝宗,韩文,曾娟.难改的事业单位养老［J］.中国经济周刊,
2009（41）：9-14.

[127] 王延中,龙玉其.国外公职人员养老保险制度比较分析与改革借鉴［J］.国
外社会科学,2009（3）：62-70.

[128] 邢春冰.不同所有制企业的工资决定机制考察［J］.经济研究,2005（6）：
16-26.

[129] 肖严华.劳动力市场、社会保障制度的多重分割与中国的人口流动［J］.
学术月刊,2016（11）：95-107.

[130] 许志涛,丁少群.各地区不同所有制企业社会保险缴费能力比较研究 [J].保险研究,2014 (4):102-109.

[131] 邢春冰,李实.扩招"大跃进"、教育机会与大学毕业生就业 [J].经济学(季刊),2011,10 (4):1187-1208.

[132] 杨立雄,何洪静.中国城镇职工基本养老保险管理体制创新研究 [J].中国软科学,2007 (3):45-52.

[133] 袁城,李荣彬,王悦.城乡流动人口社会保险参与现状及影响因素的实证研究 [J].经济体制改革,2014 (2):30-34.

[134] 叶林祥,李实,罗楚亮.效率工资、租金分享与企业工资收入差距——基于第一次全国经济普查工业企业数据的实证研究 [J].财经研究,2011,37 (3):4-16.

[135] 叶林祥,李实,罗楚亮.行业垄断、所有制与企业工资收入差距——基于第一次全国经济普查企业数据的实证研究 [J].管理世界,2011 (4):26-36.

[136] 易行健,杨碧云,易君健.我国逃税规模的测算及其经济影响分析 [J].财经研究,2004,30 (1):31-40.

[137] 中国发展研究基金会.中国发展报告 2008/09:构建全民共享的发展型社会福利体系 [M].北京:中国发展出版社,2009.

[138] 周小川.社会保障与企业盈利能力 [J].经济社会体制比较,2000 (6):1-5.

[139] 郑秉文."碎片化"或"大一统"——英、法、美社保模式的比较 [N].中国社会科学院报,2009-04-30 (7).

[140] 郑秉文.事业单位养老金改革试点受挫原因 [N].中国社会报,2010-05-10 (3).

[141] 郑秉文.统一养老保险与事业单位改革"三个联动" [N].中国社会报,2010-05-31 (3).

[142] 张怡恬.从历史演化中探寻社会养老保险制度效率变化规律 [J].社会保障研究,2011 (10):60-78.

[143] 张祖平.企业与机关事业单位离退休人员养老待遇差异研究 [J].经济学家,2012 (8):19-25.

[144] 张枫逸.事业单位养老改革不应单兵突进 [N].光明日报,2013-01-10 (2).

[145] 曾海舰.房产价值与公司投融资变动——抵押担保渠道效应的中国经验证据 [J].管理世界,2012 (5):125-136.

[146] 周黎安,陈烨.中国农村税费改革的政策效果:基于双重差分模型的估

计［J］.经济研究,2005（8）: 44-53.

［147］ 赵福中,车辉,王娇萍,等.事业单位养老保险改革需跨两道关［N］.工人日报,2010-03-12（2）.

［148］ 庄序莹,范琦,刘磊.转轨时期事业单位养老保险运行模式研究——基于上海市事业单位的方案设计和选择［J］.财经研究,2008（8）: 97-109.

［149］ 张立光,邱长溶.我国养老社会保险逃费行为的成因及对策研究［J］.财贸经济,2003（9）: 37-40.

［150］ 曾海舰,苏冬蔚.信贷政策与公司资本结构［J］.世界经济,2010（8）: 17-42.

［151］ 郑秉文,孙守纪,齐传君.公务员参加养老保险统一改革的思路——"混合型"统账结合制度下的测算［J］.公共管理学报,2009（1）: 1-12.

［152］ 郑莉,王娇萍.事业单位养老保险改革遭遇公平拷问［N］.工人日报,2010-03-12（2）.

［153］ 赵耀辉,徐建国.我国城镇养老保险体制改革中的激励机制问题［J］.经济学（季刊）,2001,1（1）: 193-206.

附录 A 社会保险缴费率的国际比较

表 A 2015—2016 年中国和部分 OECD 国家的社会保险缴费率（%）

国家	合计	企业	职工
中国	38.75	28.25	10.50
韩国	11.20	6.00	5.20
日本	19.07	9.84	9.23
美国	15.90	8.25	7.65
法国	45.84	32.44	13.40
德国	37.59	19.45	18.14
加拿大	15.38	8.55	6.83
希腊	29.95	21.05	8.90
瑞典	33.89	26.89	7.00
芬兰	30.37	22.52	7.85
瑞士	26.50	13.25	13.25
意大利	39.69	30.50	9.19
比利时	23.52	14.00	9.52
奥地利	37.75	20.72	17.03
西班牙	37.33	31.08	6.25
土耳其	25.00	15.00	10.00
OECD 平均水平	25.20	15.90	9.30

资料来源 　[1] Social Security Administration, Social Security Programs Throughout the World：Asia and the Pacific, 2016, SSA Publication No.13－11802,

Washington, DC, March 2017. [2] Social Security Programs Throughout the World: The Americas, 2015, SSA Publication No.13-11802, Washington, DC, March 2016. [3] Social Security Programs Throughout the World: Europe, 2016, SSA Publication No. 13-11801, Washington, DC, September 2016.

附录 B 社会保险缴费率对职工人数的影响

表 B-1 社会保险缴费率对职工人数的影响（基于企业数据）

Y: ln（企业雇用人数）	全部企业	参保企业	不参保企业
城市社会保险法定缴费率	−0.456***	−0.478***	−0.063
	（0.040）	（0.046）	（0.134）
民营企业	−0.042***	−0.052***	−0.002
	（0.011）	（0.012）	（0.037）
外资企业	0.031	0.040*	0.087
	（0.022）	（0.023）	（0.061）
从业年限	0.002***	0.002***	0.002**
	（0.0005）	（0.0005）	（0.001）
主营业务收入较高	0.171***	0.162***	0.156***
	（0.003）	（0.004）	（0.007）
劳动密集程度较高	−0.016	−0.014	0.017
	（0.012）	（0.013）	（0.036）
人力资本水平较高	−0.0003	0.019	−0.070
	（0.019）	（0.021）	（0.058）
城市控制变量	是	是	是
年份固定效应	是	是	是
观测数	345 950	245 464	100 486
R^2	0.051	0.055	0.031

注：括号内为估计值的异方差稳健标准差。*、**、***分别表示 10%、5% 和 1% 显著性水平。城市控制变量与表 7-3 相同。

表 B-2　　社会保险缴费率对职工人数的影响（基于职工数据）

	Y：就业=1，未就业=0	Y：职工=1，个体户和灵活就业人员=0	Y：职工=1，其他=0
城市社会保险法定缴费率	0.039 （0.040）	−0.106** （0.044）	−0.132*** （0.040）
女性	−0.154*** （0.002）	−0.009*** （0.003）	−0.122*** （0.002）
有配偶	0.288*** （0.005）	0.025*** （0.005）	0.190*** （0.004）
年龄×（16≤年龄<45）	0.006*** （0.0003）	0.003*** （0.0003）	0.007*** （0.0003）
年龄×（45≤年龄≤60）	−0.001*** （0.0002）	0.004*** （0.0002）	0.003*** （0.0002）
中等教育水平	0.057*** （0.003）	0.123*** （0.003）	0.141*** （0.003）
较高教育水平	0.015*** （0.003）	0.247*** （0.003）	0.206*** （0.003）
第二产业	—	0.062*** （0.013）	—
第三产业	—	−0.277*** （0.014）	—
城市控制变量	是	是	是
年份固定效应	是	是	是
省份固定效应	是	是	是
观测数	155 973	84 648	155 973
R^2	0.086	0.234	0.065

注：表中是 Probit 模型估计结果。所有的估计值均已调整为边际效应。括号内为估计值的异方差稳健性标准差。*、**、***分别表示10%、5%和1%显著性水平。城市控制变量与表 7-3 相同。

索引

致 谢

　　本书是对我近年来相关研究成果的总结。在清华大学直攻博士学位期间，有幸师从白重恩教授，开始对社会保险制度的研究。在此感谢导师白重恩教授对我的悉心指导。2012 年，我赴美国加州大学伯克利分校经济系访学一年，感谢 Alan Auerbach 教授的指导和关心，感谢 Burch Center 为我提供了良好的学习和办公环境。2014 年博士毕业之后，我在中国社会科学院经济研究所从事博士后研究，有幸师从裴长洪教授。感谢裴长洪教授的悉心教诲，使我的研究取得进步。

　　感谢清华大学中国财政税收研究所的张磊、毛捷、汪德华、王薇和王晓霞等几位老师，他们对我的研究给予了无私的帮助。感谢清华大学经济管理学院的李宏彬教授、吴斌珍副教授在数据上提供的支持。

　　感谢在中国社会科学院经济研究所做博士后研究期间关心和支持我的各位老师，尤其是程蛟和谢谦等。感谢博士后科学基金对我的资助。同时，感谢对外经济贸易大学的赵忠秀教授、王直教授、王飞教授等对我的指导和鼓励。

　　同时，本书的出版，离不开东北财经大学出版社的支持，特别感谢蔡丽编辑认真细致的工作。

最后要感谢我的父母，他们的关怀、理解和支持，是我学习、研究和工作的不竭动力。

在此谨以此书献给父母和逝去的姥姥。

作　者

2017 年 8 月